OS CORREDORES DO CAFÉ
NA DIMENSÃO VIRTUAL
LEITURA E INTERPRETAÇÃO SOCIAL

Editora Appris Ltda.
1.ª Edição - Copyright© 2024 da autora
Direitos de Edição Reservados à Editora Appris Ltda.

Nenhuma parte desta obra poderá ser utilizada indevidamente, sem estar de acordo com a Lei nº 9.610/98. Se incorreções forem encontradas, serão de exclusiva responsabilidade de seus organizadores. Foi realizado o Depósito Legal na Fundação Biblioteca Nacional, de acordo com as Leis nos 10.994, de 14/12/2004, e 12.192, de 14/01/2010.

Catalogação na Fonte
Elaborado por: Josefina A. S. Guedes
Bibliotecária CRB 9/870

E778c
2024
	Espírito Santo, Silvia Maria do
	    Os corredores do café na dimensão virtual: leitura e interpretação social / Silvia Maria do Espírito Santo. – 1. ed. – Curitiba: Appris, 2024.
	    216 p. ; 23 cm. – (Ciências da comunicação).
	
	    Inclui referências.
	    ISBN 978-65-250-5789-7
	
	    1. Leitura. 2. Comunicação. 3. Informação. 4. Café. 5. Café – Aspectos culturais. 6. Café – Aspectos sociais. 7. Café – Cultivo. I. Título. II. Série.
	
	                                              CDD – 633.73

Livro de acordo com a normalização técnica da APA

A publicação desse livro recebeu o apoio da FAPESP, processo 2024/07133-0 - As opiniões, hipóteses e conclusões ou recomendações expressas neste material são de responsabilidade do(s) autor(es) e não necessariamente refletem a visão da FAPESP.

Appris editora

Editora e Livraria Appris Ltda.
Av. Manoel Ribas, 2265 – Mercês
Curitiba/PR – CEP: 80810-002
Tel. (41) 3156 - 4731
www.editoraappris.com.br

Printed in Brazil
Impresso no Brasil

Silvia Maria do Espírito Santo

OS CORREDORES DO CAFÉ NA DIMENSÃO VIRTUAL
LEITURA E INTERPRETAÇÃO SOCIAL

FICHA TÉCNICA

EDITORIAL	Augusto Coelho
	Sara C. de Andrade Coelho
COMITÊ EDITORIAL	Marli Caetano
	Andréa Barbosa Gouveia - UFPR
	Edmeire C. Pereira - UFPR
	Iraneide da Silva - UFC
	Jacques de Lima Ferreira - UP
SUPERVISOR DA PRODUÇÃO	Renata Cristina Lopes Miccelli
PRODUÇÃO EDITORIAL	Daniela Nazario
REVISÃO	Débora Sauaf / Monalisa Morais Gobetti
DIAGRAMAÇÃO	Jhonny Alves dos Reis
CAPA	Eneo Lage
PINTURA DA CAPA	Amarildo Diniz
REVISÃO DE PROVA	Sabrina Costa

COMITÊ CIENTÍFICO DA COLEÇÃO CIÊNCIAS DA COMUNICAÇÃO

DIREÇÃO CIENTÍFICA Francisco de Assis (Fiam-Faam-SP-Brasil)

CONSULTORES

Ana Carolina Rocha Pessôa Temer
(UFG-GO-Brasil)

Antonio Hohlfeldt
(PUCRS-RS-Brasil)

Carlos Alberto Messeder Pereira
(UFRJ-RJ-Brasil)

Cicilia M. Krohling Peruzzo
(Umesp-SP-Brasil)

Janine Marques Passini Lucht
(ESPM-RS-Brasil)

Jorge A. González
(CEIICH-Unam-México)

Jorge Kanehide Ijuim
(Ufsc-SC-Brasil)

José Marques de Melo
(*In Memoriam*)

Juçara Brittes
(Ufop-MG-Brasil)

Isabel Ferin Cunha
(UC-Portugal)

Márcio Fernandes
(Unicentro-PR-Brasil)

Maria Aparecida Baccega
(ESPM-SP-Brasil)

Maria Ataíde Malcher
(UFPA-PA-Brasil)

Maria Berenice Machado
(UFRGS-RS-Brasil)

Maria das Graças Targino
(UFPI-PI-Brasil)

Maria Elisabete Antonioli
(ESPM-SP-Brasil)

Marialva Carlos Barbosa
(UFRJ-RJ-Brasil)

Osvando J. de Morais
(Unesp-SP-Brasil)

Pierre Leroux
(Iscea-UCO-França)

Rosa Maria Dalla Costa
(UFPR-PR-Brasil)

Sandra Reimão
(USP-SP-Brasil)

Sérgio Mattos
(UFRB-BA-Brasil)

Thomas Tufte
(RUC-Dinamarca)

Zélia Leal Adghirni
(UnB-DF-Brasil)

À Prof.ª Dr.ª Ana Maria de Almeida Camargo (in memoriam),
mestra e amiga de quarenta anos.

AGRADECIMENTOS

Desde sempre agradeço aos meus irmãos Salett, Marta e Iran, pelo amor, fidelidade e amizade. Às professoras doutoras Graça Simões (*in memoriam*) e Maria Manuel Borges, da Universidade de Coimbra, e Fernanda Ribeiro, da Universidade do Porto. Ao cafeicultor sul-mineiro, o Prof. Amarildo Cavalheiro, pelas informações regionais da cultura do café. Ao pesquisador José Rafael Medeiros Coelho da Universidade de Istambul e Universidade Boğaziçi, pelo apoio logístico e tradução de documentos. Sem o atendimento exemplar dos funcionários dos Arquivos do Estado de São Paulo, Municipal do Porto, Torre do Tombo, Arquivo Otomano, nada aconteceria. À Alejandra Restrepo Vasconcelos Lins, pelos "salvamentos" de última hora. Ao Prof. Amarildo Diniz, pelo desenho do mapa-múndi, com café, e ilustração da capa. Aos novos amigos no mundo tão velho que pude encontrar, no Porto e em Istambul, durante a permanência em Portugal e na Turquia. Ao Grupo Pítia: estudos em memória e plataformas digitais, especialmente à Claudia Leonor Guedes de Azevedo Oliveira e José Lotúmolo Junior, pela amizade, confiança e estudos compartilhados. Mas, nos ângulos dos quadrantes dos encontros, o meu agradecimento especial ao Prof. Armando Malheiro de Silva, que, além de orientador, destinou a mim a sua atenção com total apoio acadêmico, em meio às conversas fermentadas pelas boas ideias durante os dias alegres na cidade do Porto. Agradeço à FAPESP, aos colegas (docentes e funcionários) do Departamento de Educação, Informação e Comunicação da Faculdade de Filosofia, Ciências e Letras da Universidade de São Paulo, e ao Prof. Dr. Marcelo Mulato e Prof.ª Dr.ª Filomena Elaine Paiva Assolini, pela eficiência administrativa e pela confiança no cumprimento do trabalho acadêmico. Não poderia deixar de fazer os meus agradecimentos a Paula Oliveira Quirino, Filipe Martone (revisores) e à Editora Appris, pela dedicação e capricho editorial.

Uma xícara de café compromete a uma amizade de quarenta anos.
(Provérbio turco)

Tomar café, almoçar e jantar.
(Presidente Luiz Inácio da Silva, Lula, maio de 2023)

PREFÁCIO

A doutora Silvia do Espírito Santo propôs-se fazer um pós-doutoramento na Faculdade de Letras da Universidade do Porto no âmbito das Ciências da Comunicação e da Informação com uma temática que não era nova para ela, fazia parte de uma trajetória de etapas acadêmicas anteriores. E eu, apesar de não ter trabalhado a temática especificamente, tomei a proposta como desafio e sugeri que os objetivos fixados para esse período pós-doutoral deveriam ir além de uma mera pesquisa que prolongasse o doutoramento.

Aliás, vem a propósito lavrar, aqui, uma conceção que venho consolidando a respeito do teor do pós-doutoramento no campo das Ciências da Comunicação e da Informação da FLUP. Considero útil observar duas possibilidades: a) pesquisa de cariz mais teórica ou pura na linha do que é usual fazer-se nos programas doutorais ou b) pesquisa teórica associada à implementação de algo que beneficie a instituição a que o pós-doutorando pertence ou que tenha impacto na comunidade acadêmica, região ou país de origem do(a) referido(a) autor(a). Ambas as modalidades são válidas, mas não escondo a preferência pela segunda, sobretudo tenho em conta a avaliação muito positiva que os projetos que nela se inseriram acabaram por proporcionar.

O projeto de pós-doutoramento aqui condensado inscreve-se na segunda alínea e tem já revelado efeitos marcantes da vertente "prática", baseada na concepção de meios infocomunicacionais projetados para uma linha temporal longa e em devir. Destaque para um *website* e para exposições e, entretanto, a riqueza da temática em pauta presta-se ao aparecimento dinâmico de iniciativas outras, inicialmente não previstas, mas que a interação do projeto com o(s) público(s) torna inevitáveis.

Desde a sua origem africana e comércio euroasiático até se tornar emblemático em territórios como o brasileiro, o café tem história e desdobra-se em "estórias" e leituras múltiplas e encadeáveis, sendo o trabalho que aqui se apresenta um fundamental catalisador de um processo investigativo e interpretativo assaz promissor.

Armando Malheiro da Silva
*Professor Catedrático do Departamento de Ciências da Comunicação
e da Informação da Faculdade de Letras da Universidade do Porto*

SUMÁRIO

INTRODUÇÃO 15

1
INFORMAÇÃO, CAFÉ E O MÉTODO QUADRIPOLAR 27
1.1 O Método Quadripolar e aplicação dos polos epistemológico, teórico, morfológico e técnico 38

2
LER AS INFORMAÇÕES DO CAFÉ 47
2.1 Reconhecer o conceito de cultura para o Café 51
2.2 Como e por que relatar a História do Café no Brasil a partir da palavra 54
2.3 A escolha do Café para operações da representação sígnica social 62
2.4 O documento de arquivo e o processo de pesquisa 70
   2.4.1 Documento de Arquivo e interpretações no polo epistemológico 77
   2.4.2 Brasil, Portugal 80
   2.4.3 A nau quinhentista no espaço intermediário entre colônia e metrópole 85
   2.4.4 Mediação arquivística para a história documental sobre o Café no Arquivo português 89
   2.4.5 Placa giratória nos mares e documentos em São Paulo 94
   2.4.6. Caminhos de Portugal e Turquia 96

3
MEMÓRIA CLASSIFICADA DO CAFÉ 103
3.1 Informação e conceitos de Estrutura 108
   3.1.1 Informação estruturada e as bases teóricas da Ciência da Informação 119
   3.1.2 Leitura documentária 124
3.2 Leitura documentária com a intenção de selecionar termos e concepções de espaço 126
   3.2.1 Categorias geográficas do espaço 126
      3.2.1.1 Espaço: Terrestre, marítimo e espacial (espaço geográfico); Espaço arquitetônico – corredores das construções, das casas, corredores das edificações; Espaço Rural das fazendas – glebas, terreiros, campos; Espaço Urbano das cidades – lojas, barracas, mercados, ruas; Espaço intermediário; Espaço marítimo. 126

3.2.1.2 Território: Define-se em função das categorias do espaço, tempo e produção. São imaginados, desenhados, medidos; Território – relacionado à terra; Território – relacionado à política, à geografia e geopolítica....................................126

3.2.1.3 Região: Região administrativa – definida em razão das categorias do tempo histórico. O tempo das razões socioeconômicas e políticas; Região geográfica – definida no tempo por razões socioeconômicas, políticas e naturais; Região cultural – definida no tempo por razões socioeconômicas, políticas e naturais; Agentes (seres humanos, trabalhadores, patrões, negociantes, mulheres, homens, crianças, adultos)............126

3.3 Construção da linguagem virtual para o Corredor do Café 132

3.4 Quatro corredores para a organização da informação no período do Café 134

4
O PATRIMÔNIO E O COTIDIANO DAS CIDADES DO CAFÉ 141

4.1 Elementos da memória cafeeira 145

4.2 Cidades do Café no imaginário popular 146

5
INFOGRAFIA: IDENTIDADES, SIMBOLOGIAS E TRABALHO NAS DIMENSÕES VIRTUAIS DO CAFÉ..153

5.1 Projeto de Exposição Leitura do Café. Informação arquivística e seleção de imagens 162

5.2 O desenvolvimento sistêmico e tecnológico das operações criativas para significar conteúdos informacionais 168

5.3 A leitura em direção à infografia na dimensão virtual dos documentos do Café...171

5.4 Documento do Arquivo Otomano...175

5.5 Infográfico e as dimensões virtuais do Café 178

   5.5.1 Espaço...178

   5.5.2 Territórios e regiões 181

   5.5.3 Agentes..181

6
INTERPRETAÇÃO SOCIAL NAS DIMENSÕES VIRTUAIS DO CAFÉ ... 187

6.1 Linguagens, cultura e a demanda infográfica 196

REFERÊNCIAS 201

INTRODUÇÃO

"A busca eterna com tudo que tem relação com o café". Essa é a frase que foi fixada para anúncio comercial em letras pretas, fonte no modelo *Lucida Calligraphy*, em um painel metálico no aeroporto de Guarulhos, São Paulo, Brasil, em 2014. Com apelo poético, a construção da frase é comunicativa de vários sentidos para quem estava ali de passagem e, agora, serve para intitular a introdução de um produto acadêmico. Como acontece com o efeito dos sais de prata utilizados para fixar a imagem no suporte papel no antigo processo de revelação fotográfica, o painel incitava à leitura. Exigia-se, contudo, certo esforço do leitor para lê-lo, ao evitar o reflexo da luz do teto incidente na placa de cor cinza da propaganda do local.

A placa, majestosa, impeditiva do fluxo de pessoas por estar disposta em área de passagem do aeroporto paulista, obrigava a circulação no pequeno espaço de um café. Lendo-a, era preciso estar na posição frontal daquele balcão e solicitar algo à balconista do estabelecimento comercial. Tomar um café ou tentar uma comunicação via internet, tal qual o usuário sentado em bancos de madeira no café, envolve a sensação terrível dos ambientes das despedidas, das inseguras e incertas partidas. A ansiedade da espera do voo, no aeroporto paulista, era desfeita pela lembrança de que o avião, máquina imaculada e com segurança tecnológica, foi obra do inventor Alberto Santos Dumont (1873-1932), que realizou o desejo de voar do homem no século XX. Ele foi financiado pela produção do café do cafeicultor Henrique Dumont, seu pai.

A frase "a busca eterna com tudo que tem relação com o café", para o leitor atento, indica um sentido de apelo exagerado, ameaçador, e carrega, em outro sentido, uma pitada de comédia de terror. Seria um voo para a eternidade? No entanto, há uma declaração afetiva, uma aclamação romântica, balzaquiana, restritiva, e uma posição em sentinela no espaço do aeroporto. Afinal, como manter contemporânea a mensagem romântica? Como romancear, tal qual Antonio Vivaldi (1678-1741) nas *Quatro Estações*, se não há mais estações a serem cultuadas e sentidas no rebuliço climático do planeta? O que se anunciava, naquela frase, estava por ser percorrido, lido e sintetizado na posição de leitora de documentos arquivados e relativos ao tema de interesse da pesquisa de pós-doutoramento.

O Café é potencial elemento do romantismo explorado em mitos, lendas remotas e prelúdio para encontros no mundo contemporâneo. Tais palavras, em frase apelativa e propagandística, indicam sensivelmente os argumentos cognitivos que podem orientar a pesquisa sobre o Café, ou sob o tom do exagerado da palavra "eterna" da frase anunciada no aeroporto. Nelas flutuam as muitas vidas envolvidas com um produto da agricultura há séculos em circulação mundial. Além disso, a busca "com tudo", evocada na frase, remete ao amplo universo que inclui também o gosto, o sabor e o aroma que envolvem os encontros das xícaras nos ambientes urbanos nas mãos do trabalhador, do negociante, do mercador, dos agentes na história.

Na frase "A busca eterna com tudo que tem relação com o café", a conjunção "com" denota a relação e a justa dinamicidade entre os elementos do universo do Café, pois se trata da busca que ao mesmo tempo encontra e envolve os elementos com que se deparam no movimento desse "eterno", reiterando a contemporaneidade do objeto Café, suscetível às transformações do mundo, a depender da perspectiva com que é observado. O uso do "com" explicita a licença poética da publicidade, reforçando o sentido das palavras "eterno" e "tudo" no contexto em que as transformações são próprias de sua natureza — principalmente se pensarmos em movimentos hoje tão comuns de produção, beneficiamento, comércio e gourmetização do Café, por exemplo, que têm redescoberto e reinventado suas características para atualizar socialmente o produto agrário — na informação digital[1].

"A busca eterna com tudo que tem relação com o café" — percebida com o teor da apropriação das informações e significações românticas — torna-se frase dotada de efeito ilustrativo para o momento propício ao início de uma viagem de pós-doutoramento, em Portugal. Ela é ambígua enquanto declaração poética de cunho propagandístico, o que nessa frase pode soar como pieguice, e que parece significar à primeira vista incabível aos tempos cruelmente ásperos. Nesses tempos nos quais se impõem relações sociais baseadas em insegurança individual, racismo estrutural e percepções desumanizadas das realidades culturais, as relações sociais foram percebidas como constituintes do sentido do principal elemento da frase

---

[1] Não há uma única definição para a palavra "informação" nas áreas científicas tão especializadas e dependentes da informação. No contexto da Ciência da Informação, a informação é definida, desde 2002, por Silva e Ribeiro da seguinte maneira: "conjunto estruturado de representações mentais codificadas (símbolos significantes) socialmente contextualizadas e passíveis de serem registadas num qualquer suporte material (papel, filme, banda magnética, disco compacto etc.) e, portanto, comunicadas de forma assíncrona e multidireccionada. Em vez de antinomias redutoras e equivocadas, deve imperar o impulso para aproximações e simbioses semânticas que enriquecem e aprofundam. Por isso, não é exagerado considerar o documento como epifenómeno da informação e da comunicação, dois conceitos complementares e indissociáveis, embora distintos, que se reportam a um fenómeno humano e social que não cabe apenas, e muito menos se esgota, no 'mecanicismo' da teoria de Shannon e de Weaver ou no 'fisicalismo' redutor das TIC – Tecnologias da Informação e Comunicação" (Silva & Ribeiro, 2002, pp. 109-110).

exposta naquele café do aeroporto. Certamente são os relacionamentos a partir do Café, racionalizados na relação do trabalho, permitidos no lazer ou composto em poesia.

O fim dos pensamentos diante de tal placa estava, assim, demarcado pelo último gole do café na xícara que ainda se bebe quente e apressadamente, por ansiedade ou conclusão da escolha de se realizar pós-doutoramento na Universidade do Porto. O Café encoraja, então, um novo processo que se iniciava: de viagem, de vida e de conhecimento. Em vista disso, o sentido da frase no painel começa a evidenciar-se cada vez mais.

Apesar do que parece ser uma escolha vocabular exagerada na mensagem, a palavra "eterno" contribui para manter implícito um dos sentidos da frase, o sentido que cumpre o papel de informar ao leitor a vinculação profunda da cultura brasileira com o solo de produção agrícola no passado e no presente. Assim, depreende-se o impacto significativo desse sentido na ampliação do alcance da propaganda, que se dirige a quem se dispõe a decodificar/codificar as intenções, ações e os desejos dos agentes nos espaços de entrada e saída das localidades, das relações sociais, da sociabilidade e dos subprodutos resultantes do Café.

O Café secularmente foi degustado em lugares sociais, secretos, privados ou públicos, provocador das economias edificantes das cidades, presente nas negociações que introduziram as modificações sociais radicalizadas nas gestões humanas. O Café, contudo, testemunha as diferenças e preconceitos raciais no Brasil, demarcados pelo lucro da terra e reprodução da pobreza muitas vezes incurável no território das contradições visíveis. As palavras no letreiro são enfáticas, tal como na descrição balzaquiana de que "Há palavras que, semelhantes às trombetas e aos címbalos, sempre atraem o público" (Balzac, 2007, p. 120). Percebe-se, pois, que a frase anônima, exibida no aeroporto de São Paulo, possui o mesmo apelo de um personagem que envolve mundos diversificados em suas culturas, que se sente acolhido no sabor conhecido da bebida Café.

A apropriação do Café como tema de investigação acadêmica, já antes estudado pelas Ciências Sociais como um fenômeno social, agrário e econômico, se observado a partir do campo das significações cotidianas, históricas e simbólicas, objetiva estimular a leitura dos contextos e/ou estruturas da sociedade, nível em que se encontram as particularidades culturais de dado grupo social (Fujita & Rubi, 2020, pp. 243-269).

A perspectiva deste trabalho sempre foi envolver leitores das áreas das humanidades sem, necessariamente, vincular o texto final tão somente às palavras-chave, às listagens e às classificações instrumentalizadas pelas normas e terminologias[2] de convívio profissional da Biblioteconomia, da Arquivologia e Museologia. Todos esses instrumentos são repletos de siglas e expressões de busca que envolvem conhecimento técnico das áreas da Organização e Tratamento Informacional, como Sistema de Recuperação da Informação, *Information Retrieval Systems*, Política de indexação, Organização da Informação, Recuperação da Informação, *Indexing Policy, Organization of Information, Information Retrieval*, Exaustividade, Especificidade Revocação, Relevância, Pertinência, *Exhaustivity and Specifity, Precision and Recall, Relevance and Pertinence*, Acervos e Coleções, Vocabulário Controlado, Tesauros, Classificações e Métodos da Arquivologia, Fundos, Ciclos Documentais, Tabelas de Temporalidades, entre outros tantos presentes nas áreas dos profissionais de acervos. Desse arcabouço importante, disponibilizado pelas áreas da recuperação da informação, foi necessário "filtrar" as linguagens técnicas e adotar a linguagem dinâmica e compreensão do texto de forma mais abrangente.

O percurso da pesquisa Brasil-Itália-Portugal-Turquia viabilizou a coleta de informações dos acervos arquivísticos e museológicos, aplicados como expressão "os corredores do café" (Espírito Santo, 2009b), dotados de informações organizadas. São os elementos históricos, factuais e simbólicos que constituem na sua dimensão virtual a percepção do utente (usuário) sobre o produto Café, tal qual é o caminhar sobre os ladrilhos desses corredores do Café e percebê-los na História Cultural do povo. Os fundamentos e as pesquisas de autores citados no texto, Afonso d'Escragnolle Taunay, Gilberto Freyre, Celso Furtado, Eclea Bosi, Sérgio Buarque de Holanda, Florestan Fernandes, Octavio Ianni, Raymundo Faoro, Emília Viotti, Maria Luiza Carneiro Tucci e Lilia Moritz Schwarcz são basilares para fundamentar a história brasileira. Na produção historiográfica e das Ciências Sociais, assim como na teoria econômica e social, é urgente entender o racismo estrutural e cultural contando com a vigorosa sustentação dos autores brasileiros no suporte dos estudos da formação do povo, da teoria desenvolvimentista, da memória e da construção, a partir de depoimentos, do passado das navegações e da globalização, da transformação econômica colonial entre engenhos e produção de exportação cafeeira, e das arquiteturas rurais e urbanas. Também foi a partir dos estudos de André Munhoz de Argollo

---

[2] As terminologias são definidas como um conjunto de termos de um domínio do conhecimento e envolvem conceitos, sistema de conceitos e termos. Todavia, são interdependentes das fontes terminológicas vinculadas aos discursos das áreas de especialidades da ciência e práticas.

Ferrão, antes definidos para investigação do fenômeno dos modos da vida social, que as associações entre o Café, o maquinário e as ferramentas foram produzidas por tecnologias dos meios de produção industrial e pelas relações de trabalho no campo baseadas no sistema capitalista na exploração do homem da terra.

Os fundamentos de Le Goff (1992) e Paul Ricœur (2010), na análise fundamental das linhas entre o objeto, memória, narrativa e história, assim como as teses sociológicas de Anthony Giddens (1938-), dão sustentação teórica em que se configuram os dados da estrutura social. De qual informação estamos falando?

A ideia de buscar no Café vetores de uma estrutura complexa da navegação nos corredores marítimos, atravessando os oceanos do universo dominado pelos historiadores, seria arriscada demais se não constituíssemos, antes, as âncoras necessárias para atingir as metas durante as tempestades e as altas marés conceituais.

Nas próximas linhas farei uma breve apresentação das intenções e do desenvolvimento do eixo formal da investigação sob o ponto de vista dos fenômenos sociais na esfera institucional.

A seleção de fontes de pesquisa recebeu influências das formações da graduação em Sociologia e Política e da pós-graduação em Ciência da Informação, Ciências Sociais Aplicadas que, a partir de determinados pressupostos fundados nas humanidades, fundiram-se na percepção da relevância contemporânea da investigação do fenômeno informacional, essência da teoria da informação e da revolução informacional. A formação da graduação, em sociologia e política no Brasil, mais especificamente na Fundação Escola de Sociologia e Política de São Paulo, fundada em 1933, orientou a busca das referências do pensamento crítico baseadas no conhecimento sociológico. A graduação sempre é a base do domínio da ideia de tempo histórico e de produção econômica em que se associam o conceito de sociedade e o pensamento crítico marxista. Esse pensamento, advindo do conceito de superestrutura, estruturalismo e estrutura social, sustentou-se na formação acadêmica inicial para daí localizar teorias da aproximação entre estudos culturais e sociais, Ciência da Informação, memória, Linguística e análise documental.

Na Ciência da Informação, o discurso da memória é associado aos preceitos do documento histórico, arquivístico e museológico a partir do ponto de vista de seu Tratamento e Conservação (Silva, 2010), sem excluir o potencial da interpretação dos sentidos e significados documentais. As exigências das preservações da escrita e do papel, assim como a disponibilização em descrições com linguagem inclusiva digital, ainda são pouco adaptadas à realidade social e ao interesse do usuário. Os arquivos públicos, na superestrutura social, se protegidos pelos governos civis e democráticos, admitem as bases da teoria documental, na missão de fortalecerem os laços da gestão arquivística com o acesso informacional aos interessados.

O investigador, ao deparar-se com documentação histórica, não se satisfaz nem do ponto de vista da materialidade nem da imaterialidade da informação. Sente-se provocado ao perceber as vertentes da informação oriundas das materialidades do documento e são empreendidas investigações a partir da representação codificada, projetada nos sistemas da informação, o bálsamo do universo dos pixels. Nessas bases, seguimos os passos de revisão teórica e organização de produtos de acesso à informação, verificando as raízes das Ciências Sociais para identificar o problema do acúmulo informacional e da contradição imposta pelo restrito conhecimento a respeito do arcabouço histórico do Café.

A temática História do Café diz respeito à Organização Documental e se relaciona ao princípio da organicidade documental, que atravessa a história da arquivística a partir da Revolução Francesa até os nossos dias, após os processos do ciclo documental de conservação do documento e sua posterior digitalização. São conceitos derivados das fontes clássicas dos documentos de valor primário, hoje relativizadas porque são diretamente produzidas (nato-digitais) no registro da comercialização do produto e que, na atualidade, legitimam-se pela interatividade informacional por meio de bases de dados informatizadas.

Os Arquivos Municipais, resultantes da acumulação dos documentos, registros das ações dos Poderes Judiciário, Executivo e Legislativo, são organizados de acordo com sua estrutura político-jurídica e servem ao acesso dos interesses da administração, à defesa dos direitos da população civil e às pesquisas científicas e culturais. Deve-se pontuar, contudo, que as bases tecnológicas do desenvolvimento da ciência percorreram o século XIX e romperam com a noção romântica da informação, até então compreendida apenas como sinônimo de "notícia". A transformação deve-se às novidades das invenções científicas associadas ao estudo dos fenômenos sociais. Transformação essa radical, que afetou o mundo das classificações empíricas capazes de formular a ordem do conhecimento racionalizado e influenciar o senso comum. Assim, quando analisamos o papel cultural do Café, de qual informação estamos falando?

Giddens (2003), em *Constituição da Sociedade*, auxilia a identificar a argumentação de que a informação estruturada pode resultar em outras estruturas codificadas e usuais por populações diferentes. Assim, a informação estrutural do Café na dimensão virtual foi o motivo da análise e do percurso de viagem previstos em projeto (Proc. FAPESP 14/16070-0 – Universidade do Porto, Portugal), visando argumentar sobre a necessidade de construção de outros meios para se realizar a leitura do Café, observando, principalmente, a estrutura social nas vias produtivas, a escala econômica e a cultura. Considera-se a metáfora "corredor do Café" como recurso linguístico para organização de subtemáticas, ou corredores, apontando para a existência dos arredores ou contextos culturais específicos por onde esteve ou está o Café (Espírito Santo, 2009).

De acordo com Giddens (2003, p. 35),

> [...] Na teoria da estruturação, considera-se estrutura o conjunto de regras e recursos implicados, de modo recursivo, na reprodução social; as características institucionalizadas de sistemas sociais têm propriedades estruturais no sentido de que as relações estão estabilizadas através do tempo e espaço. A estrutura pode ser conceituada abstratamente como dois aspectos de regras: elementos normativos e códigos de significação.

Na definição conceitual de estrutura e ação, Giddens (2016, p. 13) explicita-as com o marco da produção de cientistas sociais do pós-1980, em que há tentativas de "[...] integrar teoricamente estrutura e ação". Ademais, na definição que oferece para os conceitos essenciais da sociologia, Giddens descreve-os da seguinte forma:

> Estrutura-Ação. Dicotomia conceitual alicerçada nas tentativas da Sociologia de compreender o equilíbrio relativo entre a influência da sociedade no indivíduo (estrutura) e a liberdade do indivíduo para agir e influenciar a sociedade (ação) (Giddens, 2016, p. 12).

Qual é a relação entre sociedade, produção, documento, estrutura e ação? Ao tentar responder à pergunta sobre qual é a função do documento na pesquisa a respeito do Café, projetam-se nas mentes: o lugar, o tempo, os agentes. Se quisermos, poderíamos ainda complementar com outra pergunta, além das deduções sobre estrutura de Giddens, para provocar a visão da realidade: "de que forma" a leitura do Café acontece em diversos acervos e culturas? Para isso recorremos ao Método Quadripolar, isto é, a produção e recipiente de dados articulados entre os polos epistemológico, morfológico, teórico e técnico, que associa a ideia de estrutura à morfologia, percebe a dicotomia presente entre epistemologia e ação do indivíduo, e propõe a transcorrência entre os polos que caracterizam a pesquisa. A aplicação do método deu-se porque se projeta a articulação entre as muitas possibilidades teóricas da multidisciplinaridade (epistemológica) e não se apega ao estamento social ou à ideia de estruturar a informação por camadas. Ao contrário, o método abre-se com a possibilidade de inserções teóricas, dados e técnicas na dimensão da virtualidade da informação coletada ou produzida. Todavia, ele apoia-se em dinâmicas criativas e elucidativas da organização da informação:

> A interação dialética desses diferentes pólos constitui o conjunto da prática metodológica; esta concepção introduz um modelo topológico e não cronológico da pesquisa. Infinitamente variada no tempo e no espaço, esta última move-se nesse campo metodológico de maneira mais ou menos explícita a cada passo de sua prática (De Bruyne, Herman, & Shoutheete, 1977, p. 36).

Na organização interna deste livro, o primeiro capítulo, "Informação, Café e o Método Quadripolar", define-se a partir das etapas do processo de produção da pesquisa de pós-doutoramento: a decisão do objeto, as relações do método e o conceito de informação, advindo da publicação *Dinâmica da pesquisa em Ciências Sociais: os polos da prática metodológica*, dos autores Paul de Bruyne, Jacques Herman e Marc de Schoutheete, prefaciado por Jean Ladrière e traduzido por Ruth Joffily, publicado pela Editora F. Alves, Rio de Janeiro, em 1977, e atribuições dos fundamentos históricos do objeto na história mundial do Café. Dos quatro polos do método, incentivados pela leitura dos estudos do Prof. Armando Malheiro da Silva, houve uma preferência pelo polo técnico, entre os outros: epistemológico, morfológico e teórico.

> A "informação" torna-se "dado" pela própria aplicação das técnicas de coleta; opera-se uma seleção específica segundo as problemáticas da pesquisa ou mesmo segundo as hipóteses de trabalho que orientam a elaboração e a verificação teórica (De Bruyne, Herman, & Schoutheete, 1977, p. 203).

Para efeito de ilustração, a citação apresentada indica que a coleta e conceituação evidenciam a interpretação e, por isso, o segundo capítulo,

"Ler as informações do Café", trata de expor as operações mentais capazes de organizar as informações e estimular temáticas para facilitar a leitura e interpretação da complexidade da história nos cotidianos dos trabalhadores, dos produtores, comerciantes e consumo do café.

O terceiro capítulo, "Memória classificada do Café", apresenta, por sua vez, as estruturas sociais e os simultâneos corredores da via da dimensão virtual do Café a partir do estudo da memória e sua aplicação na presente pesquisa.

O quarto capítulo, "O Patrimônio e o cotidiano das cidades do Café" e a "repetição sem memória", propõe visualizar a ação dos mediadores na área do Patrimônio Cultural, apropriando-se do mito de Sísifo e do papel mediador do documento como registro cultural. Tal processo culmina na análise da substituição da palavra "campo" e da "noção de campo" por "arredores" a partir do entendimento de que "arredores" são margens fortalecidas e inexploradas no campo social, distintas dos campos das frequências do fluxo das informações, desenhando, assim, uma "infografia" experimentada a partir da observação de seus significados.

O quinto capítulo, "Infografia: identidades, simbologias e trabalho nas dimensões do Café", propõe a síntese em forma de infografia para definir a dimensão virtual, sedimentada por corredores temáticos do Café. As considerações finais, no sexto capítulo, "Interpretação social nas dimensões virtuais do Café", demonstram as experiências percorridas para ladrilhar os corredores do Café. Esse capítulo valoriza a morfologia no plano contextual da cultura, a relação entre informação e documento, para provocar desdobramentos em práticas e como são possíveis os objetivos culturais desdobrados, na presente pesquisa, a partir das construções de textos, exposição e jogos.

O trabalho, inicialmente apresentado em formato de relatório à Universidade do Porto, gerou artigos publicados em revistas científicas da área das humanidades e que foram posteriormente incorporados e revisados para este livro.

Nesse processo e envolvimento com o inesgotável contexto do Café, convido o leitor a pensar a leitura considerando recortes temporais e breves anotações da história luso-brasileira, fundamentadas por referências de historiadores contemporâneos, pesquisas e investigações baseadas na leitura documental de arquivo e das interpretações que vasculham os dados coletados.

A propósito da expressão "dimensão virtual", tal como inserida no texto, ela abarca a principal noção das categorias Espaço-Tempo para permitir transitar, historicamente, pelas visões diferenciadas sobre África e Oriente Médio, Europa e América Latina, sobre o território dominado pelo Império Otomano e a expansão do Café na Europa e sobre a introdução na América Latina, no Brasil.

A construção da dimensão virtual do Café prevê a abstração das localidades para fazer uso de técnicas da extração de termos de documentos a serem organizados em quatro classes: Espaço, Região, Território e Agentes, disponibilizados na dimensão imaginada eletrônica. Convidamos o leitor, ainda, a reconhecer as apropriações e os desenhos projetados no espaço das inúmeras maneiras de manejar a informação sobre os produtos naturais como o Café, que tomamos como sentido principal e orientador das pesquisas de campo em quatro países. As referências documentais de acervos históricos, além das referências bibliográficas sistematizadas na metodologia, foram necessárias à organização e ao tratamento documental e informacional próprios das instituições curadoras.

Os autores de base da formação profissional e influência nos últimos 40 anos, as pensadoras do arquivo como a Prof.ª Dr.ª Ana Maria de Almeida Camargo (*in memoriam*), Prof.ª Dr.ª Heloisa Bellotto (*in memoriam*), Prof.ª Dr.ª Maria Nélida Gonzáles de Gomes, Prof.ª Dr.ª Nair Yumiko Kobashi, Prof.ª Dr.ª Miriam Paula Manini, da Cultura e Arte, assim como o Prof. Dr. Martin Grossmann e Prof. Dr. Eduardo Ismael Marañon (*in memoriam*), todos eles foram professores e orientadores dos argumentos teóricos em defesa da construção da pesquisa científica, da memória coletiva e do conhecimento socializado a partir da leitura documental.

A descrição da metodologia estabelecida na pesquisa foi realizada em análise nas próximas páginas com o apoio de pesquisa e tradução de alunos da graduação da Universidade de Istambul, José Rafael Medeiros Coelho e Uğur Güney, que se vincularam ao projeto para levantamento de documentos e extração de termos de forma simultânea ao curso da investigação, nos meses de maio a setembro de 2015. No Brasil, tive apoio da aluna Raquel Jacob, do curso de Biblioteconomia e Ciência da Informação da Faculdade de Filosofia, Ciências e Letras da Universidade de São Paulo, Campus Ribeirão Preto.

Nas trajetórias da proposta de internacionalização da Universidade de São Paulo, buscamos realizar a pesquisa de pós-doutoramento com o desenvolvimento da linguagem observando os muitos significados, num cenário acadêmico favorável em Portugal e no Brasil, com apoio da Fundação de Amparo à Pesquisa do Estado de São Paulo (FAPESP) e da Universidade de São Paulo (USP), além das orientações do Prof. Dr. Armando Malheiro da Silva, da Universidade de Letras do Porto, das contribuições imensuráveis do conhecimento sempre socializado e fundamentado pela vivência científica do grande professor que é. Nesse caminho, o vínculo com o Centro de Investigação Transdisciplinar Cultura, Espaço, Memória (CITCEM), Faculdade de Letras da Universidade do Porto, permanece com relações acadêmicas em direção ao desenvolvimento de futuros projetos com novas parcerias.

INFORMAÇÃO, CAFÉ E O MÉTODO QUADRIPOLAR

Na Ciência da Informação, procura-se dar utilidade ao estudo da informação. Todavia, a insuficiência do tratamento técnico leva autores a vê-la para além dos limites tecnológicos, para uma necessidade de "filosofar sobre a informação" (Frohmann, 2015, p. 244). Tomada como objeto de investigação, a informação, nas diferentes formações contextuais sociais, linguísticas e históricas, por vezes, apresenta-se dialogicamente frente às estruturas institucionais dos processos mediadores do conhecimento. Desse modo, tais preocupações, associadas à gestão e à aprendizagem, estão presentes nas discussões da área da Ciência da Informação e são evidenciadas mediante o avanço das soluções tecnológicas e da linguagem que, se comparadas às contradições dos sistemas institucionais e organizacionais dos documentos, ainda estão mais implicadas pelo problema do acesso documental ainda restrito a determinados grupos.

No campo ideal da socialização da informação, isto é, da realização de projetos por pesquisadores arquivistas, museólogos ou bibliotecários, nos quais as descrições documentais são potencializadas a partir da terminologia baseada em linguagem inclusiva e da digitalização (Borges, Dias, & Espírito Santo, 2023), esses profissionais comprometem-se com a participação direta e com representações de participantes das localidades. Nesse lócus, procura-se compreender as contradições/formações/realidades sociais e busca-se algum sucesso na perspectiva utópica dos projetos sociais no enfrentamento do problema da leitura documental.

Esses procedimentos não se referem às rupturas da ordem, da classificação e da descrição, mas sim trata-se do gesto humano na direção do processamento das amplas adequações da linguagem natural com a participação dos agentes da comunidade em questão. Será preciso codificá-las no contexto das tecnologias comunicacionais digitais e ancorar os diferentes receptores no âmbito do direito civil e democrático. Os grupos mais aproximados de suas necessidades informacionais e comunicacionais, imediatamente poderão submetê-las a um novo fluxo ou ciclo informacional e os utilizarão em projetos destinados à cultura.

Com intuito de ilustrar este estudo, retomo as proposições exploradas por Giddens (2003) referentes à bibliografia citada quanto às generalizações recorrentes nas Ciências Sociais e quanto à teoria da estruturação, com ressalva às ocorrências que se normalizavam para recuperar a informação do âmbito do polo técnico, oriundo do Método Quadripolar.

O pensamento do sociólogo inglês nos é pertinente quando ele afirma que as discussões teóricas oferecem o embate da relevância das leis naturais com as concepções de que o sujeito recebe, por base, as influências das relações sociais oriundas da produção, reprodução e transformação dos sistemas. Todas elas estão implicadas nas variações em relação ao Espaço-Tempo, com o desenho das coordenadas baseado além da cognição do sujeito, na dimensão macrossistêmica em que age e, ao mesmo tempo, influencia-se por tais variações advindas da percepção da informação fenomênica.

Com o objetivo de analisar as maneiras pelas quais o fenômeno informacional evidencia-se sobre a sociedade a partir dos estudos da Cultura e da História do Café, percebe-se que as relações sociais que são apropriadas a partir das variações no tempo e no espaço se dão em formatos diversos de mediações e apropriações culturais das sociedades. Em outras áreas, além das Humanidades e das áreas das Ciências Sociais, tais como as biológicas ou agrotécnicas, verifica-se que as relações entre a informação e a sociedade são objetivadas nas regras e teorias dominadas nas áreas das Ciências Biológicas e Ciências Exatas e da terra na complexidade ambiental e climática.

O sujeito cognoscente é o eixo pensante, vigilante das realidades trabalhadas, é o proprietário das cognições dos âmbitos institucional, governamental ou da sociedade civil, sobretudo quando se tem por regras as concepções das diversidades da cultura. Todavia, há necessidade de verificações constantes no estudo das relações políticas, culturais, religiosas e na linguagem metaforizada do cotidiano, nas expressões linguísticas relativas ao Café e envolvidas na função de socialização dos elementos temporais da comunicação na dimensão da sensibilidade humana.

As morfologias analógicas e digitais, quando estruturadas nas instituições de curadoria material do suporte documental, como os instrumentos de pesquisa tais como guias, catálogos, listagens, vocabulários controlados etc., são percebidas e combinadas nas ordens dos planos de classificação, no respeito às ordens alfabéticas, cronológicas ou temáticas da catalogação, em respeito aos acervos, fundos e séries, baseados na linguagem codificada, de acordo com metodologia, diretrizes normativas e facilitadas quando é necessária a aplicação da comunicação. Para tanto, os desafios profissionais tornam-se imensos na superfície das contradições e diferenças sociais para o acesso informacional e tecnológico socializado.

Embora este estudo não apresente um resultado definitivo para o problema de categorização inclusiva do termo Café, referimo-nos ao experimento da adoção de linguagem crítica para a construção de dimensão virtual e da literacia digital no contexto do produto agrícola e cultural. Objetiva-se, com isso, a possibilidade de ampliar a organização temática via um conjunto de expressões metafóricas, em que tais categorias estão expostas e humanizadas, envolvendo a interpretação virtual e a imaginação do sujeito cognoscente. Por exemplo, os termos como "aroma", "cor", "forma", "fogo", "água", "som", "luz", "dor", "sofrimento", "alegria" etc., deixam de ser dotados de sentidos abstratos e passam a servir à composição de metáforas de linguagem natural e inclusiva.

A interpretação tem o poder de "revelação da matéria" (Sartre apud Bachelard, 2013) considerando-se o seu sentido sonoro, a sua ação mecânica e também a contemplação da forma: cheio, vazio, reto, curvo, plano, inclinado, oblíquo etc. O papel ritualístico do Café, na sociabilidade dos cotidianos, remete à redenção, ao calor, entre outros adjetivos. Ademais, a contemplação induz ao gosto ou aos sentidos do ver, ouvir e sentir.

Na procura dos conteúdos modificados na temporalidade histórica, o pesquisador (ou investigador) sente-se livre para criar metáforas na leitura documental dos contextos culturais e se vê auxiliado na investigação pela ideia inicial de aplicar as vias aqui esboçadas.

Desse modo, são valorizados os conjuntos documentais baseados no conceito de organicidade desenvolvido pela Arquivologia e os processos de gestão da informação em arquivos, museus e bibliotecas do ponto de vista das mediações criativas, artísticas, poéticas e transformadoras. Desse princípio, compreende-se a característica fundadora ou a propriedade dos conjuntos documentais, que se mantém na completude dos significados dos registros humanos através das séries organizadas em que são geradas as dimensões analógicas e digitais redimensionadas. A instituição arquivística ilustra a afirmação de que as informações são células de um corpo da cultura que funciona organicamente (Santaella, 2003, pp. 18-19), pulsa com o fluxo do conhecimento sobre o tema. Mas o que acontece com o princípio documental da organicidade dos arquivos? As características morfológicas do termo "organicidade" apresentam importantes indícios para a compreensão do caráter orgânico como principal qualidade dos arquivos. A palavra "organicidade" é formada por três morfemas: o radical "organic" + vogal temática "i" + sufixo "dade". O sufixo "dade" é acrescido aos adjetivos para formar substantivos que expressam a ideia de estado, situação ou condição. Logo, inferimos que "organicidade" corresponde à condição do que é orgânico. Portanto, o termo "organicidade" pode ser entendido como "qualidade do que é orgânico" (Nascimento, 2012). Relativiza-se o sentido para caracterizar a ligação entre as grandes partes documentais e o princípio da integridade deles.

O conceito de organicidade é tão instrumental quanto o próprio conceito de documento, que advém de *docere*, dotado do valor semântico de ensinar e instruir. Não seria a organicidade uma propriedade implícita e indissolúvel do conceito de documento? Pela via da Ciência da Informação, documento não é informação. As duplas não são irmãs siamesas, e se ainda também precisamos relativizar as informações registradas e seus suportes do ponto de vista da organização, tal fato se dá porque em certos ambientes essas informações estão fundadas em razões sociais, políticas e influenciadas igualmente pela extensão territorial continental, como ocorre em nosso país.

As intenções da centralização republicana dos documentos, dos arquivos, bibliotecas e museus não atingiram um sistema único de acesso informacional aos documentos históricos brasileiros, apesar das realizações de iniciativas como o Projeto Resgate, que foi implementado entre Portugal e ex-colônias, e das recentes tentativas de processarem a linguagem acessível nas experiências comunitárias e inclusivas da organização e acesso documental (Borges, Dias, & Espírito Santo, 2023). Há, então, diferenças no acesso tecnológico e educacional que são, devido às diferenças sociais, agravadas pela falta de distribuição de renda de forma justa, alfabetização, educação formal e literacia digital.

Se compreendermos a geração dos documentos públicos, e também aqueles do mundo privado, como documentos que se constituem enquanto veículos da informação, ainda há muito que se fazer na área de implantação e gestão documental aberta e socializada frente às graves diferenças de classes no Brasil e no mundo.

A informação, quando humanizada, tem o poder de romper antigos valores se comparada aos problemas das estruturas sociais diversas (vide as instituições clássicas como os museus, arquivos e bibliotecas e projetos de vanguarda de inclusão social existentes no Brasil e América Latina). As informações institucionais estabelecidas nas propostas de comunicação eletrônica, por exemplo, levam muitos sujeitos a considerarem-se afortunados se são servidos das amplas possibilidades de usufruírem de "tanta informação" e dimensioná-la na virtualidade tecnológica. Contudo, no Brasil e em outros países subdesenvolvidos (há quem diga "em desenvolvimento"), impõe-se, ao sujeito, o mundo dos limites nos processos de apropriação de fontes de conhecimento. Esse mesmo sujeito, enquanto mediador no universo desconhecido e representativo dos conteúdos e das informações, por sorte, pode somar à mudança do paradigma (Capurro, 2003) do usuário caracterizado pelos resultados da sociedade dos sistemas colonizados e neocolonizados. Embora não seja a única via, é a partir da ampliação tecnológica dos mundos do som e da imagem que se pressupõem a democratização do acesso e uso da informação, processo esse que se encontra em pleno vigor (Burke, 2010)[3].

O quadro a seguir demonstra as etapas da pesquisa com organização dos locais, priorizando as instituições arquivísticas, museológicas e os documentos relacionados e correspondentes às coletas realizadas, principalmente, entre 2012 e 2016:

ETAPA	LOCAIS		AÇÕES DE PESQUISA - LEITURA DOCUMENTAL E ANOTAÇÕES
Consulta aos acervos de Arquivos e Museus no Brasil e no exterior	• São Paulo • Lisboa • Cidade do Porto	• Roma • Istambul • Bursa	Pesquisa relacionada ao levantamento de documentos, à leitura documental, à tradução e à interpretação de dados
Confecção do relatório de pós-doutoramento. Texto equivalente à pesquisa desenvolvida junto à Universidade do Porto	Relatórios finalizados na Universidade do Porto (Portugal) e na Universidade de São Paulo (Ribeirão Preto, SP, Brasil)		Produção textual organizada em capítulos, organização de Imagens e sistematização dos dados registrados em Cadernos de Campo

---

[3] A outra via, e antes básica, é erradicar a fome e socializar a educação.

ETAPA	LOCAIS	AÇÕES DE PESQUISA - LEITURA DOCUMENTAL E ANOTAÇÕES
Verificação e coleta de anotações baseadas em bibliografia dos períodos Colonial e Imperial brasileiro Anotações baseadas em leitura das imagens iconográficas, exposições públicas e produção de material fotográfico	• Arquivo do Estado de São Paulo (Brasil) • Museu da Imigração (São Paulo, Brasil) • M.E.I. - Museo Nazionale dell'Emigrazione Italiana (Roma)	PESQUISA PRESENCIAL Arquivo do Estado de São Paulo Secretaria da Agricultura do Estado de São Paulo Museu da Imigração do Estado de São Paulo Lista de ingresso de imigrantes: http://inci.org.br/acervodigital/upload/livros/pdfs/L001_013.pdf Período: 1881-1889 M.E.I. - Museo Nazionale dell'Emigrazione Italiana (Roma) Exposição provisória instalada no interior do Monumento Nazionale a Vittorio Emanuele II, conhecido como Altare della Patria ou Il Vittoriano
Coleta e Leitura de documentos, ênfase em informações qualitativas arquivísticas, objetos de museus e acervo bibliográficos	• Arquivo Histórico Ultramarino (AHU) - Lisboa, Portugal • Arquivo Nacional da Torre do Tombo (ANTT); Direção Geral de Arquivos - Lisboa, Portugal • Arquivo Municipal do Porto – Porto, Portugal (Ver: http://gisaweb.cm-porto.pt/)	Ofício do Juiz de fora da Praça de Santos. Sobre aumento da produção do café e expansão da vila (AHU-São Paulo; cx. 9; doc. II / AHU-CU-023, cx. 11, D. 532, Santos, 1788)

ETAPA	LOCAIS	AÇÕES DE PESQUISA - LEITURA DOCUMENTAL E ANOTAÇÕES
		532- 1788, março, 17, Santos
		OFÍCIO do juiz de fora da praça de Santos, José Antônio Apotineiro da Silveira, ao [Secretário de Estado da Marinha e Ultramar], Martinho de Melo e Castro sobre a ordem que mandou para que a galera Santa Rita continuasse a sua viagem para Lisboa; do aumento da produção da cultura do café, e da necessidade de expandir esta vila para melhor se fazer a arrecadação dos produtos comercializados para a Fazenda Real.
		AHU-São Paulo, cx. 9, doc. 11
		AHU_CU_023, Cx. 11, D. 532
		Parecer do Conselho Ultramarino sobre representação na Câmara da Vila de São Sebastião da Capitania de São Paulo. Solicita suspensão de tributos sobre açúcar, sal, aguardente, café, arroz e algodão (AHU-São Paulo; cx. 27: doc. 13; cx. 17: doc. 17, Lisboa, 1806 / AHU-CU-023, cx. 28, D. 1264, 1806)

ETAPA	LOCAIS	AÇÕES DE PESQUISA - LEITURA DOCUMENTAL E ANOTAÇÕES
		Requerimento de Francisco e Melo Palheta ao rei D. João V
		Solicita carta de sesmaria das terras que lhe foram doadas
		(AHU-CU-009, cx. 20, D. 2069, 1733 / AHU-CU-013, cx. 18, D.1688, Belém do Pará, 1735)
Coleta de informações qualitativas em Museus, Arquivos e Bibliotecas Brasil Portugal Itália Turquia Tecnologia aplicada no armazenamento e tratamento documental	• Arquivo Histórico Ultramarino (AHU) - Lisboa, Portugal • Arquivo Nacional da Torre do Tombo (ANTT); Direção Geral de Arquivos - Lisboa, Portugal. Documentos microfilmados do instituto dos Arquivos Nacionais da Torre do Tombo, do Núcleo para Transferência de Suportes, protegido pelo operador que foi Olinda Soares, na data de 21/07/2006, máquina Dukan, em leitora de filmes de acetato, oferecem dados da Câmara Modelo Jacknau, SB, 1U, exposição 4.0, redução 21, emulsão 3739103.Os documentos trazem a identificação arquivística do Fundo da Companhia Geral do Grão Pará e Maranhão, da secção Junta de Lisboa, da série: Livro Diário. Unidade de Instalação: Diário A, 1755 a 1760, Código de referência: PT-TT-CGGPM/A/1/1. Cota Companhia Geral do Grão Pará e Maranhão, Diário A., n.1, com consulta no arquivo no dia 8 de novembro	Sargento Mor Francisco de Melo Palheta (1670-1750). "Carta de confirmação de terras no Rio de Obituba, caminho do Rio de Tauga para baixo, entrando por ele dentro no Maranhão" Documento: ANTT - Índices da Chancelaria - próprios de comuns. D. João V Chancelaria. Folhas 206 e 477. Livro 37-193 *folio*. 8 de fevereiro de 1712

ETAPA	LOCAIS	AÇÕES DE PESQUISA - LEITURA DOCUMENTAL E ANOTAÇÕES
	• Arquivo Municipal do Porto – Porto, Portugal (Ver: http://gisaweb.cm-porto.pt/)	Arquivo de coleções privadas. Livros de Carga de Tomaz Araujo Lobos (1835-1852). A-PRI- AM. "Livro de carga que desta cidade ao Porto conduz para o Rio de Janeiro a Barca Portuguesa Amelia. Capitão Antonio José Ramalho, à consignação do Sr. Joaquim Ventura de Magalhães Reiz Auzente Sr. José Bento Araujo Barboza", Porto, 11 de julho de 1836. A-PRI 13 TAL 45 Carregamento presunto, prata, cebola, linho, louça, sal. O livro especial traz na primeira página uma ilustração "ao senhor Thomaz Antonio di Araujo Lobo". Em maio de 1839 descreve-se um carregamento de couro e café, açúcar, arroz, goiabada e tapioca. A-PRI 13 TAL 44 (1839)
	• Bibliotecas, Museus e Arquivos de Istambul[4] e Bursa (Turquia)	Biblioteca Atatürk – Istambul Museu Uluumay Osmanlı Halk Kıyafetleri ve Takıları Müzesi – Bursa Arquivo Otomano – Istambul Museu Pera Müzesi – Istambul

---

[4] O Arquivo Otomano em Istambul armazena a vasta documentação de todo o Império Otomano (séculos XIII-XX), e inclui da Palestina (Espírito Santo, 2015a). Istambul, a cidade encantada pela desordem das camadas

ETAPA	LOCAIS	AÇÕES DE PESQUISA - LEITURA DOCUMENTAL E ANOTAÇÕES
	• Arquivo Otomano. Devlet Arşivleri Genel Müdürlüğü. Istambul (Turquia)	MKT. MHM. 727/12-Z-25-13 DVN. MKL. 88/11/1309/29/1 A.E. SABH.I. 146 9873 1192/B/11-1 (cópias digitais em DVD) • O documento C. İKTS, 124, do Arquivo Otomano – Başbakanlık Devlet Arşivleri Genel Müdürlüğü Osmanlı Arşivi Araştırma Salonu - Istambul
Revisão teórica e pesquisa sobre Organização Arquivística e Museológica a respeito do fenômeno da informação e documental referente ao Café e a questões teóricas e metodológicas da Ciência da Informação (CI) Verificação das referências bibliográficas do texto do pós-doutoramento	• São Paulo • Lisboa • Cidade do Porto • Istambul	Artigos referentes à pesquisa e à participação em Congressos Internacionais (FAPESP) (Ver: https://bv.fapesp.br/pt/auxilios/83146/i-congresso-isko-espanha-e-portugal-xi-congresso-isko-espanha/)

Quadro 1. Etapas do processo de produção da Pesquisa de pós-doutoramento "O corredor do café virtual confluente na dimensão da informação estruturada" (out./2014 a jul./2015 - Proc. FAPESP 14/16070-0 - Universidade do Porto, Portugal)

Fonte: a autora (2016). Atualização em 2023

A construção da pesquisa e seus produtos, que envolvem linguagens, pressupõe o diálogo com profissionais da informática e das áreas da História, Agricultura, Botânica, Linguística, Museologia e da Arquivística. Nesse diálogo, concorda-se com o registro em listagem de termos extraídos por

---

históricas, será analisada pela importância cultural do Café e expansão comercial.

pesquisadores treinados e orientados pela terminologia atualizada em seu tempo digital. Entre tantos desafios, a língua e a linguagem são imperativas e operativas nas "saídas temáticas" por serem auxiliadas pela comunicação metafórica e também pela percepção da qualidade icônica da imagem. Se antes elas estavam presentes no sentido da representação fotográfica analógica, na qualidade documental do registro, hoje elas migraram para o mundo digital, carregando a mesma complexidade de sentidos.

O crescimento da invasão da imagem fotográfica digital relaciona-se com a produção do profissional da imagem que a gerou, ou com quem a gerou e lhe deu significado. Em função do conceito e da garantia iconográfica (ao invés de literária) da imagem analógica e digital, podemos revertê-la em analógica, e assim por diante. Dessa forma, o conceito caro à arquivística — a proveniência — deve ser analisado na clínica das virtudes da imagem fotográfica e da imagem digitalizada sob o controle vocabular, descrição e interpretação. Nesse sentido, os documentos dos arquivos públicos visitados em quatro países (Brasil, Portugal, Itália e Turquia) foram reconhecidos, selecionados, lidos, transcritos, relidos e interpretados, combinando-os à percepção individual das leituras acadêmicas, que hoje são aceitas amplamente porque são baseadas e edificadas em conceitos da Memória e História. "Não é possível haver história sem memorização e o historiador apoia-se, regularmente, em dados memoriais. Se bem que a memória não seja história" (Candau, 2013, p. 74). Essas leituras evidenciaram a simplicidade com que podemos ver e sentir as significações, interpretando o que possui a capacidade de transformação — o grão, a plantação, o processo até tornar-se a bebida e o local café – e que pode determinar os signos para representar estruturas das sociedades nos países antes colonizados, como é o caso do Brasil.

Num momento como esse, quando há convergência digital quase absoluta dos projetos tecnológicos no mundo da informática, nada mais adequado do que dar nova vida aos conceitos adormecidos na academia e que têm avanço atualizado na Universidade do Porto, graças aos esforços de professores da área da Ciência da Informação e das áreas correlatas. Refiro-me ao Método Quadripolar, com origem nas Ciências Sociais (Silva, 2014, pp. 27-44), que, uma vez aplicado à Arquivologia no Curso de Ciência da Informação, é objetivado na tentativa de superação das dificuldades em conceber os documentos de arquivo nas unidades administrativas como canais comunicantes de um sistema de organização maior. Entre o uso da análise crítica do documento, na perspectiva de sua transformação, o presente texto reinterpreta traços e conceitos das teorias sociais no contexto social global (Cellard, 2008, pp. 295-313).

1.1 O Método Quadripolar e aplicação dos polos epistemológico, teórico, morfológico e técnico

O método, utilizado principalmente na arquivologia pós-custodial e ainda pouco adotado no Brasil, permite dar visibilidade à organização dos dados como na configuração e na figura de quatro polos de orientações sistêmicas, entre o levantamento prático e as reflexões teóricas, necessárias às diretrizes da organização e interpretação do conjunto documental.

Do trecho extraído do artigo *Método Quadripolar e a pesquisa em Ciência da Informação*, de autoria do professor Armando Malheiro da Silva (2014), citado a seguir, depreende-se o entendimento sobre o que é um método operatório aplicado à compreensão do "mundo da informação do Café", quando se poderá avançar na proposta para além da leitura do documento histórico e da inferência factual dos dados históricos ou dos relativos pressupostos culturais:

> Trata-se do modelo quadripolar, ou seja, Paul de Bruyne, Jacques Herman e Marc de Schoutheete conceberam a prática metodológica como um espaço quadripolar, desenhado em um determinado campo de conhecimento. Eles situaram-se em nível de uma metodologia geral, ficando-se mais pelas diretrizes orientadoras e não tanto pela inscrição numa perspectiva instrumental e tecnológica ou lógica, que reduziria a investigação a um conjunto de procedimentos ou etapas lineares (como as sete etapas de Quivy; Campenhoudt, 1998, p. 30). [...] Distinguiram, por isso, quatro polos metodológicos no campo da prática científica: o epistemológico, o teórico, o morfológico e o técnico [...] (Silva, 2014, p. 34).

De acordo com a clássica distribuição dos argumentos no método científico baseado na ciência moderna, entre coleta e interpretação, há algo que não se restringe à influência da coleta dos dados por ser da ordem das significações sugestionadas que lhe são próprias.

"O polo epistemológico é de base", como afirma o professor Malheiro da Silva em entrevista realizada em 2015 para o projeto de pós-doutoramento, entre xícaras de café e uma bela vista das grandes janelas da cantina da FLUP (Faculdade de Letras da Universidade do Porto). No polo epistemológico, articulam-se as teorias herdadas da formação sociológica, indica-se a episteme e apresenta-se a reflexão para orientação crítica dos pressupostos dos argumentos da teoria em construção:

> Começa-se, obviamente, por ativar o polo epistemológico, ou seja, o investigador [passa a] assumir o paradigma em que está formado e dentro do qual prossegue seu trabalho de pesquisa. No caso em foco, a investigação desenvolvida pressupõe a adesão dos investigadores envolvidos no paradigma emergente da CI [Ciência da Informação] – o paradigma pós-custodial, informacional e científico, com a dinâmica interpretativa (Silva, 2014, p. 39).

Seguiu-se que, ao assumir o Café como termo operador baseado no paradigma social da participação vertical dos homens e das mulheres, isto é, na relação de classes sociais e do poder, obteve-se como resultado a construção de estruturas da produção e da criação das suas simbologias.

Ler os documentos do Café, proposição do segundo capítulo, conduz ao reconhecimento do documento como células de potência comunicacional do corpo social. Reconhecemos que o trabalho de base da Educação é o de envolver o leitor nos processos iniciais do encontro do pesquisador com o documento, quando há respeito à contemplação do documento.

Por se tratar de documento histórico, o documento na forma física atrai o sujeito observador e, de tal importância, respeita a sensibilidade do investigador afinado em reconhecer os conteúdos documentais e a qualidade da informação, sempre rastreada pela codificação das normas internacionais de citação e das referências bibliográficas, que não se bastam em si mesmas.

Além dos aspectos das intenções acadêmicas, sustentadas pela realidade absoluta da produção científica, há um espaço, hoje em rede, em que se fixam e flutuam as ideias e teorias no "campo acadêmico", como nomeia o sociólogo Pierre Bourdieu (2004). Dessa forma, entrelaçam-se o conhecimento científico e o senso comum com a técnica e a teoria adotadas nas práticas voltadas para as sociedades.

Os documentos históricos dos registros de compras de escravos, listas de entradas de imigrantes, decretos e leis governamentais estão inseridos em outro princípio: o princípio de autenticidade do documento arquivístico. São registros que expressam a intencionalidade da instituição produtora do documento, pois, estabelecendo as reais condições para a sobrevivência dos emigrados, registros de fixação, de entrada ou saída dos homens refugiados da terra ou das condições impostas pela guerra, incomodam pelo volume documental, pela abundância em relação aos sistemas de organização (ver também Tucci, 2010). Bourdieu (2004) elaborou a noção de *campo*, como ele mesmo afirma, para ir além do texto e das relações sociais implicadas, nas quais é necessário somar a dois polos a noção de campo ou o universo onde estão inseridos os agentes e as instituições que os produzem. Da diversidade entre os domínios — literário, artístico, jurídico e científico — dos micros e macrocosmos, são obedecidas leis sociais, o "outro" e o campo científico. A complexidade do método, para operar o campo científico das referências em que se prioriza o documento e seu contexto, e que aqui foi referenciado, está na linha que avança em favor da dinâmica da força social, e reconhecemos que, além do "campo" da teoria, teoria bourdieusiana, há vasos comunicantes desse corpo social em arredores dessas linhas divisórias territoriais. Esses vasos comunicantes são imaginados, sensíveis, que se dão pela exigência da constante vigilância do sujeito em relação ao conhecimento construído, distanciam-se do senso comum pelo pensamento científico dialético e da crítica social elaborada na explicação dos fatos.

    A vigilância, que é crítica simultânea, evidencia-se como proposta do Método Quadripolar. Assim, ele requer atenção na coleta de dados e em sua interpretação quase sempre redutiva no sentido qualitativo e quantitativo, que nos aprisiona na permanente construção do objeto e na adoção dos paradigmas recompostos na escrita. Observados na racionalidade do sujeito investigador, esses paradigmas são imbuídos da centralidade da teoria adotada e do que se considera significativo no contexto de pesquisa, que é o seu núcleo temático. Neste caso, trata-se do Café.

    O Método Quadripolar nos inspira para esse momento "catártico" diante de dados coletados e da inspiração momentânea aprisionada pelo desejo da descoberta de si mesmo para, depois, ler na fase posterior à contemplação dos documentos e extrair, com acuidade, os melhores elementos do corpo documental:

> No pólo técnico, consuma-se, por via instrumental, o contacto com a realidade objetivada, aferindo-se a capacidade de validação do dispositivo metodológico, sendo aqui que se desenvolvem operações cruciais como a observação de casos e de variáveis, a avaliação retrospectiva e prospetiva, a infometria e até a experimentação mitigada ou ajustada ao campo de estudo de fenomenalidades humanas e sociais, sempre tendo em vista a confirmação ou refutação das leis

postuladas, das teorias elaboradas e dos conceitos operatórios formulados (Observatório da Ciência da Informação, 2015).

Retomo a questão com a citação instrumental para os próximos passos da etapa explicativa da pesquisa:

> No polo técnico, operacionalizam-se técnicas que surgem, com frequência, rotuladas de metodologias. O contributo de Gilberto Martins e Carlos Renato Theóphilo é especialmente válido e de extrema utilidade para a operacionalização deste polo, uma vez que em seu manual, muito embora tenham disperso o "arsenal de instrumentos metodológicos" por novos polos desnecessários, apresentam e explicam, com detalhe, tópicos a reter: "pesquisa bibliográfica"; "pesquisa documental"; "pesquisa experimental"; "pesquisa quase experimental"; "levantamento"; "pesquisa-ação"; "pesquisa etnográfica"; "construção de Teoria/Grounded theory)"; "discurso do sujeito coletivo"; "pesquisa de avaliação"; "pesquisa de planos e programas"; "pesquisa diagnóstico"; "pesquisa historiográfica"; "observação"; "observação participante"; "entrevista"; "laddering (espécie de entrevista que se baseia em perguntas do tipo "por que isto é importante para você?")"; "painel"; "focus group";"questionário"; "escalas sociais de atitudes"; "história oral e história de vida"; "análise de conteúdo" e "análise de discurso". Os Autores citados criaram um polo para avaliação quantitativa e qualitativa que, maioritariamente, desenvolve os procedimentos para tratamento estatístico em cima do material obtido com o instrumento questionário, reservando, no final, três páginas para como se proceder de forma qualitativa, ou seja, indo para além da informação estatística e ousando estabelecer relações e inferências em um nível de abstração mais elevado (Martins & Theophilo, 2009, pp. 107-43 apud Silva, 2014, p. 35).

O caráter do polo teórico está em construir etapas do conhecimento, "guiando a construção de hipóteses e conceitos" do lugar da interpretação dos fatos persuadida pela linguagem científica e, por isso, terminológica (Observatório da Ciência da Informação, 2015).

A abordagem sobre os conceitos de estrutura do corredor do Café, apoiada nas noções de espaço-território de Giddens (2003) e arredores territoriais, indica alguns conjuntos de termos permitidos pela plantação, produção, exportação e consumo do Café. Tais termos são sustentados pelos argumentos do polo morfológico que, como o escultor, dá forma e contornos aos conteúdos e compõe as regras próprias entendidas aqui como ladrilhos da pavimentação de um espaço de circulação — o corredor. Assim, o polo "morfológico é a instância do enunciado das regras de estruturação, de formação do objeto científico, impondo-lhe uma certa figura ou forma, uma certa ordem entre os seus elementos" (Silva, 2014, p. 36). Este, em especial, sugere a construção do produto em exposição de ideias sistematizadas, contribuintes da visualidade material ou virtual.

Por fim, mas não imobilizador, o polo técnico possui a função de represar os dados, ele "controla a recolha dos dados, esforça-se por constatá-los para pô-los em confronto com a teoria que foi suscitada. Exige a precisão na constatação, mas não garante, por si só, a exatidão" (De Bruyne, Herman, & De Schoutheete, 1974, pp. 35-36 apud Silva, 2014).

A pesquisa baseia-se, por isso, na metodologia em Ciências Sociais para entender o campo da História e a Ciência da Informação em suas complexidades de organização, registro, tratamento e apropriações informacionais aprofundadas nos conceitos de temporalidades (termos aplicados às áreas da Arquivologia e História), de espaços-territorialidades-localidades (termos aplicados às áreas da Geografia, Filosofia, Sociologia e História) e de agenciamentos como as ações dos homens em locais diferenciados no tempo.

Arquivos e Museus, lugares pontuais da memória ou da "memória dos lugares", como analisa Candau a respeito de Frances Yates, e retomados por Pierre Nora (Candau, 2013, p. 188), são mantidos pelas forças das nações, capazes de se refazerem quando são refletidas na organização da documentação. A leitura do pesquisador, entretanto, é parte integrante dessa memória, de modo que, ao obter-se a visão crítica do fenômeno da informação sucedida pelos resultados da pesquisa, propõe-se, simultaneamente, a retomada de conceitos da sociedade tecnológica e informacional.

Análise dos Corredores do Café	Polos em articulação	Atitudes previstas
Objeto	Epistemológico	Articula teorias herdadas da formação sociológica, indica a episteme e orienta criticamente os pressupostos da teoria em construção: o delineamento de corredores (passagens e vias) com seus processos e limites ao longo da investigação (tidas como paradigmas).
Contexto teórico	Teórico	Viabiliza a estruturação das etapas do conhecimento; utilizando-se de aparato terminológico no âmbito científico para formular hipóteses e conceitos a partir do lugar do sujeito, que empreende a interpretação dos fatos em articulação com as Ciências Sociais.
Estrutura	Morfológico	Permite a observação de casos e variáveis tendo em vista a confirmação ou refutação das leis postuladas. Demonstração do processo que viabiliza a estruturação e formação do objeto científico. Sugere, em especial, a construção do produto em exposição de ideias sistematizadas, contribuintes da visualidade material ou virtual.
Resultados	Técnico	Afere a capacidade de validação do dispositivo metodológico na realidade objetivada a partir do tratamento dos dados a serem confrontados com os objetivos anteriormente propostos.

Quadro 2. Construção do objeto segundo o Método Quadripolar
Fonte: Silva (2014). Releitura da autora (2016)

Algumas considerações teóricas da área podem esclarecer ao leitor os fundamentos da escolha de um objeto de investigação (o Café, no Café, do Café) e incentivar proposições futuras para a construção de uma exposição digital.

A facilidade de manejo do Método Quadripolar permite-nos deslizar entre polos, não obrigatoriamente realizar movimentos nas linhas do quadrilátero, entre polos e ângulos retos. Ele também nos permite abranger provocações do pensamento além da "geometria" sugerida entre as linhas que interligam os polos. O método permite movimentar simultaneamente os polos, abertos, direcionando-os para o pensamento que busca desenhar linhas de acesso entre os elos virtuais, visando dar fluidez entre os segmentos das informações disponibilizadas. Desse modo, conformam-se os corredores ao papel da fruição da informação do Café, representativos na sociedade, pautando o tema em suas próprias bases sociais.

Assim, figuram no espaço túneis, pontes, ruas, mercados, passagens, pistas etc. Com a comunicação entre os polos, atribuem-se sentidos às informações como se estas fossem elementos decorativos dos ladrilhos que revestem os corredores imaginados. Os corredores são, assim, percebidos, criados e apropriados pelo pesquisador para adaptar os fluxos informacionais e documentais, podendo subsidiar recriações temáticas e detectar importantes áreas de atuação quando arejados pelo conhecimento das técnicas sistêmicas do arquivo. Verifica-se, dessa forma, os procedimentos da atividade do pesquisador:

> A metodologia de pesquisa deve continuamente estar atenta à qualidade epistemológica de sua abordagem, elaborar a teoria, purificar os conceitos, fazer a crítica dos dados. Além disso, deve esforçar-se por pensar seu objeto num espaço configurativo, um espaço qualquer de representação, por articular os conceitos, os elementos, as variáveis numa arquitetônica mais ou menos rigorosamente construída (De Bruyne, Herman, & De Schoutheete, 1977, p. 159; 1974, p. 151 apud Silva, 2014, p. 38).

Os dados disponíveis pelos programas eletrônicos, caracterizados por banco de dados, repositórios ou plataformas digitais, pedem passagem ao conhecimento de maneira menos rígida nas arquiteturas da imaginação virtual. Para que haja aproveitamento da consolidação dos conceitos e sua posterior sistematização, objetivam-se novos fluxos informacionais nas sociedades. A proposta deste tópico é facilitar ao leitor encontrar as entradas na temática e explorar outras possibilidades de pesquisas. Assim, justificamos que a aplicação do método Quadripolar criou o esboço da estrutura do conteúdo da pesquisa no trabalho de pós-doutoramento e determinou situações definitivas para refletir o texto no contexto histórico do Café, sendo os polos técnico-morfológicos, de nossa escolha, esculpidos pelas ideias primárias da organização de vias subtemáticas, minimizando o aprofundamento dos demais polos. Unem-se a técnica e a forma, os processos analógicos e as maneiras de disponibilizá-los nos corredores (ou vias, ou rotas) do Café.

Estamos diante de um problema de reconhecimento da informação contextual histórica do Café, objetivada como fenômeno no campo da interpretação a partir da ferramenta da leitura, codificada em eixos da representação de corredores nos quais os seus arredores abarcam a constituição das estruturas sociais. São identificados os contextos culturais e sociais tomados nos estudos do termo "Café" como um signo de comunicação do cotidiano. Dessa forma, as reflexões sobre o termo "Café", que para a língua portuguesa enquadra-se no gênero masculino, atravessam as enunciações particulares e do cotidiano social, amplificadas para outros significados advindos das diversas localidades, regionalidades e universalidades implicadas.

A discussão, na Ciência da Informação, que prioriza analisar o fenômeno da informação e o seu comportamento social não é consensual porque remete o assunto às áreas correlatas que trabalham com informação no mundo virtual. Assim, às comunicações e à semiologia são reservadas a fabricação da informação, a análise e a interpretação, e delas advém o amplo interesse de entender os produtos sociais com atributos próprios, especiais artefatos e documentos representativos da sensibilidade humana. Nos acervos, desde que haja critérios no domínio da unidade no sistema tecnológico de informação, as bases das codificações e interpretações tornam-se significativas para serem contextualizadas e recriadas em novos argumentos acadêmicos. As considerações finais, no sexto capítulo, funcionam como diretrizes para continuar a pesquisa com documentos históricos, funcionando como se fossem os ladrilhos dos corredores do Café. Nominalmente, nesse momento, as informações documentais foram analisadas a partir das leituras pontuais em coleções dos acervos dos arquivos e museus brasileiros, portugueses, italiano e turcos.

A partilha da informação, em diversos meios de transmissão e resultado das intenções da organização humana, levou o homem a construir o documento. Dessa forma, se atribuirmos à palavra "documento" a função mediadora do conhecimento, passaremos a compreender as informações registradas como mais uma das faces da palavra "informação", na ambiguidade semântica que o termo carrega em si — palavra de múltiplas significações e repleta das sedimentações no ato de registrar elementos no espaço e no tempo.

As preocupações da investigação do pós-doutoramento, intitulado *O corredor do café virtual confluente na dimensão da informação estruturada* (Proc. FAPESP 14/16070-0), foram exercitadas durante dois anos contando com a escuta dos colegas da Universidade do Porto e as orientações para o desenvolvimento da investigação dos preciosos direcionamentos da pesquisa, gentilmente trabalhados por parte do supervisor, Prof. Dr. Armando Malheiro da Silva. A pesquisa acadêmica procurou retomar questões antigas e conhecidas quando envolvidas no interesse científico, em busca da exploração dos documentos combinados com a arte de transformar determinados conteúdos. A orientação acadêmica indicou autores portugueses:

a Prof.ª Dr.ª Fernanda Ribeiro e Eduardo Lourenço, para dar fundamentos do pensamento luso-brasileiro; e Paul de Bruyne, Jacques Herman e Marc de Schoutheete, para análise, uso e expansão do documento de arquivo. A opção em adotar autores brasileiros levou em conta aqueles que aplicam a teoria, prática e desenvolvimento profissional nos arquivos, aqueles que destacam a organização e função, uso e extensão do conhecimento teórico e prático na brasilidade que nos pertence.

O Café ensina esse caminho. Os corredores do Café e suas bases sociais são discutidos neste trabalho, cumprindo um dos itens éticos para uso e apropriações advindas do interesse do usuário. Do mapa mental criado, situado no território suspenso pela imaginação, há formas representadas que comportam as propostas futuras de representação para site e exposição, como infografias educacionais a serem ampliadas.

Figura 1. Imagem de leitura da borra do Café em fundo de xícara. Foto: SMES, 2016
Fonte: arquivo pessoal (2015)

2

LER AS INFORMAÇÕES DO CAFÉ

Ler documentos de acervos arquivísticos da temática do Café implica antecipar o reconhecimento do que se vê de imediato e, ao subsidiar a leitura com significações sociais e históricas, combinar os argumentos sociológicos e fatos, dirigir um olhar semiótico para interpretar a linguagem não verbal que os documentos possuem para além da escrita, essa leitura torna-se uma experiência humana, artística e educativa. Trata-se do olhar que deve ser capturado pelas significações de suas formas documentais e termos neles contidos, associados aos contextos particulares do Café. Assim, a imaginação literária não é a mesma do que a dos meios da técnica. A leitura profissional destinada aos processos das classificações e das descrições e, mesmo que variáveis na cultura de cada povo, não são perpetuadas em relatos emocionados da realidade vivida. Na maioria das vezes, tais descrições podem ser criadas a partir das tentativas de racionalização, de objetividade, procurando eliminar as subjetividades. As descrições de documentos, em que são desprezadas as subjetividades para dar lugar à leitura documentária, são fundadas na leitura técnica, na racionalidade e na precisão da disponibilização informacional.

Arquivos são adensamentos de registros documentais localizados fisicamente e que, no Brasil, ainda permanecem ignorados pela maioria dos cidadãos, nas esferas da administração pública municipal, estadual e federal. Para o pesquisador, os arquivos são, geralmente, criações humanas fontes com funções histórico-administrativas, em custódia de respeitadas instituições produtoras das esferas públicas municipais, estatuais e federais governamentais.

Quando os arquivos são abandonados pelos governos, os gestores e pesquisadores são os únicos mediadores do conhecimento naquela condição de ausência de políticas de acervos. São eles identificados na resistência política cultural, bravos militantes da permanência de uma instituição curadora dos documentos, de suas procedências legais, que são repletos de significações administrativas, permanentes, denominadas culturais (Bellotto, 2008, pp. 271-278). Os atos derivados do desconhecimento da função administrativo-histórica, da importância das fontes científicas e culturais — que possuem o Arquivo, o Museu, a Biblioteca e o Centro de Documentação —, têm sido um dos maiores problemas para a educação brasileira, entre tantos outros de fundo estrutural.

Na educação, um dos lados das dificuldades dessas contradições sociais revela-se no desprezo pela gestão da acumulação documental e pela própria existência dos arquivos ou, ainda, nas condições pelas quais se submetem às políticas partidárias eleitorais. Em menor medida, se, por um lado, as gestões públicas estaduais e federais dos arquivos aparecem como implementares das técnicas modernizadoras de organização e acesso a seus fundos documentais, por outro, que é o científico, compreende-se a função das curadorias desses ambientes e a capacidade de transformação da educação quando os esforços são dirigidos ao acesso social do documento de arquivo. Uma unidade mínima, uma série documental e os fundos formados por essas instituições podem transformar o conhecimento humano.

A natureza do documento depende da identificação da procedência e da organização do adensamento do conjunto documental nos processos históricos, principalmente no caso daqueles iniciados no Iluminismo. Apenas o documento na qualidade fetiche do objeto[5], isto é, aquele documento que recebe modificações sígnicas, que fora apropriado para desempenhar fortes valores decorativos que se sobrepõem aos valores históricos, esse documento rompeu com as funções administrativas e com os princípios arquivísticos de organicidade e não consegue livrar-se das atribuições ilustrativas a ele destinadas. Esse documento, de ilustração banalizada, foi deslocado das atividades de rotina administrativa ou cultural, retirado ou desviado de sua proveniência, do fundo documental e custodiado para atender a "satisfação do sujeito"[6], receber o valor de cultura de massa, submetido à reprodu-

---

[5] A designação do documento e da sua qualidade fetiche refere-se ao atributo, ou valor decorativo, quando esse mesmo documento está dissociado de suas funções administrativas, culturais e históricas e adquire a significação subjetiva decorativa. Em circunstâncias especiais da satisfação do "eu", inserida na ilusão do documento fetichizado socialmente, imerso nas simbologias da hierarquia social, política, econômica, por exemplo, possui a característica de um fetiche. As pessoas, famílias ou comunidades atribuem, reforçam ou inventam os valores dos documentos? A profundidade dessas questões patrimoniais, do que se define socialmente e na legislação brasileira, foram apresentadas por Meneses (2009, p. 127) no texto de Conferência Magna, do Iº Fórum Nacional do Patrimônio Cultural, intitulado: "O Campo do Patrimônio Cultural: uma revisão de premissas". Recuperado em 31 de julho de 2023, de http://portal.iphan.gov.br/uploads/publicacao/Anais2_vol1_ForumPatrimonio_m.pdf.

[6] O fetiche, um conceito da área da psicologia para significar a adesão imediata e insistente do "gosto", provoca-nos a ideia de satisfação humana em relação ao objeto artístico desejado. Adorno, na citação a seguir, estimula o leitor a outros estudos na direção da associação entre subjetividade, objeto, estética, arte e documento. "A teoria kantiana é a antítese da teoria freudiana da arte enquanto teoria da realização do desejo. O primeiro momento do juízo de gosto na Analítica do Belo seria a satisfação desinteressada (4). O interesse é aí chamado «a satisfação», o que nós associamos com a representação da existência de um objeto (5). Não é evidente se pela «representação da existência

ção da Indústria da Cultura, tornando-o um signo ideológico. Aí estão os colecionadores e as suas coleções privadas enriquecidas pelos atributos de "valioso", "raridade", "autenticidade" etc. Para um "valioso" documento, mesmo quando reproduzido em cópia, será fácil adquirir a função decorativa nos ambientes ilustrados, livrarias, cafés, nas bibliotecas, residências particulares ou nas vitrines de museus e bibliotecas.

Os precursores de uma abordagem científica no âmbito da Arquivologia avaliam os conjuntos documentais que são produtos da atividade sistêmica humana e que contêm, na escrita, as ideias objetivas da comunicação codificadas em grafias diferenciadas em sistemas sofisticados da organização humana. A compreensão da importância social de um arquivo não é facilitada para a população e necessita de mediações profissionais e de difusão das técnicas de tratamento para que possa figurar como fonte selecionada aos interessados, e até mesmo para pesquisadores mais habituados às publicações baseadas nas pesquisas fundamentadas em documentos arquivísticos. Assim, a imaginação literária não é a mesma do que os procedimentos da técnica, das descrições que, mesmo fugidias em relatos emocionados da realidade vivida, na maioria das vezes são desprezadas para dar lugar à leitura técnica documentária. A leitura profissional técnica reservada na margem de erros, o domínio da língua do tempo de criação do documento (exemplo da leitura paleográfica dos documentos do século XVIII e XIX), agravada pelos limites impostos pelos preconceitos de origens étnicas, raciais e a subjetividade de quem organizar o arquivo, o acervo museológico ou bibliotecário serão sempre complicadores da leitura interpretativa do documento.

A intenção, neste capítulo, não é a busca pela adoção de procedimentos científicos associados estritamente à Arquivologia ou de métodos aplicados aos controles de vocabulários próprios e sistêmicos dos bancos de dados ou repositórios para um método de leitura documental. Busca-se, antes, expor as operações metodológicas capazes de organizar e estimular temáticas do

---

de um objecto» se entende o objecto tratado numa obra de arte como sua matéria, ou a própria obra de arte; o modelo nu bonito ou a harmonia suave dos sons musicais podem ser kitsch, mas também um momento integral de qualidade artística. O acento posto na «representação» deriva do ponto de partida subjetivista de Kant, no sentido pregnante do termo, que busca implicitamente a qualidade estética, em consonância com a tradição racionalista, sobretudo de Moisés Mendelssohn, no efeito da obra de arte sobre o seu admirador. Revolucionário, na Crítica do Juízo, é o facto de que, sem abandonar o âmbito da antiga estética do efeito, ela a restringe ao mesmo tempo por uma crítica imanente, da mesma maneira que o subjetivismo kantiano tem o seu peso específico na sua intenção objetiva, na tentativa de salvar a objetividade graças à análise dos momentos subjetivos. A ausência de interesse afasta-se do efeito imediato, que a satisfação quer conservar, e prepara assim a ruptura com a sua supremacia. A satisfação, desprovida deste modo do que em Kant se chama o interesse, torna-se satisfação de algo tão indefinido que já não serve para nenhuma definição do Belo" (Adorno, 1970, p. 22).

conhecimento da interpretação documental destinadas à investigação da temática Café a partir de leituras. As explicações demonstram como estabelecemos critérios de investigação do fenômeno da informação, oriundas das leituras de documentos de arquivos articulados com a leitura dos objetos museológicos, pertencentes à cultura material, e com o reconhecimento dos arredores territoriais dos contextos culturais.

Para além das técnicas e da verificação dos produtos fundados nas normas das classificações otlelianas (Silva et al., 2002), próprias de um dado tempo e associadas diretamente à Biblioteconomia, valorizamos a base epistemológica na orientação de base do Método Quadripolar, em estudo na Faculdade de Letras da Universidade do Porto, que nos inspirou a refletir sobre a relação entre a organização arquivística, os contextos históricos e os arquivos.

Assim, há buscas por parte das filosofias modernas por adequações permitidas para a criação dos métodos baseados nas pesquisas inter e transdisciplinares, considerando os estudos vinculados às Ciências Sociais e, dentre elas, a Sociologia, a Comunicação e a Ciência da Informação. Talvez essas prerrogativas justifiquem as intenções deste trabalho.

As investigações associam-se, pois, às bases éticas e humanistas sobre os conteúdos documentais e ao olhar treinado na leitura da extração das informações qualificadas que, quanto à sua natureza, devem ser organizadas e disponibilizadas.

A causa "virtual" do trabalho contemporâneo é abraçada na medida da construção da dimensão na virtualidade (Observatório da Ciência da Informação, 2015). Quais são os sentidos da virtualidade? Para responder a essa pergunta neste momento, recuamos para objetivar no texto a dimensão ou as significações que possam ser cognitivamente percebidas com o estímulo criado a partir da linguagem natural, após a Revolução Digital.

No domínio da linguagem tecnológica é que surgiu a expressão "dimensão virtual". Todavia, a virtualidade é composta de sentidos ambíguos, tanto com relação ao hábito de pensá-la como distinção do real quanto no que a define como negação, como aquilo que não é a realidade. Lévy (1993, 1996) explica que, ao contrário da matéria física, na significação, na interpretação e, enfim, no universo dos signos e significados, está presente a virtualidade, mas não para somente contrapor-se aos conceitos de real, virtual e atual. Esse universo da significação virtual oferece autonomia, profundidade, limites de acesso, dinâmica tecnológica própria e incompreensões dos usos das palavras "virtual" e "real".

Lévy (1996) demonstra que a significação é o verdadeiro mundo virtual, o que implica em assumir a leitura como necessidade e o ato de ler a partir da reflexão sobre o comportamento da informação. Por exemplo, em relação a alguém que, ao visitar um museu, tenha uma experiência inusitada e surpreende-se com um objeto exposto, é possível observar que esse indivíduo possa ter experiências diversas se comparadas a outros visitantes. Denota-se que ali, no espaço museológico, os papéis são diversos entre obras e os visitantes, também diversos. A experiência mediadora o leva a contextos culturais das despartes e partes das coisas do tempo, dos fragmentos do processo material. Realiza-se um esforço por promover a interação com o conhecimento oferecido em exposições de objetos. Logo, ele está sob influência, percepção e apropriação do objeto em exposição. Assim, o texto do presente trabalho conduzirá o leitor à virtualidade que se dará ao longo da exposição de uma história particularizada no universo dos produtos carregados de simbologias, trabalhados na racionalidade econômica e social, mas, sobretudo, do imaginário social de quem interpreta a cultura.

2.1 Reconhecer o conceito de cultura para o Café

O Café *per se* merece destaque por ser um produto de sentido universal cujo nome possui origem árabe e recebeu uma intensa fusão cultural, de elementos da cultura material, reunir objetos arcaicos e industriais, de apoio à produção, circulação e consumo da bebida. A leitura semiótica das civilizações envolvidas tem a capacidade de transitar entre culturas e simbologias, entre produções da agricultura e economias, além de figurar como registro, informação e documentação no âmbito da cultura material diversificada. Presente entre os diferentes polos dos estudos sociológicos, com a sua profundidade histórica, o Café é capaz de revelar modos de vida em processos históricos e econômicos do mercado e da produção capitalista. Como apresentado por Giddens e Sutton (2016), cultura é conceito de forma direta e não reflexo do pensamento humano linear:

> Cultura. Origens do conceito. Devido à sua intrincada história, "cultura, assim como seu suposto antônimo "natureza", é uma das palavras mais complexas do vernáculo, e uma das mais difíceis de compreender. No século XV, surgiu um importante significado do termo como cultura de lavoura e animais. A partir do momento que seu significado se expandiu para pessoas, cultura passou a significar "aculturamento" da mente das pessoas. Na Alemanha do século XVIII, cultura

ficou sendo o oposto de "civilização", sendo a primeira superior à segunda. No século XIX, desenvolveu-se um reconhecimento de "culturas" ou conjuntos culturais, que marca o início do uso científico social moderno. Nesse sentido, cultura se refere a todos os elementos do modo de vida de uma sociedade que podem ser aprendidos, como idioma, valores, regras sociais, crenças, hábitos e leis. Contudo, tradicionalmente cultura não incluía artefatos materiais como prédios ou mobília, porém isso mudou com o crescente interesse dos sociólogos na "cultura material". O estudo comparativo das culturas, nesse sentido, é um esforço muito abrangente (Giddens & Sutton, 2016, p. 213).

O campo semântico do Café funda-se com a significação cultural, com o elo da palavra e a História Moderna, no leito da insuficiência da memória institucionalizada e o esvaziamento dos resumos, tags, e termos relacionados da história profunda entre ocidente e oriente. Quais as relações de sentido entre as palavras que envolvem o Café para organizar os recortes temáticos na complexidade textual e objetual?

A palavra "Café", se signo, possui potenciais significados contíguos e condicionados pela via interpretativa do pesquisador. A palavra "Café", se símbolo, possui potenciais simbologias restritas aos seus meios criadores.

A antiga especiaria é provocadora da inspiração com bases mitológicas e nos remete à memória social. Na figura de inspiração de Mnemósine, deusa da memória, e a lembrança do passado da fundida contradição, foi representada na figura de Janus "o mito da crítica e o símbolo do gênio" (Balzac, 2007, p. 415). Assim, por mais de 500 anos, entre o Oriente Médio e Europa, inúmeros viajantes, narradores, escritores, poetas e historiadores relataram a história do Café, significando o encontro dos homens, a construção e destruição do movimento das sociedades (Sajdi, 2014).

A palavra "Café" recebeu versões da origem do termo *Kahwa*. Uma delas surgiu no sudoeste da Etiópia, na cidade chamada Kaffa, significado de poder ou força. "*In fact, Word kahwa existed in Old Arabic, with the meaning of wine or other alcoholic drink or fragrance*" (Hattox, 1999, pp. 16-17; Felsefi, 2006, p. 66; Demir, 2011, pp. 3-4 apud Koz & Kuzucu, 2014, p. 21).

Quando a palavra "Café" é empregada como substantivo na construção das expressões ou das mais finas metáforas[7], o seu significado (o grão

---

[7] Para o Programa de Pós-Gradução da Faculdade de Educação, da Universidade de São Paulo, o Prof. Dr. Léon Ítalo Oscar Riccardi organiza o estudo da palavra metáfora, da seguinte forma: "2. A etimologia da palavra **metáfora** diz que **metáfora** provém da palavra grega *methaphorà*, onde *metha* significa *mudança* ou *transformação* e *phorà* diz

em bebida) sofre novos encontros, fatos e intimidades, fruto das relações entre humanos. Nas expressões das metáforas, ele alude à racionalidade histórica, dá asas às lendas e, ainda, recebe a denominação moderna de que é essa bebida própria do capitalismo. Uma das vertentes do entendimento das classificações terminológicas do Café, com significações sociais, procura na solução tecnológica se beneficiar dos atributos coletivos, os quais são baseados na cognição do usuário e no domínio da linguagem natural, sistêmica e codificada, que objetiva controlar ambiguidades terminológicas e conceituais.

Na área de pesquisa, persistimos em buscar a contenção do transbordamento informacional, abundante e repleto das inutilidades do ponto de vista da educação dos significados. Dessa forma, faz-se presente o critério para o estudo das palavras e termos, como aqui se objetivou na pesquisa a partir das relações condicionais presentes nas estruturas sociais e contextuais do Café. No

---

relação com levar e portar. A palavra *metamorfose*, por exemplo, significa: *mudança de forma* ou, simplesmente, *transformação*. Segundo Aristóteles, a **metáfora** *"consiste en darle a la cosa el nombre que pertenece a otra cosa; siendo la transferencia de género a especie, o de especie a género, o de especie a especie, o sobre la base de analogía"*. (Poética, 1457b) Alguém dizia que a metáfora *"no es propiamente hablando una sustituición de sentido, sino una modificación del contenido semántico de un término. Cada lector puede tener su representación personal, siendo lo esencial el establecer el itinerario más corto para el cual dos objetos pueden encontrarse. La metáfora extrapola, se basa en una identidad real manifestada por la intersección de dos términos para firmar la identidad de dos términos enteros"*. Para pensar, eis a seguinte sentença que traz implícito um sentido metafórico: *"El hombre no es más que una caña, la más débil de la naturaleza, pero es una caña pensante"*. Assim se propicia o jogo da **metáfora**: ela permite dar brilho ao real e cria um confronto onde se extrai a contradição de uma identidade. A **metáfora**, por ser uma figura de linguagem, possui o poder de comparar, de provocar semelhanças, de relacionar identidades, de produzir ou evocar analogias.
[3.] Sendo a **metáfora** uma figura de linguagem chave no processo de significação da linguagem humana -na linguagem da teoria literária *tropos*- pode ser definida como *"uma transferência de significado que tem como base uma analogia: dois conceitos são relacionados por apresentarem, na concepção do falante, algum ponto em comum. A partir daí, amplia-se o campo de abrangência do vocábulo, instaurando-se a polissemia, essencial para que se realize qualquer processo de mudança, que exige variação e continuidade. Em termos cognitivos, os procedimentos analógicos apoiam-se em conceitos mais concretos e mais próximos à experiência do indivíduo. Dessa maneira, ele pode estender a sua compreensão para níveis mais complexos e abstratos de apreensão e conhecimento da realidade. Esse procedimento é altamente produtivo na ampliação e renovação do vocabulário de uma língua. Embora seja um processo tradicionalmente encarado como eminentemente semântico, na verdade ele opera com regras prgmáticas. Se entendida apenas no nível semântico, a analogia metafórica pode não ser plenamente descodificada pelo receptor. As interferências são significações pragmáticas não dedutíveis de regras lógicas, mas sim de regras conversacionais, do que é verdadeiro ou relevante a partir das relações contextuais"*. (Jorge Borges).
[4.] La **metáfora** ocupa, sem dúvida, um espaço significativo na vida do homem, onde o mais importante, como diz o pesquisador Ramón Suárez Caamal é *"el gozo de capturarlas al leer o escribir. Camaleón del texto, miméticas en su arco iris semántico, las metáforas viajan al núcleo del lenguaje, dan lustre a las palabras desgastadas por el uso, arrojan sua redes de asociaciones y unen lo semejante a lo diverso. Hay un relámpago de intuiciones cuando una de ellas porta la llave que abrirá nuestro espíritu a la contemplación de la verdad y la belleza que habitan cada uno de los rincones de lo aparente y lo oculto. Cuando la palabra da en el blanco a través de la metáfora, los objetos más comunes, las situaciones más triviales se muestran en toda su complejidad: por el ojo de la aguja del tiempo cotidiano pasan, no sólo el camello sino peces, árboles derribados y expediciones al mundo invisible. Esto nos lleva a considerarla **no como un adorno del lenguaje y sí hueso, nervio y alma de la expresión***". (O grifo é nosso) (Léon, s/d., http://www2.fe.usp.br/~giordan/posgraduacao/trabalho/99/italo/metafora.html)

entanto, pode-se manter a insuficiência quando se diz respeito às descrições, legendas muitas vezes vazias. Contudo os esforços dos profissionais na área têm sido modificadores da realidade de acesso informacional. A partir das buscas facilitadas na web, além dos verbetes, a autonomia do termo passou a indicar o grão, plantio, bebida, relação, remédio, local ou cor, representando a forma ampla e universalizada no planeta/no mundo.

O Café é um produto econômico de ampla abrangência, que foi diretamente atingido pelas políticas econômicas na produção e distribuição no mundo, quer no gerenciamento governamental, quer no gerenciamento empresarial. Assim como os economistas advertem para o crescimento ou o decréscimo estatístico da produção cafeeira, impondo regras para conter os índices de inflação, deflação, taxas etc., para o profissional da informação também será necessário reeducar os sentidos da teoria e da prática frente às complexidades sociais que se impõem a partir do mundo tecnológico sistêmico e rigorosamente cibernético.

O termo "Café", verbete de dicionário brasileiro da língua portuguesa, de acordo com o dicionário on-line Aurélio (2015), "será semente do cafezeiro; bebida preparada com essa semente, depois de torrada e moída; arbusto rubiáceo que produz o café e local onde se pode tomar café e, normalmente, tomar refeições ligeiras".

Além das inúmeras definições enciclopédicas, relatam-se histórias fabulosas, reescrevem-se mitos e encontram-se curiosas hibridações entre signos, significados, significantes e ressignificastes da palavra "Café". Também, nas elaboradas narrativas literárias e científicas, o Café transforma-se em significados que se inscrevem nos sentidos humanos mais profundos como os que despertam a realidade em função do poder e luta de classes, das formas dos sistemas de produção escravista, do capitalista do trabalho livre e do trabalho assalariado no campo na modernidade. Ainda assim, não se esgotam os princípios da acumulação e lucro impulsionados pelos corredores locais, regionais, territoriais e marítimos.

2.2 Como e por que relatar a História do Café no Brasil a partir da palavra

O Café no Brasil conta a história pouco linear do ponto de vista da saga dos proprietários de terra, de títulos nobiliárquicos, coronéis de patentes imperiais e do patriarcalismo por herança genética, fundiária e na rude e muitas vezes violenta relação com os trabalhadores da terra. A historiografia brasileira desenha uma trajetória dos grãos a partir da Guiana Francesa com destino ao Rio de Janeiro, e os narradores e historiadores portugueses a interpretam a partir da visão colonialista da conquista do mundo novo pelos desbravadores navegantes portugueses nas rotas da Índia, incluindo outras linhas marítimas:

> O Atlântico são três grandes circuitos eólicos e marítimos num mapa; três grandes "elipses". Para lá navegar como um senhor, basta utilizar correntes e ventos no bom sentido: ora levam, ora trazem. Assim foi o circuito dos vikings no Atlântico Norte; assim foi o circuito de Colombo: os seus três barcos são levados para as Canárias, depois até as Antilhas, os ventos das latitudes médicas trazem-nos na primavera de 1403 pelos Açores depois de os terem levado até as imediações da Terra Nova. Para Sul, um grande circuito leva até a costa da América, depois até a altura do cabo da Boa Esperança, à tona sul da África. Para tudo isso, há, é certo, uma condição: procurar o bom vento e, uma vez apanhado, não o largar... Isso é o que se passa habitualmente no alto-mar (Braudel, 1996, p. 373).

Os fatos essenciais históricos e os detalhes dos termos relacionados ao Café são utilizadores inclusos em dicionários modernos da tradição oriunda da África e Arábia[8]. No século XVI, os conflitos luso-turcos estão, então, em pleno acontecimento, quando se deu início à desbravada marítima via rota das Índias. Com isso, perseverava a ideia de que o istmo de Suez (Egito) oferecia outra entrada entre Ásia e África. Essa penetração foi acrescida de importância com a construção no Novo Canal, Suez, pelo francês Ferdinand de Lesseps, de 1859 a 1869.

Os pesquisadores brasileiros nacionalistas, dedicados à investigação do Café, narram essa história do ponto de vista do domínio do Império Português e do fortalecimento da metrópole em razão da riqueza gerada e do empreendimento do sistema colonial e imperial e republicano. Os pesquisadores turcos tomam a pesquisa a partir da perspectiva do Império Otomano, no domínio de 600 anos de império transcontinental, e do papel simbólico da bebida para sultões e súditos, além da popularização da bebida como energético e marca do turismo. No mundo contemporâneo,

---
[8] A "Arábia Feliz", caracterizada por uma "ampla península na extremidade sudoeste da Ásia, entre o mar Vermelho e o golfo Pérsico" (Salinas, 2009, pp. 24-25), também nomeou o local de expansão da cultura do Café e da espécie *Coffea Arabica*. Hoje é definida como a complexa Arábia Saudita.

mais especificamente no Oriente Médio, ainda resiste o encontro entre homens, crianças, jovens e mulheres, incluindo as de outras sociedades, quando se realiza complexa interatividade do conhecimento que atravessa as religiões, fatos, imagens em projeções semióticas. Na cultura muçulmana, a leitura da borra do Café é descrita entre os dilemas da vida e a tomada de decisões da intimidade, ou figura desenhos visíveis a partir da bebida e do pó acumulado no fundo da xícara invertida.

Convidamos o leitor a realizar a experiência da leitura simbólica ao tomar o Café. A leitura da borra de Café talvez tenha origem na leitura das ondas do mar e em profecias dos muçulmanos no Oriente Médio, quando, na ausência da cultura escrita, as linhas dos desenhos naturais da força da água na areia marcavam padrões diferentes que, no encontro entre elas, nas praias dos mares Egeu, Mediterrâneo, Negro, Vermelho, incitavam à leitura do desconhecido nas almas humanas. Ao finalizar a bebida, o interessado inverte a xícara e, no repouso, formam-se imagens como as pinturas impressionistas de William Turner (1775-1851). Elas representam figuras, se interpretadas, sugerem indicações para solucionar problemas no cotidiano familiar, na convivência com terceiros, no trabalho, na antecipação da alegria, do sofrimento ou da morte, auxiliam na retomada da esperança, no caso da ausência de trabalho, dificuldades financeiras, traições, relações amorosas, guerras, terremotos e problemas diversos. Essa simbologia traz, pois, a imagem interpretada através da capacidade cognitiva de quem lê as mensagens inscritas no conjunto do contexto em que se insere. Gilberto Freyre, na obra *Casa Grande e Senzala*, relata sobre o Café mandingueiro e sobre a experiência do cotidiano brasileiro que envolve residências em suas intimidades nas cidades e nas roças.

Ferrão (1999) demonstra que os brasileiros receberam a "contribuição" colonial e, na história, quando ocorreu, no momento de expansão do plantio, a reintrodução da planta para efetiva recondução à África Ocidental. Após o século XVIII, deu-se a grande expansão do Café para a Europa, conforme dito pelo agrônomo e historiador:

> Os portugueses trouxeram-no do Brasil para a África Ocidental, nomeadamente para Cabo Verde e S. Tomé nos finais do século XVIII, fazendo como que houvesse uma reintrodução em África e demonstrando que foi mais fácil atravessar o Oceano Atlântico que o interior do Continente Negro (Ferrão, 1999, p. 69).

No movimento da conquista das caravelas, contrário aos ventos dos interesses de combate em mar para conquistas territoriais na Ásia e na África, os ibéricos, ao dar continuidade ao papel reprodutor dos interesses do Império Português, reconheceram a colônia brasileira como grande produtora de riquezas extraídas da natureza. O sistema colonial português, todavia, deixou as suas marcas profundas na formação do povo brasileiro. Dessa forma, será reconhecido como território independente (1822) e republicano (1889) a partir da decadência do Império Português, em terras brasileiras. Contudo, durante o delineamento da República no século XIX, com o comércio renovado pela demanda do mercado internacional do Café, o Brasil irá figurar como um dos principais produtores mundiais do grão para exportação.

As estruturas informacionais, como no exemplo do Instituto do Café[9], estão voltadas para o usuário no sistema caracterizado pelo princípio da organicidade[10] e, considerando o usuário, há elementos associados, imediatamente, às suas necessidades da procura. Curiosamente, o nível de mediação é estratificado para dar suporte aos fundos e acesso ao documento, denominando-se "topografia" (local físico do documento). Urge superar, inclusive informaticamente, a separação física da informação através de uma interface comum baseada na compatibilidade de formatos cartográ-

---

[9] Instituto Brasileiro do Café (1952-1990). O Arquivo Nacional possui em seu acervo documental fundo e coleções do Instituto Brasileiro do Café a partir de 1932. Dele, reproduzimos a descrição da área de contextualização, do pequeno histórico do órgão produtor dessa valorosa documentação: "História administrativa. O Instituto Brasileiro do Café (IBC) foi criado pela lei n. 1.779, de 22 de dezembro de 1952, como entidade autárquica vinculada ao Ministério da Fazenda, herdando o acervo e o pessoal do extinto Departamento Nacional do Café, incluídos os seus haveres, direitos, obrigações e ações, bens móveis e imóveis, documentos e papéis do seu arquivo. Em 22 de julho de 1960, a lei n. 3.782 criou o Ministério da Indústria e do Comércio e passou o Instituto para o seu âmbito.
Em 26 de junho de 1967, o decreto n. 60.900 vinculou o IBC ao Ministério da Indústria e Comércio. O órgão tinha por atribuições executar a política cafeeira nacional, prestar assistência técnica e econômica à cafeicultura e controlar a comercialização do café.
Em 1958, o IBC recepcionou a Conferência Internacional do Café, durante a qual foi criada a Comissão Preparatória da Organização Internacional do Café (CP/OIC). A Secretaria Executiva da CP/OIC funcionou no Rio de Janeiro, com infra-estrutura fornecida pelo IBC, de 1958 a 1962, quando foi liquidada.
A Organização Internacional do Café, propriamente dita, foi fundada em 28 de setembro de 1963, com sede em Londres. A medida provisória n. 151, de 15 de março de 1990, regulamentada pela lei n. 8.029, de 12 de abril de 1990 e pelo decreto n. 99.240, de 7 de março de 1990, extinguiu o órgão". Recuperado em 1 de agosto, 2023, de https://dibrarq.arquivonacional.gov.br/index.php/instituto-brasileiro-do-cafe. O acervo do Instituto de Café do Estado de São Paulo encontra-se no Arquivo do Estado de São Paulo.

[10] Organicidade é um dos princípios da Arquivologia e entende-se por um princípio da dependência significada no contexto do arquivo e dos documentos, a partir do reconhecimento da identidade, estrutura e de quem o produziu, funções e atividades deles. O Dicionário de terminologia Arquivística (Camargo et al., 2010, p. 65) define o verbete Organicidade: "qualidade segundo a qual os arquivos espelham a estrutura, funções e atividades da entidade acumuladora em suas relações internas e externas".

ficos resultantes de uma consolidação ou convergência que os padrões ou normas descritivas estão a sofrer atualmente por efeito de uma inevitabilidade econômica e teórica (Silva, 2015, p. 13). Estabelecem-se quatro níveis entrelaçados para coordenar a pesquisa, até o presente momento, e avançar no texto incluindo as camadas físicas e da dimensão virtual: 1. o nível da mediação do documento físico relaciona-se diretamente com a organização das séries e codificação arquivísticas; 2. o nível da mediação digital do documento relaciona-se de forma estrutural com a organização do sistema e do tratamento documental físico; 3. o nível da mediação informacional digital pertence ao usuário por se tratar de patrimônio cultural; e 4. o estudo do fenômeno da informação relaciona-se à sua capacidade interativa do profissional, de conhecimento técnico e metodologia arquivística.

Na dimensão desse fenômeno pouco se sabe sobre o porquê de a investigação ser dependente da capacidade do investigador — cognoscente — de relacionar fontes e chegar à conclusão satisfatória. A abundância dos significantes da informação documental é motivo justificado na esfera do direito à cultura e à educação, para agrupar, selecionar, indicar e disponibilizar em grupos, séries, subséries de gêneros documentais do Repositório Digital. Para sanar dúvidas, a exemplo do Arquivo do Estado de São Paulo, a palavra "café" tem lugar no sistema porque se trata da história Administrativa do Governo, do setor agrícola e das suas amplas significações para a história do Brasil.

A documentação da qual nos ocupamos não se refere apenas à organização documental arquivística refletida das demandas administrativas governamentais, mas sim aos padrões da Diplomática (Bellotto, 2008) e aos modelos a serem seguidos na leitura documental (Fujita & Rubi, 2020) que devem ser reconstruídos a partir do que se entende como informação arquivística produzida pelo profissional de arquivo, pois o documento visto como artefato, revela-se em elementos implícitos e sígnicos importantes se adicionados ao processo de leitura.

De nossa parte, houve uma decisão no desafio de refletir sobre o que está à margem da Ciência da Informação, à luz da metodologia em Arquivologia enquanto sistema de organização. As classificações da Biblioteconomia, na longa e ousada experiência do pensamento otleliano, "do livro impresso a uma pintura, passando por ofícios, processos administrativos, relatórios de contas ou imagens, discos etc." (Silva, 2016, p. 109), reiteram o foco na tentativa de operar com expressões correntes da linguagem natural e fartamente aplicadas às fontes nas áreas das humanidades, que têm como objeto a sociedade e o estudo no fenômeno informacional do contexto cultural e, talvez, considerar o documento como epifenômeno da informação e da comunicação (Silva, 2016).

A causa investigativa da temática de significação histórica, no âmbito da Ciência da Informação, não é uma tarefa de fácil compreensão. A Ciência da Informação atravessou décadas do século XX esforçando-se para ter uma identidade própria e resolve-se, assim, rompendo com as amarras das metodologias tecnicistas, emprestadas em relações pendulares entre as aproximações das áreas da Biblioteconomia, Arquivologia e Museologia (Espírito Santo & Murguia, 2006). A ela é reservada a autonomia científica conquistada nos aspectos do comportamento do uso social dos documentos, na relação conteúdo e contexto.

O signo existente na ação arquivística tem sido uma das preocupações do estudo da memória estruturada por pesquisadores na investigação científica contemporânea substanciada pela leitura documental:

> A arquivista australiana Sue McKemmish exprimiu de maneira muito feliz a contraposição entre o conteúdo e contexto, a partir do exemplo das cartas pessoais: tais documentos "[...] podem nos dar informações sobre muitos aspectos da vida de um indivíduo, mas provam, em primeiro lugar e acima de tudo, as relações e interações por ele mantidas. O contexto para interpretar as informações contidas nas cartas é o dessas relações e interações". As informações contidas nos documentos, que a rigor interessam ao pesquisador, são passíveis de múltiplas interpretações. Mas os documentos, numa abordagem arquivística, alcançam patamar estável de classificação na medida em que constituem prova do relacionamento das partes envolvidas. Segundo a autora, o valor informativo é dependente do valor probatório, o que nos leva a afirmar que o conteúdo examinado pelo pesquisador só é devidamente qualificado depois de submetido a essa relação primordial (Camargo, 2015, p. 4).

A memória documental, compreendida na instituição arquivística custodiada, dá-se fundamentalmente do ponto de vista ético ao ultrapassar as delimitações positivistas, as ideologias eugenistas, para dar estabilidade e integridade aos direitos sociais, valorizando os aspectos sociocognitivos, criando práticas da acessibilidade física aos acervos e inovações das estruturas digitais dos contextos mais humanizados dos acervos.

A identidade da Ciência da Informação recebeu franco trânsito multidisciplinar devido à conjuntura histórica e ao desenvolvimento tecnológico como síntese das anteriores (Silva, 2016). A evolução da Ciência da Informação, com vértices do quadro transdisciplinar entre a Linguística, Tecnologia, Comunicações e Ciências Sociais, impulsiona-a na compreensão do documento para além das condições predeterminadas do conhecimento técnico. Segundo investigadores referenciados, há uma lacuna entre a produção histórica do documento e a capacidade interpretativa do cientista. Para o olhar deles, ler documentos sem observar a ordem sistêmica, da forma e conteúdo, como analisa Silva, é o mesmo que considerar a informação isolada dos processos históricos, o que deverá incorrer no acúmulo informacional depositado, retrocedendo e distanciando o pesquisador das puras razões humanísticas do acesso informacional.

A racionalidade do legado empírico e técnico se aplica ao agrupamento nos conjuntos documentais, devidamente classificados. Os conteúdos dos acervos que possuem os conjuntos documentais tratados, organizados em fundos, divididos em séries e subséries, a partir de operações dos profissionais arquivistas, são respaldados por metodologias aplicadas. E, se as espécies e tipologias documentais nunca foram ignoradas, acreditamos que o usuário fará bom proveito dos guias, inventários e catálogos dos escopos de representação. Sem ajuda dos instrumentos de pesquisa (da comunicação sistemática oral, dos catálogos, guias, inventários analógicos ou digitais), seria como entrar na floresta sem a ajuda de quem a domina. Mas não se trata de uma floresta. Trata-se de complexas instituições curadoras da memória social.

A situação comparada lembra o desconforto causado aos analfabetos no interior da Biblioteca, do Museu ou do Arquivo e, por isso, o trabalho de mediadores humanos, ou dos instrumentos de pesquisa, é totalmente necessário no cumprimento das funções éticas e da instituição de guarda e acesso de acervos documentais.

Na sociedade, convencionou-se dizer que não se toma decisão sem informação. Assim, se por acaso pontuamos a reflexão a priori, resta-nos a investigação dos documentos em séries, espécies, tipos, gêneros, assuntos e formatos aplicados à metodologia arquivística. Para constituir um exemplo, a seguir, está citado o resumo de artigo especializado do Café para servir de observação entre palavra e definições científicas da classificação botânica: *Aspectos gerais da biologia e da diversidade genética de Coffea canephora* (Souza et al., 2015, p. 1):

Resumo: Os primeiros registros históricos sobre o café foram encontrados em um manuscrito no Iêmen, em 575. As primeiras descrições científicas da planta foram apresentadas em 1591 e 1592, pelo botânico veneziano Prospero Alpino, em suas obras De Medicina Aegyptiorum e De Plantis Aegypitii Liber. No entanto, coube a Antoine Jussieu, em sua obra Histoire Du Café, publicada em 1716, a primeira classificação botânica do cafeeiro como Jasminum arabicum. Posteriormente, em 1737, Carl Von Linné (Lineu) reclassificou a espécie, dando-lhe o nome de Coffea Arabica (Martins, 2008). A nomenclatura da tribo Coffeea foi originalmente proposta por De Candolle, em 1807. Em sua classificação, esta tribo era bastante abrangente e incluía um grande número de gêneros, muitos dos quais foram posteriormente foram transferidos para outras tribos e subfamílias. Uma das compilações taxonômicas mais detalhadas do gênero Coffea, Les Caféiers du Globe foi elaborada por Auguste Chevalier em três volumes publicados nos anos de 1929, 1942 e 1947. Esta obra apresentou um conceito do gênero Coffea muito mais amplo que aquele atualmente aceito. Chevalier dividiu o gênero Coffea em quatro secções: Paracoffea, Argocoffea, Mascarocoffea e Eucoffea. Esta última agrupava as principais espécies produtoras de cafés e dividia-se em cinco subsecções: Erythrocoffea (que inclui, por exemplo, as espécies C. arabica, C. canephora e C. congensis), Nanocoffea (p.ex.: C. humilis, C. brevipes), Pachycoffea (p.ex.: C. liberica), Melanocoffea (p.ex.: C. stenophylla) e Mozambicoffea (p.ex.: C. zanguebarie, C. racemosa, C. salvatrix, C. eugenioides) (Berthaud; Charrier, 1985 apud Souza, Ferrão, Caixeta, Sakiyama, Pereira, & Oliveira, 2015).

Palavras-chave: Café, Café conilon, Caracter morfológico, Coffea canephora, Coffea liberica, Espécie, Marcador molecular, Variabilidade genética.

O ambiente principal para "religar os saberes", como apregoado por Morin (2008a, 2008b) e citado por Silva (2016), será o contexto social? O que consideramos informação é destinado à compreensão do documento nas profundas interpretações da expressão multidisciplinar? As indagações são resultado das preocupações do sentido da organização, sistematização, análise de conteúdo e aplicação de métodos para que o postulado da ciência social possa, de fato, ser transformador na ciência da informação.

Origem da palavra Café	*Kahwa* (Árabe) = força
	Kahona (Árabe) = apetite

A Bebida Café em vários Idiomas			
Vocábulo	Idioma	Vocábulo	Idioma
Caffa ou *Kaffa*	Etiópia-Abissínia	*Kahavi*	Finlandês
Kahwah-kuvve	Árabe	*Kaffeo*	Grego
Kahweh-Türk Kahvesi	Turco	*Koffie*	Holandês
Cahua	Persa-Irã	*Mastbout*	Egípcio
Kawa	Polaco e Croata	*Coffea*	Latim
Kavé	Húngaro	*Càphê*	Vietnamita
Kafey	Chinês	*Coffee*	Inglês
Kaffee	Alemão	*Caffé*	Italiano
Caffe	Sueco e Dinamarquês	*Café*	Português

Quadro 3. Origem etimológica da palavra CAFÉ e sua tradução ao redor do mundo
Fonte: Adaptado de Ferrão (2009)

Parte da pesquisa consistiu em criar segmentos metaforizados nos corredores ladrilhados por elementos de culturas diversas, no Ocidente e Oriente Médio, em que tal produto natural esteve presente em mais de 500 anos de circulação e consumo. A seguir, determinam-se as fases dessa abordagem que se inicia pela decisão de operar com um produto agrícola detentor de profundas entradas nas sociedades modernas.

2.3 A escolha do Café para operações da representação sígnica social

A escolha do Café como elemento para exercer a função de informação fenomênica não foi arbitrária. Desde a realização de empreendimento de pesquisa anterior, entre 2005 e 2009, o olhar esteve voltado para a regionalização da produção econômica e social e, por decorrência, para a produção documental. Com isso, identificamos as reais condições econômicas que determinaram o desenvolvimento social e cultural na virada do século XIX no Brasil.

Os mares foram conquistados com astrolábios, quadrantes e naus de velas alheias a essas culturas. Por que as culturas nativas, prejudicadas pelo destino das Conquistas (séculos XIV e XV), mantinham a vida radicada na relação com a natureza e organizada de acordo com um sistema próprio de hierarquia indígena no continente americano (Sul, Centro e Norte)?

Os deslocamentos e assentamentos dos grupos humanos, nos momentos de importância histórica, são evidenciados nas preocupações dos teóricos em função da formação e da ameaça das garantias do bem-estar da população. Tais ameaças, dirigidas a ela a partir das relações de poder e do domínio da produção econômica, impõem-se através dos conflitos territoriais, do extermínio populacional e das perdas das referências culturais, efeitos da globalização e, aos olhos de sua defesa, evidenciam-se as desconfianças dos tempos em que se vive.

Seguindo o tempo histórico, para Emília Viotti da Costa (1999), a sobrevivência da estrutura de produção colonial, depois da Independência do Brasil, foi responsável por um tipo de urbanização que não segue as formas do modelo clássico de urbanização fundado na análise do processo urbano nas áreas centrais do sistema capitalista. Durante o processo de industrialização no Brasil, preservaram-se as formas rudimentares de exploração da terra e de seus habitantes, impondo-lhes a escravidão e, mesmo o trabalhador, uma vez livre, estava privado de dignidade de viver.

O engenho de açúcar, movido à força motriz animal e humana, com mão de obra escravizada, perfilou e deu fisionomia de empresa à fazenda que, adequada para residir e produzir, sobressaía-se como produtora e comportava-se como cidade buscando a autonomia que será vitoriosa no período cafeeiro no Brasil. Dos quilombos pontuados em todo o Brasil, da condição da escravidão prorrogada pela insensatez do escravocrata, o negro só será liberto durante o final dos anos do século XIX, quando também terá início o pensamento político e científico brasileiro.

Das expressões jornalísticas e ideias republicanas, no Rio de Janeiro, ainda a capital do Império, destacava-se o jornal *A República*, no qual se publicavam manifestos contra o Império português e as contradições advindas dos poderes locais e regionais, além das contradições do Partido Republicano, que concentrava e defendia os interesses dos produtores do Café. Os republicanos de Santos e de São Paulo, centralizados na Faculdade de Direito ou influenciados pela formação na Universidade de Coimbra, Portugal, manifestavam-se em favor da abolição dos escravos.

A distância entre portos e fazendas, na primeira e segunda fase da produção cafeeira, era de cerca de 600 quilômetros no estado de São Paulo. Esses latifúndios, "cortados" por estradas de chão e, mais tarde, por estradas de ferro, funcionavam como corredores estruturados socialmente destinados ao transporte de cargas produzidas nas fazendas, transporte de trabalhadores migrantes, de alimentos, de vestuário, de medicamentos etc. A atividade de derrubada de matas tornou-se rentável e respeitada o suficiente para que os latifundiários e as oligarquias fossem prolongando seus poderes políticos até os séculos vindouros nas honrarias advindas do domínio territorial, já antecipado pelos bandeirantes. Muitas das passagens entre matas, tortuosas, eram quase intransponíveis, como no caso da Serra do Mar e do Vale do Paraíba Fluminense. Esses caminhos apenas configuraram-se em estradas após dois séculos das picadas abertas nas entranhas das matas desvirginadas pelos desbravadores. E, a partir das derrubadas das árvores, com a força e na tarefa assombrosa do braço humano, da força de trabalho da mão de obra escrava indígena ou africana, foi possível manter a elite proprietária do Vale do Paraíba Paulista para o Antigo Oeste paulista.

"Os primeiros 20 anos do país independente atravessaram o penoso drama de muitas perplexidades: dificuldades financeiras e a lenta mudança do panorama da economia em meio ao reajustamento do quadro político. A nau ameaça adernar, atingida pelas avarias das vagas convulsas e indefinidas. No horizonte, uma esperança aproxima-se, capaz de serenar os ventos — o Café —, reanimando a fazenda em declínio e infundindo novas energias à estagnação" (Faoro, 2000, p. 367).

O desenvolvimento das ferrovias, a abolição da escravatura, a imigração, o crescimento relativo do mercado interno e a incipiente industrialização também não foram suficientes para suplantar os moldes dos padrões tradicionais de urbanização que se definiram no período colonial. Além dos importantes portos para exportação, os núcleos urbanos tiveram escassa importância e, então, vivendo na órbita da cristandade, dos produtores rurais e das fazendas de cana-de-açúcar e Café, esses núcleos reproduziram por séculos a importância das fazendas autossuficientes, represadas nos poderes e nos modos da relação estabelecida entre os donos da terra e da exploração da mão de obra. Os escravos negros, mesmo após a libertação, receberam a continuidade do desprezo social, econômico e político, e a eles foram destilados sentimentos de ódio por 300 anos, condenados ao destino social da linha abaixo da miséria, à fome, à pobreza e às dificuldades de ascensão social. Com isso, perpetuam-se as condições de coerção moral ao negro, condição essa que é desprovida de humanismo e que se estendeu para muito dos imigrantes europeus e asiáticos.

A estrutura social do racismo consolidou-se no Brasil pelas vias da economia de exploração dos recursos naturais e da produção agrícola. Esses contornos sociais imorais relacionam-se com o desenho dos núcleos populacionais e das modificações urbanas durante o Império:

> Na época da Independência, a doação de lotes, característica da política de terras coloniais, foi abolida, e até 1850, quando a Lei de Terras foi decretada, a ocupação tornou-se a única forma de obter terra (exceção feita da compra ou herança). Tal fato criou uma situação anárquica no sistema da propriedade rural, uma vez que os direitos dos ocupantes não foram reconhecidos pela lei. As "posses" resultantes da ocupação aumentaram de forma incontrolável e os posseiros acumularam grandes extensões de terra cujos limites eram vagamente definidos por acidentes geográficos naturais: um rio, uma queda d'água, uma encosta. Apesar de essas propriedades não possuírem estatuto legal, elas eram compradas, vendidas e avaliadas à vontade. A situação agravou-se com a expansão dos *plantations* em razão da crescente demanda de produtos tropicais no mercado internacional. No século XIX, o café, que não tinha sido importante no período colonial, tornou-se o mais importante produto da economia brasileira, suplantando o açúcar (Costa, 1999, p. 175).

O Sistema Colonial estava baseado na economia agrária, momento esse em que, em 1808, a corte portuguesa transfere-se para o Brasil, estabelecendo-se no Rio de Janeiro. A população brasileira rural constitui-se, assim, em núcleos nos arredores da corte, onde se localizavam os portos para exportação.

Nossa paisagem era a da produção de açúcar e da mão de obra submetida à escravidão. O pequeno proprietário e o trabalhador livre, nos séculos seguintes, estavam impossibilitados de participar da economia de exportação. Eram, então, os moradores das fazendas que plantavam e produziam alimentos para a subsistência familiar (carpiam, plantavam, colhiam, batiam os grãos nos pilões, torravam o café, criavam animais), embora continuassem endividados nos armazéns dos latifundiários. Geograficamente, na zona de mineração estavam concentrados os demais núcleos urbanos, o restante prevalecendo em grandes propriedades, demarcando as diferenças entre os processos de colonização definitivos entre norte-americano, a "Nova Inglaterra", e o sul do continente:

> Espanha e Portugal, em troca, contaram com uma grande abundância de mão de obra servil na América Latina. A escravidão dos indígenas foi sucedida pelo transplante em massa de escravos africanos. Ao longo de séculos, houve sempre uma enorme legião de camponeses desempregados disponíveis para serem encaminhados aos centros de produção: as zonas florescentes sempre coexistiam com as decadentes, no ritmo dos apogeus e das quedas de exportação de metais preciosos ou do açúcar, e as zonas de decadência abasteciam de mão de obra as zonas florescentes. Essa estrutura persiste até nossos dias, e também na atualidade implica um baixo nível de salários, pela pressão que os desempregados exercem sobre o mercado de trabalho, e frustra o crescimento do mercado interno de consumo (Galeano, 2020, pp. 189-190).

As limitações nas funções urbanas eram interdependentes da mão de obra escrava em relação à autossuficiência do latifúndio. O baixo padrão da vida do trabalho livre restringiria a expansão do mercado interno, inibindo o desenvolvimento do artesanato, das manufaturas, minando a constituição de um mercado interno e limitando as funções urbanas. Consequentemente, a sociedade perfilou o caráter centralizador da função político-administrativa dos núcleos populacionais:

> A cada ano, novas áreas foram ocupadas pelos fazendeiros de café, que sentiam agudamente a necessidade de legalizar a propriedade da terra e de obter trabalho, particularmente naquela época, quando a forma tradicional de obter trabalho – a escravidão – estava sendo ameaçada por forte oposição conduzida pela Inglaterra. A caótica situação da propriedade rural e os problemas da força de trabalho impeliram os setores dinâmicos da elite brasileira a reavaliar as políticas de terras e do trabalho. A Lei de Terras de 1850 expressou os interesses desses grupos e representou uma tentativa de regularizar a propriedade rural e o fornecimento de trabalho, de acordo com as novas necessidades e possibilidades da época (Costa, 1999, p. 175).

Para Florestan Fernandes (1972), a abolição da escravidão (1888) impedia arregimentar maior número de braços para o Café. Criava-se, então, a frente de trabalho como elo sedutor para imigrantes. O alto fluxo demográfico da imigração deve-se à ocupação gradativa de vazios ao longo das estradas de ferro, e ele ofereceu mercado aos chacareiros portugueses, que lotearam vastas áreas como Água Branca, Pompéia e Vila Pompéia, na cidade de São Paulo. Adensavam-se as famílias da elite paulistana nas localidades como Rego Freitas, Arouche, Campos Elísios e Consolação devido à decadência de fazendas produtoras de Café e investimentos em novas atividades econômicas.

São Paulo, caracterizada por provocar o empobrecimento do campo, buscou o preenchimento de vazios urbanos a partir de dois fatores: a industrialização mais a ocupação do solo. Vilas operárias foram criadas e promoveu-se certo replanejamento de núcleos antigos como Santo Amaro, Pinheiros, Itaim, São Miguel, Guarulhos e ABC. Ocorreram também adensamentos populacionais obedecendo ao processo de preenchimento de vazios e à ocupação de terras loteadas. Isso se acentua no período do pós-guerra e, para os vazios preenchidos quando a cidade se adensava, abriram-se loteamentos promovidos a partir de medidas desordenadas.

Fernandes considera a formação da cidade de São Paulo, que tem sua origem no núcleo colonial e seu crescimento favorecido pela ascensão do Café, como sintomática do processo de urbanização na ocupação de vazios, pois implica o fator histórico e tem os períodos de adensamento populacional associados à identificação com a modernidade por parte dos projetos de trabalho industrial.

Retomamos a construção do texto da pesquisa, integrando os documentos e objetos do passado percebidos pelos conceitos sociológicos a respeito do crescimento urbano e esvaziamento rural. Esses elementos históricos são essenciais para entender a importância econômica do Café voltado para exportação. As razões históricas, quando exibidas à luz das demandas sociais do passado, integram a responsabilidade da economia da industrialização com projetos governamentais de intervenção no campo. A análise da pesquisa buscou no polo epistemológico os estudos da socialização para o entendimento da relação do sujeito e da realidade, enfrentando os mundos das significações particularizadas no tempo e no espaço. Curiosamente, abrem-se espaços para se fertilizarem os paradigmas socioculturais na Ciência da Informação, da macrovisão da história para operar com a inserção econômica e efeitos culturais a partir do grão de Café. Gomes (1995) interessa-se pelas "regiões fenomênicas", partes do todo científico, quando apresenta as relações da informação com a investigação científica como contraponto da noção do fenômeno que envolve a partícula do conhecimento, a informação:

Propomos, como contribuição a essa reflexão, uma "viagem" que testemunha nossa própria trajetória de pesquisa e interpretação, resumindo-a em três escalas: a) uma abordagem da possível emergência do conceito de informação na modernidade; b) uma primeira construção da ciência da informação no escopo e abrangência de uma imagem pública da ciência; c) uma breve consideração das mudanças do campo fenomênico, das abordagens epistemológicas e das demandas sociais, visando à elaboração, como o atual ponto de chegada daquela trajetória, de um conceito socialmente responsável de transferência da informação (Gomes, 1995, p. 2).

Pela visão de mundo, e obviamente pensando no leitor, ao mesmo tempo "que somos agentes mais do que pacientes semióticos", pois do poder sensorial de cada indivíduo leitor o que se reconhece está identificado nas dimensões inscritas gráfica e virtual e reconsideradas na compreensão individual de quem lê. A leitura das páginas de um livro é também caracterizada pelo poder da imaginação de cada um para conhecer o objeto descrito pelo autor. O poder da linguagem metafórica, mesmo que ligeiramente usada, poderá reconhecer no Café um produto econômico transformador da realidade social brasileira, pluralizado como bebida, aroma ou plantação.

A investigação do tema, partindo do entendimento da base epistemológica como subsidiária do desvelar dos problemas entre informação (coleta de dados) e interpretação, recebeu três situações do processo de pesquisa que podem ser explicadas como situações desafiadoras e provocativas da leitura do documento de arquivo:

- A provocação da seleção, em catálogos, dos documentos no Arquivo do Estado de São Paulo, no Arquivo Municipal do Porto e no Arquivo Otomano, e a tradução de termos substantivados do contexto da história particular da cultura do Café pertencentes a esses arquivos localizados em outros países da América do Sul, da Europa e Ásia;
- A provocação do processo da pesquisa e da necessidade da criação de desenhos, anotações e fotografias que subsidiaram a memória dos objetos, anotações cronológicas dos fatos, dos nomes dos agentes nos corredores históricos e culturais do Café;
- A provocação da leitura documental, da decodificação da escrita ao longo da leitura do texto e da imagem do corpus documental em relação às definições terminológicas científicas das palavras selecionadas em função de seus significantes e significados.

A ideia de fluir a expressão "corredor do Café" (via imaginária), coexiste como ferramenta de análise e interpretação textual e incita-nos a imaginar ruas, espaços largos, tubulares e vazados em que se plantam as fileiras da espécie *Coffea*; desenhá-las, pois, como veículos de informação que passeiam na mente investigativa, significa dotá-las do poder de transitar no passado e no presente. Para isso, ao longo do texto, encontram-se notas explicativas da abordagem cultural sobre a espécie *Coffea* e seu comportamento, ilustradas no corpo do texto através de expressões linguísticas dos corredores e/ou de indicações das categorias e fontes específicas do universo científico e cultural do tema Café, segmentados e/ou unidos em *nós* virtuais.

	FAMILIA RUBIACEAE			
Subfamília	*Coffea*			
Gêneros	*Nostolachma* Th. Dur.	*Psilantus* Hook. F.		
Espécies	*Coffea* L.	*Coffea arábica* L.	*Coffea congensis* A. Froenhner	
Subgêneros	gênero *Psilanthus Hook. F.*	*Afrocofea* (Moens) Brindson	*Psilanthus* (Hook. F. Leroy	
	gênero *Coffea L.*	*Baracoffea* (Leroy) *Leroy*	*Coffea* L.	*Psilantropsis* (Chev) *Leroy*
		Seções do Subgênero *Coffea*	*Mascarocoffea* Chev.	*Coffea* L.
			Subseções da Seção *Coffea*	*Erythrocoffea*
				Pachycoffea
				Nanocoffea
				Mozambicoffea

FAMILIA RUBIACEAE	
Referências taxonômicas	
Leonardo Rauwolf (1535-1596), botânico alemão	Classificação
Próspero Alpino (1553-1617), botânico italiano	*Jasminum arabucum laurifolia*
Jussieu (1686-1758), botânico francês	*Coffea Arabica*. Família Oleoácea
Lineu (1707-1778), botânico suéco - Coffea L.; Coffea arabica L	Gênero *Coffea*. Família Rubiacente

Quadro 4. Taxonomia do Café
Fonte: Ferrão (2009, p. 61). Adaptado pela autora

As informações relevantes são tidas como aquelas que nascem dos dados, do elemento transformador obtido no acesso aos bancos de dados, através de diversas apropriações de áreas científicas e culturais da informação acessível. Em contradição ao universo das apropriações criativas, as coletas demonstraram a solidez dos termos indexados e segmentados das classificações científicas no tempo dos registros e da precisão terminológica.

As informações arquivísticas são obtidas no reconhecimento da descrição da função da atividade na entidade produtora e no processo de extração terminológica do documento arquivístico. Por isso, o elemento temático transformador — o Café ou a informação de interesse — está relacionado ao acesso a bancos de dados, aos documentos in loco, às diversas instituições arquivísticas, museológicas e culturais da informação acessível (Espírito Santo, 2015c).

Certamente convive-se com produtos manuscritos ou impressos, os antigos tipos da técnica de impressão por meio de produtos químicos, gravações em suportes de papel, tecido, celulose, plásticos, "papirólogos" ou reproduções fotográficas dos meios analógicos até os recentes digitais.

2.4 O documento de arquivo e o processo de pesquisa

As informações documentais estruturadas analogicamente, digitalizadas ou nato digitais, foram reconduzidas em anotações e levantamento bibliográfico para compreender a organização nos acervos nos corredores culturais da Europa, Oriente Médio e América do Sul durante a expansão em territórios dominados pelos impérios português, espanhol e otomano, entre as zonas produtoras e do mercado do Café. Observam-se documentos de materiais analógicos e em formatos diversos, tais como papel em livros de registros, documentos em séries, coleções da indumentária etnográfica em acervos dos museus, coleções fotográficas, audiovisuais, monumentos e escavações arqueológicas, entre outros.

A compreensão do fenômeno informacional, que se dá a partir da imagem e da abordagem virtual da informação relativa à história do Café, dá sonoridade à sua verdadeira voz. Por isso ela envolve o significado metafórico do Café, de caráter instrumental, para evidenciar os caminhos, vetores, rotas, significantes e ferramentas digitais, ou seja, as diversas dimensões virtuais que são tornadas possíveis a partir da Organização Documental dos acervos, baseada na Teoria e na Gestão da Informação. Provocados pelos problemas decorrentes das incertezas que atravessam a Ciência da Informação, na crise de identidade entre pressupostos teóricos do estudo do fenômeno da informação, controle de vocabulário, indexação e ampliação tecnológica, tais pressupostos são baseados em áreas multidisciplinares, autorizadas pelos argumentos, pelas práticas organizacionais e por consulta pública. Os profissionais orientam-se pelos rumos e embates advindos dos conceitos de informação e documentação, considerando os questionamentos:

- As coordenadas sociais do uso da informação, se associadas aos métodos da organização da arquivologia, seriam as chaves para aproximar os traços culturais, as semelhanças e diferenças entre as culturas destinadas a conhecer as razões sociais para dar ênfase à noção da identidade cultural?
- Através dos caminhos facilitados da linguagem natural, por exemplo pela construção de metáforas, instrumentalizam-se as vias da Leitura do Café, obtidas enquanto categoria de acesso informacional?

O Método Quadripolar, recriado e refletido na presente pesquisa, especificamente na ênfase do polo técnico, partiu da pesquisa qualitativa entre fontes diversas (bibliografia, documentos originais, fotografias, artigos científicos e de divulgação científica, cartões-postais, visitas a museus e antiquários, entre outros). O que foi possível realizar durante o trabalho assinala o respaldo da proposta de articulação interdisciplinar de construção da listagem de termos extraídos de documentos arquivísticos. Os conceitos pontuais e presentes na história da expansão do Café a partir do Iêmen e da expansão comercial na Turquia (do Império Otomano), da colonização portuguesa (Império Português) e da imigração italiana no Brasil (Império Brasileiro) explora a problemática da regionalização e territorialização da documentação organizada.

Há, porém, um problema na ordem de coleta e da interpretação quando nos dirigimos à pesquisa diante de documentos selecionados, documentos reproduzidos, transcrições de entrevistas com intelectuais e cidadãos de várias nações, fotografias, vídeos produzidos e muitas anotações de referências reunidas.

Embora o apagamento do passado seja um fator político e cultural preponderante da memória social brasileira, a realização da pesquisa acadêmica, frente à noção científica e às "não verdades" na história do Brasil, tem sido enfatizada por pesquisadores com dedicação multidisciplinar.

Percebemos diferentes dimensões da realidade e, hoje mais do que nunca, nos deparamos com informações disponibilizadas em banco de dados, repositórios, plataformas digitais, sites, catálogos eletrônicos etc. Sabemos, contudo, que a dimensão eletrônica atua sem anular a importância da documentação material do ponto de vista dos acervos e dos sentidos museológico, biblioteconômico ou arquivístico, nos quais são imperativos os métodos de conservação preventiva material e mediações possíveis.

Se entendo o que são corredores, passagens ou vias como recortes imaginários (territórios e regiões), qual o itinerário percorrido pelas informações sobre o Café no meio eletrônico? Em outras palavras, como a dimensão virtual pode abraçar a ideia do corredor do Café?

A expressão linguística — "corredor histórico do Café" —, tomada aqui com a significação virtual do passado do Café, está apoiada na função da língua como metáfora e do conceito da palavra "Café". O conceito da palavra "Café" é diferente da palavra técnica da produção do "Café", que é diferente do conceito simbólico do Café. Esse recurso linguístico foi compreendido a partir de depoimentos dos funcionários do Museu Histórico e Museu do Café de Ribeirão Preto, em 2001.

Na ocasião, os funcionários relataram que um antigo diretor do Museu Histórico, num gesto interpretado como "excêntrico", plantou um pé de café no assoalho daquele museu. A ideia de corredor do museu ilustrado, repleto de elementos sígnicos, surgiu do relato que seria quase ficcional não fosse a prova da marca no assoalho do museu onde o arbusto da *Coffea arabica* permaneceu plantado. Esse corredor interno, e componente da casa grande de arquitetura de influência portuguesa do século

XIX, dá passagem aos quartos da antiga habitação. A sede da Fazenda Monte Alegre, ainda propriedade do Coronel João Franco de Moraes Octávio, de Atibaia, São Paulo (1808), foi comprada pelo imigrante alemão Francisco Schmidt, de Osthofen, Alemanha (1850). Das características arquitetônicas da habitação rural da oligarquia brasileira, destacam-se o telhado de telhas francesas, varanda, lambrequins, paredes azulejadas e corredores largos que permitem as passagens entre sala de estar aos quartos e varanda. Permite-se, assim, boa ventilação com as amplas janelas de duas folhas que, além da varanda, orientam o olhar do coronel para avistar horizontes do *plantation*, controlar trabalhadores durante a produção do terreiro e o transporte pelo ramal da via férrea do complexo cafeeiro. A movimentação entre corredores e portas testemunha e fiscaliza o trabalho doméstico e a movimentação dos empregados. O corredor como um componente da casa grande de arquitetura rural do século XIX — que, curiosamente, acolheu a planta Café como um objeto, e tal como se conceitua na museologia moderna — foi constituído como um fato museal:

> Além da conceituação do "Fato Museal" e de sua afirmação sobre ser ele o objeto de estudo da museologia em textos que apresentam reflexões sobre a relação dos visitantes nos museus e territórios culturais musealizados, Rússio desenvolveu outras reflexões em linhas de pensamento complementares e aproximou tendências da Nova Museologia e da Museologia Social para a realidade dos museus brasileiros, realizando assim uma espécie de antropofagia científica (Sarraf, 2020, p. 34).

O arbusto plantado no assoalho do museu, de forma aguda, servindo ao curso de exibição do espaço expositivo, permitiu que os visitantes o admirassem. A planta Café, ao significar a busca da memória coletiva através da representação da espécie botânica, e alastrada nas fazendas exportadoras, contou com a força de trabalho escravo e de instalações de portos nas cidades litorâneas do Rio de Janeiro e São Paulo. No século XIX, as freguesias e vilas tornavam-se cidades no século seguinte e ocorriam os assentamentos de grandes contingentes imigratórios, os quais muitas vezes foram resistentes às intervenções governamentais e às explorações econômicas.

Do ponto de vista da arquitetura de influência portuguesa, para simbolizar a cultura regional, um corredor, entre paredes, possibilita fluxos e favorece passagens da sala de estar para a sala de jantar no curso doméstico.

Esse espaçamento permite acesso aos aposentos íntimos, aos banheiros e lavabos e das dependências dos serviçais à cozinha, à lavanderia e à despensa da casa grande. Uma vez que a casa se transformou em museu, em 1956, naquele corredor estava a planta transferida do ambiente natural e posicionada com significados dos gestos do trabalho humano perdidos nas linhas das paisagens cafeeiras e da ambição da conquista do ouro verde da oligarquia brasileira.

Fomos habituados a "ler" a história da produção do Café a partir do ponto de vista do Brasil, com o entendimento documental dos arquivos de que foram a produção da economia de exportação e a industrialização as responsáveis pela saída do atraso social proveniente das malhas coloniais. A afirmação de que nos inserimos na industrialização a partir da cultura cafeeira frequentemente aparece nos textos científicos como referência e explicação dos abusos dos interesses de terras e da relação do senhor escravagista. Presente na imagem da Casa Grande, essa significante expressão do servilismo foi expandida na inserção nos repertórios acadêmicos e da crítica popular para falar a respeito da imagem fundadora das diferenças sociais no Brasil. Na imaginação da Casa Grande, os salões e alpendres, antes ocupados pelas reuniões de coronéis, de "autoridades" locais e de agregados e familiares, incluíam escravos prediletos em alinhamento hierárquico quando preparados para o registro fotográfico. Expostas em poses narcísicas, as imagens fotográficas ficaram perpetuadas nos momentos de envolvimento dos poderes econômicos e governamentais e das instituições religiosas.

Resta-nos entender as profundezas das relações da economia cafeeira fundadas no passado escravocrata e proposições econômicas na definitiva participação no destino das desigualdades sociais estruturadas iniciadas na Colônia, fortalecidas durante o Império, e nos interesses na República brasileira. Resta-nos entender as outras rotas, corredores e passagens humanas do Café que nos impressionam em relação aos aspectos que influenciaram definitivamente a cultura brasileira.

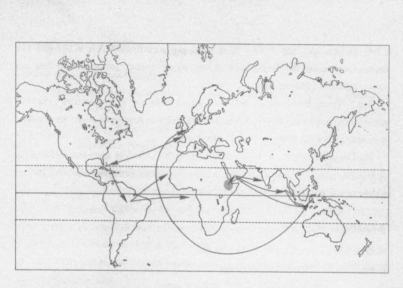

Figura 2. Modelagem de Rotas: Etiópia – Arábia – Indonésia / Portugal – Indonésia/ Portugal – América Central – Brasil – África. Ver figura 3
Fonte: Ferrão (2009, p. 69)

Assim como o trigo, o arroz, a batata, o Café é um gênero da agricultura com história longa na humanidade. Os grãos foram testados pelas mãos de agricultores na Etiópia, África, e comercializados na trajetória econômica do avanço do capitalismo na exploração da mão de obra assalariada no campo. Cultivado na Abissínia, passou para o Iêmen, atravessou o Mar Vermelho, o Golfo de Áden, espalhou-se para o Oriente Médio e Ásia, pela Europa, pela América Central e pela América do Sul, mas encontrou terra, escravos e clima apropriados no Brasil. Voltou para a África pelas mãos dos portugueses e preencheu os encontros dos poderes nacionalistas, marcou os dias dos trabalhadores livres e os sentidos da produção, da comunicação telegráfica, ferroviária, dos negócios comissariados e do lazer dos cafés das metrópoles.

As perspectivas da pesquisa documental (local, regional e territorial) e coleta da informação textual, por exemplo, necessita do conhecimento do documento que, uma vez selecionado, com a inclusão e exclusão do que se considera útil ou descartável, esteve na ordem das significações mais amplas de caráter epistêmico da cultura local e global a respeito da formação cultural. Por isso, o processo de seleção das informações coletadas foi muitas vezes adaptado às condições estabelecidas previamente na pesquisa, isto é, ao projeto orientador dentro de limitações materiais e do tempo. Nessa massa documental, a coleta realizou-se posteriormente ao reconhecimento da organização arquivística de cada instituição onde se estabeleceu a coleta (Arquivos Municipal do Porto, do Estado de São Paulo e Otomano).

Do ponto de vista didático, se compreendemos as teorias e os métodos como aplicados ao Arquivo, ao Museu e à Biblioteca, o domínio das relações dos sistemas pertinentes a todos eles tornou-se essencial para identificarmos os seus elementos de referência, isto é, aquilo que nos levará mais além do que está inserido nos bancos de dados. Tais operações de investigação são testadas e apropriadas nos sentidos diversos da criação, mediação e da interpretação das fontes selecionadas que se tornam apropriações, afiadas no crivo da complexidade cultural sob o impacto das tecnologias da comunicação.

Essa é a tarefa mais desafiadora no processo de construção dos resultados: sugerir uma imagem mental ao leitor que provoque informações provenientes dos mais remotos arquivos e lhe desperte o gosto para articular informações de natureza tão diferente e recriá-las, assim como aquelas produzidas por entidades públicas, isto é, os documentos do arquivo permanente, os objetos tridimensionais dos contextos históricos, "dos documentos biográficos" etc.

O Café, que atravessou séculos entre relações da estrutura econômica e política, constituiu a sociedade brasileira e, desde o século XVIII, comporta-se com muita instabilidade econômica. Inicialmente, foi tomado por autores naturalistas nas descrições das paisagens, modos de vida e economia local, no século XIX, como Augusto Saint-Hilaire e Hercule Florence, e autores como Herbert H. Smith e Sérgio Milliet, no início do século XX, analisam do ponto de vista da evolução e dos impactos das plantações nas regiões do Vale do Paraíba e estado de São Paulo. Os fundamentos históricos entrelaçam-se aos fatores de tempo e espaço por mais de dois séculos e no mundo contemporâneo, criando as fontes que emanam desse percurso de investigação.

Pelo estudo regional econômico da estrutura social, e na tentativa de criar a possibilidade de libertação da memória das situações acrescidas às relações sociais das cidades originadas pelo Café, no período entre 1887 e 1940, o percurso inevitavelmente foi pontuado por conteúdos transdisciplinares e incertezas que seguem na área da Ciência da Informação (Silva, 2016). Desenvolveu-se, pois, em função do reconhecimento das estruturas arquivísticas no Brasil e, nos últimos anos, em Portugal e na Turquia.

O que está represado nos arquivos, contundentes na função de armazenagem dos documentos, sob a visão do eixo que se importa, transcende a organização arquivística da noção do fundo "estático" e imutável. Assim, quando visto como conjunto dos fenômenos informacionais, o estado a ser conquistado, além da dimensão material, pode constituir-se em relações curiosas na construção do conhecimento:

> [...] conjunto estruturado de representações mentais codificadas (signos e símbolos) e modeladas com/pela interacção social, passíveis de serem registradas num qualquer suporte material (papel, filme, banda magnética, disco compacto etc.) e, portanto, comunicadas de forma assíncrona e multi-direccionada (Observatório da Ciências da Informação, 2015).

No polo epistemológico, configuram-se os recursos da constituição do processo de pesquisa que incluiu, desde o princípio, a leitura dos documentos. Os documentos, segundo a Arquivística, são unidades dos conjuntos documentais e, durante o processo de pesquisa, nos apoiamos no princípio de organicidade ao considerar as potencialidades técnicas da produção de documentos pelos órgãos produtores. Da perspectiva epistemológica, acompanham-se, necessariamente, as teorias essenciais que cercam a informação de sentidos. Os fatos históricos, isoladamente, não se mantêm sem o olhar social que só tem sentido sob a compreensão das relações sociais e simbólicas.

2.4.1 Documento de Arquivo e interpretações no polo epistemológico

Nas bases da História e das Ciências Sociais, e das representações desveladas dos documentos, irão emergir fundamentos que nos revelam as ações dos temidos homens dos sertões brasileiros das fases republicanas. A interpretação social procura vê-los com olhos críticos, mesmo quando foram obscurecidos nas sombras do heroísmo da história, replicada nos poderes políticos e valores culturais ou educacionais. No ambiente dos governos autoritários que o Brasil persiste em desenvolver, tais personagens eram de "carne e osso" e foram imaginados e interpretados a partir da decodificação e da leitura da imagem social, da imagem fotográfica, dos retratos populares, em contos e narrativas populares, checadas na constatação jornalística e documental dos fatos. Os pensadores registraram a figura desses personagens, ora mistificando-os como heróis, considerando-os como coronéis déspotas, ora criticando-os frente às relações de poder, e a eles foram atribuídas as razões da degradação moral da elite agrária brasileira.

Os proprietários das terras dos milhares de pés de café plantados – a "apropriação privada da terra, na América Latina, sempre se antecipou ao seu cultivo útil" –, esses homens dotados de grande "voracidade dos latifundiários na conquista de novas terras" (Galeano, 2020, p. 187), foram caracterizados pelo gestual abrutalhado, por vezes europeizados nas vestimentas, embrutecidos nas situações de mando, ou altivos com posturas de autoridades políticas. Esses personagens foram "perpetuados" em locais públicos, representados em pinturas, esculturas e monumentos, ou estão eternizados em imagens fotográficas que, sujeitas às interpretações de suas poses (Carvalho, 2008), tornaram-se suspeitas em relação à permanência figurativa na teatralidade da moral do seu tempo. A sedimentação dos valores dos latifundiários, das grandes oligarquias brasileiras, da titulação de senhores de terra de barões e coronéis, baseada nas radicais diferenças sociais de tanta polaridade, envolve a crítica do arcabouço da intelectualidade científica.

A seleção de imagens de cartões postais, adquiridas em antiquários, particulariza o gesto dos modelos fotografados na pose: levando à boca o café, o produto mantido aquecido pelas xícaras das louças inglesas, ilustra-se o lugar da memória e que se ocupou na sociedade.

O Café é elemento intermediário indicial do processo de mecanização ocorrido na Revolução Industrial, momento esses em que houve o início da abundância técnica no desenvolvimento da sociedade e, ao mesmo tempo, validaram-se extremos da conduta e gestual senhoril, expressão do conflito e do corpo do africano punido no regime de trabalho. O período de mais de 300 anos da escravidão constitui-se como dramático e representam-se os elementos da posse e poder na sociedade.

Realizada a seleção documental dos acervos das instituições curadoras portuguesas (Lisboa e Porto), a leitura contempla os documentos históricos, promove a identificação das partes dos textos e a capacidade de quem os lê, orientando-a pelas ricas atribuições dos pesquisadores ao analisar os documentos para outros fins.

Ao indicarmos o polo epistemológico, percebe-se o olhar da leitura social dirigido para o passado, com o interesse voltado para as relações da sociedade capitalista além do meio rural, que se relaciona à importância do produto agrícola, simbólico, urbano e moderno. Essa é a operação para buscar discernir signos entre fontes documentais, significados e objetos, quando a informação deixa de ser banalizada e passa a ser identificada como fenômeno social da transformação do produto bruto, em líquido saboroso e revigorante Café, inscrevendo-o no lugar que ocupa no cotidiano, como a segunda bebida mais consumida mundialmente.

Ampliar ou ressignificar signos em proporções adequadas ao conhecimento cultural, insistindo no objeto de análise, pressupõe um estímulo para destinar importância à inserção da planta, como eixo da ação no polo técnico.

O produto agrícola do gênero *Coffea*, da família botânica Rubiácea, o Café organiza-se na natureza em 500 gêneros de 6.000 espécies (Ferrão, 1999). O gênero *Coffea* ocupa um "lugar privilegiado" nos campos do pensar a produção econômica e, quando mergulhado no processo de investigação, poderá ser questionado nos contextos históricos nos quais pode ser revelado o que foi ocultado das relações humanas da "Casa Grande": entre a Senzala e a Colônia. Os escravos do século XVI até o final do século XIX, foram submetidos à violência dos patrões gananciosos ou foram empregados imigrantes subvalorizados na segunda metade do mesmo século. A censura das ideias republicanas, modernas e revolucionárias e a punição foram destinadas para aqueles que eram contrários ao mundo das desigualdades sociais geradas pelo "ouro verde".

Em quase todos os balcões, públicos ou privados, de qualquer lugar do mundo, pode-se ouvir de algum ser humano que fez uma pausa por razão qualquer: – *Um café, por favor!*

O tradicional coador de pano do Café paulista ou as modernas cafeterias italianas não se alinham aos testemunhos de sociedades alheias ao sabor do líquido que definiu a cor café. O grão, a planta, o líquido, a sequência da transformação dos estágios da espécie da natureza, a xícara de jade com base em cobre, exposta no Topkapi Palace, em Istambul, é o signo assinalado na semiose, no processo contínuo de criar outros significados do objeto de caráter material do desenvolvimento do *homo faber*.

O objeto, uma vez signo, pode responder ao problema que nos é colocado em relação à fruição do conhecimento do objeto-conteúdo-contexto, assim como são provocações os documentos dos arquivos pesquisados.

A xícara de jade e ouro, exposta no Topkapi Palace, em Istambul, está lá protegida pela vitrine do museu. Intocável. Admirada por milhares de pessoas na passagem dos 500 anos de distribuição do produto no mundo, ela possui, agora, a meta principal de representação do ambiente sultanesco, que a transformou em magia e reforça a vida figurativa dos poderes do sultão, e ilustra as diferenças e os distanciamentos sociais da época imperial. Na proteção da vitrine, seguramente diluem-se as funções probatórias da riqueza e da pobreza no corredor imaginário de possibilidades de reprodução do objeto.

2.4.2 Brasil, Portugal

As linhas do comércio marítimo ligavam, nos séculos XV e XVI, o mundo ameríndio ao europeu e africano. Sempre nos atemos ao período do "Achamento" pelos portugueses e espanhóis, com os trajetos das caravelas rumo ao desconhecido dos mares povoados por monstros marítimos, piratas, saqueadores e curiosos. Os cronistas da Conquista, isentavam-nos das responsabilidades dos "terríveis flagelos" das epidemias e da fome, pois se tratava da "descoberta do paraíso". Por determinação da documentação histórica retratada por registros dos jesuítas, membros de exércitos, das bandeiras, os malfeitores na conquista de novas terras, os ideólogos do Império Português os encarnaram como heróis perpetuados nas esculturas e monumentos.

Os pressupostos históricos, aqui, irão retomar o espaço colonial brasileiro para que a definição subsidiária dê sustentação ao conceito de território em terra firme, entre os signos do imaginário do colonizado, das informações textuais que têm procedências em leitura das fontes primárias e de referências bibliográficas da construção do pensamento e dos estudos filosóficos entre Brasil e Portugal.

O Café é uma bebida exótica, tonificante, e o ano de 1727 foi o período de alinhamento do chocolate e do Café, difundidos pelas figuras agenciais do mercado mundial. Braudel (1996) confronta os papéis das plantas que criaram marcas profundas na história do homem: "Mas é notável que todos os sucessos do chá tenham sido registrados nos países que ignoram a vinha:

O norte da Europa, a Rússia, o Islã. Deveremos concluir que estas plantas de civilização se excluem mutuamente?" (Braudel, 1996, pp. 226-227). A obrigação da interpretação do documento está, portanto, na leitura crítica dos fatos a partir das suas representações. Uma forma de rastrear a informação da difusão da imagem do Café no Brasil é pela via do trabalho na agricultura a partir das primeiras aparições nas representações das litogravuras.

Figura 3. Silvia Maria do Espírito Santo (2022). *Derriça do Café*. Aquarela. Papel Canson. 21 cm x 29, 7 cm. Recriação baseada na fotografia de Theodor Preising, Secretaria da Agricultura do Estado de São Paulo (1828-1940)
Fonte: arquivo pessoal (2022)

A literacia no Brasil, concentrada nos centros urbanos, embora não menos problemática no meio rural, deve-se à compreensão das origens do atraso sintomáticas do sistema colonial. A participação ativa dos jesuítas como missionários, educadores e interventores não foi capaz de desviar a atenção do poder colonial sobre os "gentios". Somam-se, daí, os pontos de observação das características dos processos de imposição dos colonialismos: domínio do poder político, religioso e econômico no mundo da ruralidade extrema e a produção de riquezas da empresa colonial em direção à metrópole.

Passados dois séculos após o empreendimento colonial, deve-se aqui observar e entender os principais fatores da expansão do Café na circularidade econômica das devoradoras razões do Império Português, da triangulação marítima entre Índia, Costa Africana e Brasil. De um só ângulo, nos parece insuficiente avaliar as fontes sobre as navegações quinhentistas a respeito das cargas de Café, sem as articular com as proposições do contexto semiológico do texto documental. Aqui foi possível perceber, a partir das leituras dos documentos do Arquivo Municipal do Porto, o cotidiano das tripulações durante o intenso tráfego comercial e marítimo, única forma possível de se chegar ao Brasil. As viagens dos impérios ultramarinos, durante quatrocentos anos, e até o declínio do Império Colonial Português (1822), foram primordiais na época dos Descobrimentos, envolvendo tecnologia das naus e caravelas em direção às Índias, África e Brasil.

D. João III, monarca português, decidiu colonizar o Brasil de maneira racionalizada retirando a liberdade dos indígenas, um bem que lhes era mais precioso e lhes pertencia na vida diretamente ligada à natureza, além de dramaticamente os induzir à Santa Fé Católica. O sistema colonial apareceu de forma agressiva aos indígenas, exterminando-os em seus territórios e confinando-os nos aldeamentos. Mais tarde, semelhantes coerções foram impostas aos africanos, detidos em cárceres nas senzalas, amaldiçoados pelo processo de catequização, impingindo-lhes a culpa cristã nas terras de um país colonizado. Desde esse período histórico, o racismo estrutural se impõe na sociedade brasileira, notadamente nos pontos comuns do sistema escravocrata e no tratamento violento e de exclusão social ao indígena e ao negro.

O Brasil figurava como um dos negócios portugueses, pois as Índias e África estavam como expressão máxima entre os poderes de Roma e Portugal no século XV. No século XVI, a América Espanhola assumiu a aliança entre Roma e Espanha. O Rei Português D. Manuel I (1469-1514) dá o direito de provisão de bispados, paróquias e cargos eclesiásticos "em troca do financiamento das atividades eclesiásticas" (Hoornaert, 1983, p. 35). Existiram formalizações diante do Papa tornando a Igreja dependente de Roma e da Coroa de Portugal.

No Brasil, formou-se o padroado subordinado à forma de pagamento através das folhas eclesiásticas, que eram insuficientes para a manutenção no sertão. As fazendas formadas "nesse imenso Portugal", como dito por Chico Buarque de Holanda na canção *Fado Tropical*, representavam tentativas de emancipação do padroado e de Portugal. Contudo os missionários eram obrigados a pagar dízimos de suas fazendas pela liberdade dos indígenas, situação essa que se chocava com os interesses da Coroa de manutenção e expansão do sistema colonial, além das fronteiras na busca de ouro, da plantação da cana-de-açúcar e da catequese.

Hoornaert (1983), nos estudos sobre evangelização no Brasil, explica os momentos definitivos durante a conquista do litoral brasileiro para o cultivo da cana-de açúcar, na extensão do Rio Grande do Norte a São Vicente[11].

A aliança entre bispado e poder colonial, feita por D. João III, deu início ao projeto de colonizar o Brasil. Simão Rodrigues, clérigo reformado de Portugal e residente de Roma, vem para a terra colonizada para contribuir com a empresa portuguesa em aspectos espirituais. O primeiro provincial indicou Francisco Xavier, com mais 12 missionários, às Índias, e ao Brasil, em 1549, Manuel da Nóbrega, e Mem de Sá, em 1556, como governador geral da Colônia brasileira. Os jesuítas participaram ativamente na revisão de mapas, com seus conhecimentos de cartografia e astronomia, na questão da revisão do Tratado de Tordesilhas por D. João VI.

Nesse aspecto, está perfilado o rico território e as matas na mente do colonizador. O hábito de derrubada das matas teve início no Brasil para fixação dos colonizadores e para a formação do povo, que a realizava à beira ou nas proximidades dos rios utilizados para navegação e dos portos, usados para exportação e importação de bens como alimentos, vestimentas, velas, óleo de baleia, provimentos da sobrevivência em terras desconhecidas. Os moradores não produziam artigos de consumo pessoal e domésticos concorrentes aos produzidos na metrópole e, assim, a administração portuguesa controlava as embarcações de mercadorias e os mercadores pagavam impostos de importação.

Em 1600, Filipe II, no domínio espanhol, proibiu o comércio e a entrada dos estrangeiros no Brasil, e 27 anos mais tarde, renovou-se essa proibição. Apenas na Guerra da Restauração (1640 e 1668) a decisão seria parcialmente revogada em favor dos ingleses e holandeses.

O cotidiano marcado por hábitos cristãos, com o uso parcimonioso da água e especiarias, definia-se no país colonizado, dominado e despossuído de rigor ético no tratamento dos indígenas e negros, ambos submetidos à

---

[11] Outro momento citado por Hoornaert (1933), refere-se à ocupação do interior (o sertão) com o caminho ao longo dos rios e da navegação no Rio São Francisco, além do domínio maranhense, onde missionários, através da guarda costeira combinada com as missões leigas, buscavam o garimpo e as ações controladas pelo clero após a criação do bispado de Mariana, em 1795.

escravidão. Isso marcaria, nos séculos seguintes, o encontro conflituoso entre os europeus aqui instalados ou em circulação e aquela "gente estranha", os aldeados indígenas e negros alforriados e livres. A eficiência do sistema colonial foi comprovada repetidas vezes em países dominados pela economia extrativista e da força de trabalho servil. No mundo contemporâneo, os mesmos países expõem as suas chagas incuráveis da epiderme social do racismo efetivado de forma estrutural. Reinantes com métodos baseados na racionalidade, em leis morais rígidas e aparentes nas administrações governamentais locais, esses poderes privilegiaram famílias de tradição hereditária, isomórficas em costumes, hábitos e na manutenção de suas ligações com a metrópole em detrimento do desenvolvimento da população no território colonizado.

Esse território, onde a língua geral era falada, especificamente em São Paulo, unia os moradores pela "língua dos índios", que fora proibida pelo Marquês de Pombal (1750). Não podemos medir a cultura por extensões territoriais da língua de um povo em transformação, mas podemos sim avaliar o impacto social do que se faz com língua, suas atribuições de comunicação, de discurso e como instrumento libertador das consciências massacradas e fadadas à obscuridade cultural. Seria de fato essa língua integradora e maior do que é o português na atualidade? Pires (2009) nos elucida com relação às linhas gerais desse idioma compartilhado:

> A nova situação política e econômica em Portugal no século XVIII e as repercussões da ideologia iluminista na mentalidade portuguesa conduziram a administração pombalina a uma nova orientação pedagógica, cujos reflexos chegaram até a sua colônia americana.
>
> Durante o reinado de D. José I (1750-1777), seu ministro, o Marquês de Pombal, deu sequência às reformas do período anterior, fazendo então uma modernização do ensino, bem como de seus métodos. Durante este período, a Companhia de Jesus já não dispunha mais do monopólio do ensino e, em 1757, a atuação de Pombal na América foi implacável com a criação da lei que extinguia o uso da língua geral (Pires, 2009, p. 3).

A definição da linha do corredor histórico entre Brasil e Portugal inclui o momento da ação de ruptura perpetrada por Pedro II. A ele se destinou a imagem de um grande homem voltado para a construção da identidade nacional no implemento da ciência, desenvolvimento de estradas de ferro, tecnologias industriais e cultura, como a difusão da fotografia. Num gesto comunicacional, procurou-se aproximar o poder imperial da divulgação científica, abrindo-a para as possibilidades de produção, institucionalização educacional, cultural e fomento econômico por brasileiros. Mas como manter a população integrada na manutenção do poder, em seu próprio território repleto de indígenas, na permanência dos escravos e alforriados (e nunca totalmente alforriados de fato), nos movimentos realizados por emigrados europeus e asiáticos e os aqui nascidos? A seguir, veremos a conjugação de forças e constatam-se as alianças entre oligarquias rurais, igreja e militares como instituições coercitivas a serviço da sedimentação do enriquecimento de poucos em solo brasileiro.

2.4.3 A nau quinhentista no espaço intermediário entre colônia e metrópole

Desde sempre, a visão de que o Brasil é o país da enormidade, das populações abertas ao trabalho, do território da conquista econômica e da política se fez no passado e ainda persiste no presente. Se no passado o mito da comunidade luso-brasileira foi analisado por Eduardo Lourenço (2015) como representação ilusória, foi também na ideia de ter um passado que se contribuiu e se abriu o pensamento ao conceito de presente para o país como simbologia do mecanismo cultural transformador do futuro, afinado ao sonho lusitano. Assim, diz o autor: "uma representação ilusória a que a realidade das coisas só muito vagamente corresponde" (Lourenço, 2015, pp. 73-107) e, no espelhamento da cultura do outro, nós a fizemos como arremedo, sem utopia própria, sem horizontes emancipadores na nação em formação.

Para a ilustração do vínculo estabelecido entre o país colonizador e o colonizado, registraram-se as atividades, as ações, os pensamentos, descreveram-se em documento o território distante das terras europeias, o que havia da necessidade de atender à "conjuntura espiritual em que nos encontramos, portugueses e brasileiros" (Lourenço, 2015, p. 55).

Nesse passeio, há concordâncias de se ler o passado em textos originais e, mais ainda, em atribuir aos documentos arquivísticos o lugar que lhes pertence, incluindo o ruído da pálida ideia de passado e a imaginação vigorosa do presente sobre o passado.

A travessia, no Atlântico, fez-se em naus ou embarcações especiais, no século XVI, com "relação de 3:1 entre o comprimento e a largura máxima, três ou quatro cobertas", isto é, não é estreito e, na literatura, aparece a nau comparada a uma noz ou as embarcações representadas pelo gigantismo. Dessas imagens e reconstituições museológicas, comprovam-se "os valores médios [que] andam pelos 500 ou 600 tonéis", conforme verificado nas descrições. As medidas das naus são descritas em documentos em diversas instituições e destaca-se a Alfândega Régia – Museu de Construção Naval, Portugal, onde o tratamento documental realizou transcrições documentais do século XVI. Algumas réplicas das naus quinhentistas (datadas entre 1570-1590), foram realizadas por arqueólogos e historiadores, com a largura de três ou quatro cobertas, "castelos de popa e de proa, com três ou dois pavimentos, respectivamente". Os encaixes do casco davam estabilidade à construção em madeira em desenho bem-feito, talhada com artesania, ostentando elementos simplificados que possuíam variações entre regiões e possuíam, ainda, três mastros: "um grande e o traquete com pano redondo, e o da mezena com pano latino".

É uma embarcação de carga por excelência, destinada a percorrer longas distâncias em rotas conhecidas e dominadas, tirando partido do aparelho pelo conhecimento prévio dos regimes de ventos. No entanto, andava armada com peças de grande calibre: "A nau da Índia era ... um transporte armado em guerra", como tão bem definiu Oliveira Martins (Portugal nos Mares, vol. I, reed.1988, p. 98)" (Domingues, 2002, p. 1).

Nas longas viagens, sem poder avistar a terra firme para as Índias ou para o Brasil, a tripulação, durante meses, necessitava de carregamento de alimentos e bebidas, cargas suficientes para as longas travessias carregando as especiarias, que exigiam cuidados especiais para serem mantidas secas e em lugares seguros.

As propriedades do misterioso e imaginado país verde perdem-se sobretudo por tal enormidade atribuída às fronteiras infinitas e à constante e insatisfatória administração política ao tratar das diversidades territoriais entre espinhos da generalidade dos países colonizados: sem raízes, sem perfis, com governos devastadores ou democracias duvidosas, diálogos internos e externos às comunidades truncados pela ausência dos valores no capitalismo selvagem.

A vastidão do território brasileiro também alcança a comunidade portadora de línguas próprias e com poucas vantagens da superação "pombalesca" quando ocorre a expulsão dos jesuítas e a proibição da língua geral indígena. Talvez essa língua fosse realmente integradora. Mas teria sido mais do que é a língua portuguesa em extensão e número de falantes brasileiros? A língua realiza o encontro com o outro e "[...] o imenso Brasil, espécie de espelho da alma lusíada – um mar sem fim, diria Pessoa –, servia à "indefinição que no fundo da alma nos define", "à nossa indefinição que não conhece limites, senão os da mesma humanidade" (Soares, 2015, p. 17).

A historiografia captura o passado ou registra um novo presente? As informações das descobertas, dos fatos e inovações são atestadas pelos documentos e retoma-se, com isso, a discussão do lugar da prova, do testemunhal. Os conjuntos de documentos administrativos, caracterizados como fontes denominadas primárias, são dotados de organicidade das séries documentais. Essas séries foram submetidas às ordenações e identificadas no léxico da linguagem gerativa de seus países, respeitando determinados fundos custodiados nas instituições públicas selecionadas no desenvolvimento dessa pesquisa. Não será contrastante verificar que, durante a pesquisa no Arquivo Municipal do Porto, constatamos o contínuo controle técnico dos princípios arquivísticos (proveniência, organicidade, autenticidade, princípios de respeito à origem), princípios esses universalizados na Arquivologia ocidental, e que se associam à história local e portuária. Para a sobrevivência da cidade, no passado, foi determinante o controle epidemiológico, comum nas fiscalizações portuárias, o que foi reflexionado na linguagem de acesso documental.

A Câmara do Porto, através do Gestão Integrada de Sistemas de Arquivo (GISA-WEB), descreve as embarcações e a fiscalização de Barcas de Thomaz António Araújo Lobo (1803-1885), comerciante e armador, o conjunto de documentos e memórias para a História do Porto, os registros de agentes de saúde alfandegários que realizavam as visitas destinando liberações ou impedimentos às embarcações que entravam na Barra do Douro.

As fronteiras marítimas procuravam defender-se de doenças contagiosas trazidas através dos produtos das terras colonizadas. Lembramos que a peste negra, que matou 200 milhões de pessoas entre 1347 e 1353, criou traumas por séculos na memória coletiva euroasiática. Havia normas rígidas na vistoria em localidades e nos procedimentos da defesa da saúde alimentar e da população. Os burgos, nos interiores do país e longe das possibilidades de carregamentos diretos no cais, foram controlados pelas alfândegas, como os muros das mentalidades arcaicas. Estamos articulando e interpretando textos documentais do século XV; portanto, a certificação lusitana pela Terra Brasilis ainda haveria de ser reconhecida em meio à rota anteriormente duvidosa para os portugueses, que levara não às Índias, mas sim ao Brasil.

O Arquivo Municipal da Câmara do Porto disponibiliza em seu acervo livros das embarcações e fiscalização de Barcas de Tomaz António de Araújo Lobo. Sobre Pedro Reinel e Lopo Homem, e o mapa Terra Brasilis de 1519, Novaes analisa:

> A quantidade e qualidade inegável de mapas europeus do século XVI e XVII, representando o Brasil como um litoral detalhado e um interior oculto ou "não descoberto", evidencia as limitações de conhecimento territorial dos exploradores. Um dos exemplos mais famosos desse exercício de imaginação do território desconhecido é o mapa Terra Brasilis, que faz parte do "Atlas Miller". O mapa, que indica a costa brasileira e parte do Atlântico central, foi feito por Lopo Homem, cartógrafo português, e auxiliado por Pedro e Jorge Reinel, em 1519. Esse mapa, com muitos topônimos, revela um claro contraste entre o litoral explorado e nomeado com topônimos europeus e o interior desconhecido, preenchido pela fauna, flora e população nativa canibal, ritualística e instrumentalizada. Ao analisar esse mapa, Jacob (2006) chama a atenção para a forma única de combinação entre descrição e narrativa, representando a dinâmica do encontro através de uma fronteira simbólica situada no litoral recém-colonizado (Novaes, 2012-2013).

O documento do acervo do Arquivo Municipal do Porto possui caixa de proteção, documentos costurados, capa de couro, com inscrições e anotações originais: 704-1909. Outra referência significativa são os "Documentos e Memórias para a História do Porto-XLI. Visitas de saúde às embarcações chegadas à Barra do D'ouro nos séculos XVI e XVII. Por J. A. Pinto Ferreira, Diretor do Gabinete de História da Cidade. Publicações da Câmara de História da Cidade". Procedência e estado de saúde de tripulantes são registros a respeito da condição humana, elementos interessantes dos documentos do acervo do Arquivo, cuja atividade descritiva documental era atribuída aos guardas-mores, antigos vereadores, que realizavam "visitas de saúde" por etapas: em primeiro estágio, sondavam o nível de contaminação que havia nos barcos provenientes de determinada região.

"Pestenanças" era o termo designado pelos guardas-mores para qualificar a doença constatada durante as fiscalizações nas embarcações. A "livre prática" era concedida após averiguação do estado de saúde da tripulação e a inspeção das embarcações. Quando as embarcações não se encontravam em condições adequadas, as medidas de quarentena para a tribulação das naus eram tomadas. As visitas eram registradas nos "livros de verações", hoje úteis para pesquisas em níveis mediacionais próprios da história portuguesa e de suas colônias, ou dirigidos para estudos multidisciplinares. Assim, um texto de apresentação desses livros, de autoria de Álvaro de Mendonça e Moura, pertencente ao acervo Arquivo Municipal do Porto, narra sobre as embarcações procedentes dos portos europeus, africanos, asiáticos e americanos que entravam na barra do Douro e já realizavam comércio internacional no século XVI. As descrições partem do controle do ano, mês, dia, nome da embarcação, mestre, proveniência, mercadorias, mercador, livro do ano e número do registo. Assim, é possível saber que, em 1677, foram transportados carregamentos de sal, linho, fazenda seca, pacotes, bacalhau, ferro, breu, queijo, artilharia, cravo, madeira, mós, papel, trigo, arroz, aço, alcatrão, polvo, cestos de vidros e vinho. Menos Café, o que pode indiciar a fraca circulação dos produtos em suas colônias, ainda no século XVII. A partir do contexto textual dos documentos, os destinos das mercadorias também ficam claros: Amsterdam, Terra Nova, Viana, São Sebastião, Brasil, Hamburgo, Plymouth, Mideburgo, Londres, La Rochele e Lisboa.

2.4.4 Mediação arquivística para a história documental sobre o Café no Arquivo português

Reforça-se o papel social do mediador dos conteúdos documentais que são recriados ao aplicar tecnologias direcionadas às frações humanas na sociedade de classes e da diversidade cultural e educacional. Dessa forma, as práticas de desenvolvimento de linguagens eletrônicas — e estabelecimentos da apropriação dos níveis sociais da recepção da informação — devem constituir o reconhecimento de instituições (Arquivo, Museu e Biblioteca), bem como fortalecer os projetos e conhecer as políticas governamentais de educação e cultura ao incentivar os projetos de instituições privadas e públicas. Outro aspecto importante será difundir as noções dos conceitos da semiótica e saber reconhecer as diversas tipologias da documentação dos gêneros textuais, visuais e audiovisuais.

No relato a seguir, o Café ainda não aparece como bebida de consumo significativo no Brasil, como já estava circulando na Europa, mas sim como simbologia presente no imaginário luso-brasileiro. Em 1727, os portugueses compreenderam que a terra do Brasil tinha todas as possibilidades que convinham à cafeicultura. Mas, ainda, não possuíam nem plantas nem grãos. O governo do Pará encontrou então um pretexto para enviar Palheta, um jovem oficial, à Guiana Francesa, com uma missão simples: pedir ao governador Claude d'Orvilliers algumas mudas da planta da bebida que estava difundida entre os nobres em Paris, Amsterdã e Londres. O governador, seguindo ordens expressas do rei de França, não atende ao pedido de Palheta. Porém Madame d'Orvilliers, esposa do governador da Guiana Francesa, não resiste aos atrativos do jovem militar e, quando Palheta já regressava ao Brasil, envia-lhe um ramo de flores em que, dissimuladas pela folhagem, encontravam-se escondidas as sementes a partir das quais haveria de crescer o poderoso império brasileiro do Café.

Esse contexto do imaginário da introdução do Café no Brasil irá evoluir para além das interpretações dos livros didáticos, além das citações a respeito do suposto encontro entre Francisco de Melo Palheta e Madame D'Orvilliers, século XVIII, sugerindo a furtiva passagem de grãos do Café das mãos da esposa do governador francês, para o sargento-mor, do exército português. O ambiente de erotismo europeu, em solo sul-americano, foi criado nas narrativas históricas, que remetem à sedução feminina, dentro do cenário amazônico, francês e brasileiro. A suposição acerca do gesto galanteador de Palheta e de Madame D'Orvilliers, foi registrada em desenhos publicizados em livros, induzindo a ideia de protagonismo do militar na história de introdução do Café no Brasil. O pressuposto romântico, mas fora da moralidade da corte, destinou à esposa do governador da Guiana Francesa, Claude D'Orvilliers, no século XVIII, a participação no passado imaginado em local secundário. Basílio Magalhães (1939) escreve no clássico *O Café: Na História, no Folclore e nas Belas Artes*, fundamentado com referências documentais arquivísticas, e constrói o perfil do Francisco Melo Palheta, quando o sargento-mor buscou vistoriar os marcos da Montanha D`argent e tal comentário não feriu a imagem do responsável pela introdução do Café no Brasil:

> Por esse documento, é o militar paraense acusado de caloteiro em relação a tais peças de vestuario: - "Votre capne. Francisque de Mello Pailette doit à un autre Du F our habitant un manteau, justeaucorps et culotte d'écarlate et u'n chapeau bordé qu'il emporta avec luy il y a deux aos; on n'entend point parler du paiement convenu: si des personnes d'un certain rangont de tels procedés, que pensera-t-on des autres~ Je donnerais le temps de se repentir à quiconque d'icy qui tomberoit en semblable cas"[12] (Magalhães, 1939, p. 69).

---

[12] "Seu boné. Francisque de Mello Palheta deve a outro residente de Du Four um casaco, jaqueta e calça escarlates e um chapéu de aba que levou consigo há dois agostos; não ouvimos nada falado do pagamento acordado: se

Os inúmeros exemplos publicados, científicos ou não, apresentam o encontro com a vertente romântica destinada à disseminação da espécie no Brasil. Hecht (2013), pesquisadora da complexidade amazônica, analisa a floresta nos sentidos territoriais e da perda e modificações ambientais em consequência da extração predadora de suas riquezas, dos seus significados e soberania através dos poderes econômicos e políticos. A resenha, de autoria de Felipe Milanez, divulga a publicação de Susanna B. Hecht (2013), *The Scramble for the Amazon and the Lost Paradise of Euclides da Cunha*. A citação da resenha, a seguir, demonstra alguns dos aspectos do estudo do imenso território que deu origem brasileira ao Café, fundado na biopirataria, prática essa já iniciada no século XIX, segundo a autora:

> As articulações políticas são alimentadas por disputas caladas, espionagens e biopiratarias. Uma dessas passagens, envolvendo o Contestado, é a chegada do café ao Brasil, através da missão diplomática de Francisco de Melo Palheta, cujo real objetivo era obter de maneira clandestina o café plantado no jardim botânico de La Gabrielle. Segundo essa versão, Palheta teria tido uma relação com Madame d'Orvilliers e trazido, escondido em um buquê de floresta, sementes de café que se tornariam a commodity fundamental na definição da economia brasileira no século XIX (Milanez, 2012, p. 209).

As narrativas reproduzem a cena, com tonalidades diferentes, mas reforçam certa "imoralidade" entre a situação romântica. Nessa trajetória,

> o cafeeiro, por exemplo, foi levado por van Horn de Moca, na Arábia, para a Holanda, em 1616, tendo sido iniciados os cafezais holandeses no Ceilão, em 1658. Em 1706, o Jardim Botânico de Amsterdam enviava uma planta viva de Café a cada um dos principais jardins botânicos da Europa. Um novo e belo exemplar chegou, em 1714, ao "Jardim das Plantas" de Paris, como presente para Luís XIV, que confiou a árvore aos cuidados do botânico Antoine Laurent de Jussieu. Das sementes dessas plantas descendem os cafezais que se estabeleceram na Martinica (Haarer, 1964) e depois na Guiana Francesa. É sabido (Taunay, 1945) que, de Caiena, desafiando severa proibição formal, vieram para o Brasil algumas sementes de Café nos bolsos de Melo Palheta, graças à amabilidade de Mme. d'Orvilliers, a "gentil esposa do governador francês da Guiana" (Labouriau, 1990).

---

pessoas de uma determinada categoria tiver tais processos, o que pensaremos dos outros? Eu daria tempo para se arrepender a qualquer um aqui que cairia em um caso semelhante" (Magalhães, 1939, p. 69).

Os primeiros indícios dos registros do Café, ocorridos no após o Achamento do Brasil, pertencem às próprias unidades informacionais de guarda, custódia, tratamento e difusão documental. Além dos próprios registros, guardam ainda as informações prováveis para criar, testemunhar, autenticar e difundir qualquer fato, todos imersos na organicidade oceânica dos registros históricos acondicionados na Torre do Tombo, por exemplo, ainda no século XVI. Para a pesquisa com resultados em projetos e produtos, exige-se o estudo da relação de intimidade informacional interpretada à luz do método adotado nas Ciências Sociais.

Para isso, a escolha da referência de Ferrão (2009) une o conhecimento científico do Café à pesquisa científica de um agrônomo, na esteira da história, e é isenta da interpretação que se aproxima dos relatos das lendas do pastor de cabras agitadas de Kaffa, da filha doente de um sultão curada com o Café e o Café citado na Bíblia, no Antigo Testamento (Gênesis 29-30).

Há a hipótese de que os portugueses o conheceram no Oriente, onde a sua introdução na Arábia e na Índia é anterior ao século XVI, e o teriam levado para o Brasil. Todavia, e até o momento, não foram encontradas provas indiscutíveis a respeito da circulação de grãos e mudas na região. Aceita-se que Palheta introduziu o Café no país colonizado portando as sementes que levara consigo da Guiana Francesa (Caiena), em direção à Província do Grão Pará (Ferrão, 1999). A masculinidade de um homem que servia à Coroa Portuguesa é reproduzida com interpretações e simbologias do machismo ao atribuir à mulher francesa, sem identificação devida e de moral duvidosa, o gesto sedutor quando entregou os grãos (ou mudas) de Café ao sargento-mor. Nesse sentido, há um significado como "imagístico", isto é, está pressuposta uma semântica para o texto, e não uma semântica do texto:

> Diante dessa constatação, a pergunta que de imediato poderia ocorrer seria a seguinte: qual então a diferença entre o texto pragmático e o texto ficcional, já que ambos fazem uso de signos textuais que não se oferecem como imagem (e sim como discurso), e mais, já que não mais se prescrevem propriedades lexicais, sintáticas e semânticas para a ficção? (Borba, 1995, p. 170).

Magalhães (1939), em sua obra clássica *O Café*, fundamenta a necessidade de uma biografia de Francisco de Melo Palheta[13], responsável pela

---

[13] Os documentos primários e secundários apresentam o tenente ou sargento-mor como: Francisco de Melo Palheta, Francisco Mello Palheta e Francisco de Mello Palheta.

expedição de 1722-1723, sobre o tratado de Utrecht, e de 1727, relata o encontro com Madame Claude D´Orvilliers. Os livros, no século XVIII, em descrições da escrita das penas, tintas de sépia utilizadas em papéis duráveis, as capas de couro pensadas e costuradas à mão, ainda podem ser manipulados no Arquivo da Torre do Tombo, em Lisboa. Abordaremos aqui os registros nos anos de 1760 dos produtos acumulados pela "Companhia Geral do Grão Pará e Maranhão e Pernambuco e Paraíba, Livro de Cargas dos vários portos. Saída A". Nesse livro, encontram-se letras e títulos, subtítulos e conteúdos padronizados em quadros horizontais e, no fim da coluna, os números equivalentes às dívidas, aos pagamentos ou aos créditos do negociante. As funções das mercadorias das naus e a listagem de pessoal como serventes, mancebos, marinheiros e comandantes têm no livro início com a seguinte descrição: "Lisboa, 16 de janeiro de 1760. Balanço da Entrada do Livro Mestre B. Deve a Diversos 1087.405#498. Importância total, do Balanço das contas dos credores da Companhia Geral do Gran Pará e Maranhão desde o seu estabelecimento athe o fim do anno de 1759. Extrahido do Livro Mestre A. a saber".

Os livros do Fundo da Companhia, referenciada, nem sempre foram digitalizados por razões internas à instituição. A tipologia documental possui diário, livro de escrituração contendo o registro cronológico das operações comerciais, livros de mestre descrevendo as operações, de modo que "Corresponde ao atual livro de escrituração comercial denominado Razão, tomando a designação de Livro Mestre ou Livro de Correntes, respectivamente, nos métodos diagráfico e unigráfico. Nele se inscrevem, em deve e haver, sob-rubricas ou contas separadas, o movimento das diversas operações registradas do Diário" (inscrição do Livro de Mestre). O que se descreve em Inventário de "Entradas":

> Registro ordenado cronologicamente por frotas chegadas de todas as mercadorias recebidas, transportadas por conta e risco dos interessados das Companhias, e Cálculo do seu preço, como se diria hoje, em linguagem comercial, cit. Lisboa. Era o registro de importação reverso do livro de carregações abaixo descritos. Ex. 30 Entradas no. A –31/7/1758 a 10/12/1759. – 32".
>
> Os livros de Entradas de Partes, Livro das Carregações, Extractos, Livro de Devedores de Dinheiro, Livro de Despesa de Navios, Livro de Navios, Livro de Compras, Livro de Vendas, Livro de Entrada de Fazendas no Armazém, Memorial, Borrador do Enfardamento, Livro de Carga dos Navios por saúde,

Contas Correntes dos Administradores, Livro de Registro de Decretos, Alvarás etc. Todas estas "caixas" de documentos, em formatos de livros ainda são descritos para a qualidade:

"Destes livros, que todos em óptimo papel forte de diversas marcas e originais, cerca de noventa por cento apresentam encadernações, de sua época, inteiras em atanado, expostas a flor ou o carnaz, com gravura a ferros secos, do simples filete à maior profusão, e algumas, poucos, a fecharia de metal ou seus fragmentos. Os restantes, salvo muito raras excepções, são encadernados em pano ou linhagem um com encadernação pergamícea, e encontram-se na sua grande maioria bem conservados, escritos em letra bastante legível e os de contabilização, principalmente os mais antigos, são excelentes espécimes dos cuidados caligráficos dessa época.

Como fica patente do inventário que antecede, a arrumação dos livros orientou-se tentando, quando possível e sem deixar de atender ao formato, recompor os diversos núcleos primitivos, os quais deverão ser completados com a arrumação dos papéis.

Assim, constituíram-se três grandes divisões com numeração independente: i) Companhia Geral do Grão Pará e Maranhão; ii) Companhia Geral de Pernambuco e Paraíba e iii) Junta dos Fundos das extintas Companhias do Grão Pará e Maranhão, Pernambuco e Paraíba. Esta descrição foi realizada por Francisco D.F. C. Trancoso em Os Arquivos das Companhias Gerais do Grão Pará e Maranhão e de Pernambuco e Paraíba, Edição da Revista "Ocidente" – Lisboa, 1942. Para esse pequeno estudo do documento "Instrumento de Descrição" – A.H.M.F- 571 A.[14]

As primeiras grandes divisões foram separadas em livros conforme as Juntas de Lisboa destinadas à Administração do Brasil, Negociações do Oriente. Consequentemente, para cada divisão ou subdivisão, agrupam-se os livros de espécie idêntica e ordenam-se conforme as atividades e natureza de assunto. Ainda se segue a informação de que a lógica da organização foi quebrada em função dos formatos dos livros.

2.4.5 Placa giratória nos mares e documentos em São Paulo

Cabo Verde e São Tomé, situadas na África Ocidental, foram regiões de destino de plantas difundidas pelos portugueses navegadores. As localidades funcionavam como uma espécie de canteiros para mudas que teriam

---
[14] Extraímos a informação de suporte material da série do Fundo da Companhia.

outros destinos e seriam introduzidas entre os séculos XVIII e XIX, por meio de comprovação feita por documentos. O título da pequena publicação *A Aventura das Plantas e os Descobrimentos Portugueses* desenvolve um subtítulo curioso se comparado ao que abordamos na linha anterior: "As ilhas Atlânticas como Placas giratórias" (Ferrão, 1999), que traz um sentido metafórico e significante das roldanas mecânicas, das plataformas elétricas e das placas eletrônicas utilizadas amplamente e cabíveis em seus contextos.

Para expressar a ligação entre Europa e os territórios na América do Sul, África e Oriente, havia o ponto de reabastecimento material, humano e para a concentração de mudas das plantas para elas se tornarem adaptáveis em terras de reprodução. A vantagem climática e a altura dos terrenos das ilhas de Cabo Verde propiciaram a adaptação das plantas originárias dos trópicos e das zonas temperadas. Café, banana, cacau e abacaxi são produtos agrícolas principiantes e difusores fundamentais nas colônias do alimento e comercialização no mundo. Porém também relevante é o caminho mais curto das rotas de São Tomé e Príncipe e Santa Helena que, entre outras, configuram-se em corredores marítimos em linhas encurtadas entre os continentes africano e americano.

Outras experiências em Arquivos brasileiros[15] selecionaram livros fabricados com tecnologia da tipografia, repletos dos registros manuscritos e montados com grafia de tipos, denominados Borradores. As separações dos assuntos em colunas destinadas para informações da Venda e Compra de cargas do Café, milho e feijão em linhas que permanecem nos padrões contábeis da organização e controle do fazendeiro são claras nesse exemplo. Os preâmbulos apresentam textos isentos de religiosidade, diferentes dos textos introdutórios encontrados em documentos destinados às honrarias oficiais, imperiais e nomeações. A objetividade contábil da produção cafeeira aparece apoiada em racionalidade técnica, matemática, para aferir lucros de produção.

Nesses contextos independentes e distanciados dos séculos entre 1760 e 1899, início do período Republicano Brasileiro, são dois exemplos encontrados, como documentos originais, do corredor da cultura material, do documento, cujas expectativas na leitura são diferenciadas em contextos das proveniências documentais.

---

[15] A documentação de um dos repositórios do estado brasileiro, o Arquivo Público do Estado São Paulo, reflete o ponto central da economia cafeeira no século XIX e parte do século XX. A instituição governamental conquistou a implantação de um Sistema de Arquivos do Estado de São Paulo entre 1983 e 1985, sob coordenação das historiadoras Inês Etienne Romeu, Ana Maria de Almeida Camargo, Heloisa Bellotto, entre outras. Depois, evoluiu verticalmente para dar acesso aos documentos, para a gestão dos documentos e informações públicas e implantar laboratório de restauro durante a coordenação do historiador Carlos Bacellar de Almeida Prado, em 2007-2013.

2.4.6. Caminhos de Portugal e Turquia

Constantinopla, a cidade cristã, foi tomada pelos turcos otomanos em 29 de maio de 1453. Até então, as rotas do comércio de especiarias estavam valorizadas pela qualidade de conservação de alimentos e passaram a ter peso de moedas. O bloqueio dos turcos otomanos aos mercadores cristãos provocou mudanças entre Portugal e Espanha, que

> [...] passaram a organizar expedições de exploração, visando encontrar rotas alternativas por terra e por mar. Era esse o objetivo de Portugal quando investiu numa nova via, procurando garantir o monopólio do comércio (Schwarcz & Starling, 2018, p. 23).

As autoras Schwarcz e Starling (2018) descrevem as decisões tomadas por Portugal quando o país adotou, como opção estratégica de avanço terrestre e marítimo, dar continuidade ao comércio até o Oriente através do caminho que circundava o continente africano durante o largo tempo de um século, até que se efetivasse como uma alternativa de rota navegável. A Espanha, em 1492, também em momento de fortalecimento do resultado da unificação em Estado Nacional, reorganizava as relações com Portugal e assinou o Tratado de Tordesilhas. Nos séculos XVI e XVII, a América do Sul era disputada entre Portugal e Espanha e, na tentativa de amenizar os conflitos entre as coroas, foi necessário fixar em documento (tratado), a divisão do continente em duas partes de domínios e explorações. Desse tratado, as linhas territoriais imaginárias estavam riscadas em cartografias ilustradas entre o Belém do Pará (ao norte de hoje) e o Rio da Prata, ao Sul, passando por onde hoje é a cidade de Laguna, Santa Catarina. Essa linha, resultado do diploma de 1494, foi modificada e aplicada ao território ainda não descoberto e colonizado. "O Tratado de Tordesilhas teve um antecedente: a bula *Inter Caetera*, assinada pelo papa Alexandre VI em 4 de maio de 1493, que dividiu terras do globo entre Portugal e Espanha" (Schwarcz & Starling, 2018, p. 24).

Os conflitos luso-brasileiros e hispano-americanos foram intensificados a partir da conquista do oeste do continente sul-americano, das largas terras de extensões latifundiárias, e seguiram por todos os séculos seguintes. O planejamento territorial em divisões de 14 capitanias, em 1534, com a exploração da borracha e da madeira, provocou o extermínio ou a expulsão dos indígenas de suas terras para prosseguir a dominação da terra, da mão de obra escrava indígena, e para prover a exportação do pau-brasil, do açúcar e dos recursos minerais. O Tratado de Utrecht discutia a expansão luso-brasileira, destinando os poderes a Portugal, no ano de 1737.

A fronteira com a Guiana Francesa definia-se no rio Oiapoque. Os franceses de Caiena não tinham abandonado o projeto de detê-la até o Amazonas. Continuaram a frequentar o Cabo Norte sempre que puderam, porém os ímpetos expansionistas do colonizador português eram organizados por destacamentos luso-brasileiros, ora fixos em regiões, ora volantes, que policiaram incessantemente as regiões das fronteiras. O comércio clandestino era tentado sem grandes resultados (Buarque de Holanda, 1989).

O leitor mais habituado com a história do Café, narrada pelo viés da oficialidade, logo compreende a ligação de um personagem à saga do grão pelo norte do Brasil ao associá-la à figura de um sargento-mor do Exército Português, Francisco de Melo Palheta, que foi destinado a fiscalizar e mapear os limites da geografia amazônica. A inserção da imagem de um desenho de um homem de farta barba, largamente reproduzida nos livros didáticos, reforçando a narrativa visual dos conquistadores, implica na confirmação da masculinidade do conquistador de origem europeia, como antes analisado nos pressupostos de caráter imagético (Borges, 1995). Nessa imensidão territorial amazônica e verde, onde se demonstra versada no domínio da natureza, a figura masculina reforça o heroísmo capitaneado por figuras míticas. Efetivamente, os registros produzidos por esses homens com funções técnicas e defensores do espaço aqui conquistado deixaram o legado de inúmeros documentos que foram armazenados em arquivos em públicos, do século XV até o XIX.

As descrições simplificadas a seguir se inserem na identidade material dos documentos dos arquivos e da coleta que caracterizam a trajetória cultural e histórica da introdução do Café no Brasil (Furtado, 2000).

O livro n. 1, microfilmado, do Fundo da Companhia Geral do Grão Pará e Maranhão, da secção Junta de Lisboa, da série: Livro Diário A, 1755 a 1760, código de referência PT-TT-CGGPM/A / 1 / 1, descreve as relações das cargas dos navios, entre chapéus ingleses para homens, mobiliário, vestimentas, alimentos, especiarias e a referência sobre o Café, que ainda tinha uma produção bem inferior à produção de outras mercadorias. A produção brasileira para exportação será significativa apenas no século seguinte, segundo Furtado (2000).

O cafeeiro foi introduzido no Rio de Janeiro em 1774, mas muito tempo se passou antes de se tornar um artigo de exportação. Em 1800, saíram 10 sacos por esse porto e 13 em 1813. Em 1817, verificou-se o primeiro grande embarque, com cerca de 64 mil sacas; daí até 1851, a exportação aumentou constantemente, atingindo nesse último ano a cifra de mais de 2 milhões de sacas (Smith, 1941).

A expansão da Companhia Geral do Grão Pará e Maranhão criou um fluxo documental de livros numerados, descrevendo fazendas e remessas vindas de várias partes do terceiro quartel do século XVIII, com função predestinada ao controle de importação e exportação de mercadorias. Os documentos gerados por obrigação legal foram acumulados e recolhidos. O arquivo possui 500 livros e 150 maços de documentos avulsos. As entradas conferem ao ano anterior a 1760, Lisboa, 6 de janeiro de 1760.

A pesquisa na temática do Café, iniciada há mais de duas décadas, não se definiu com as vertentes da área da Biologia e Botânica e não considerou os fatos "instalados" na história econômica a respeito das commodities e dos rendimentos de valores dos financistas no ganho de mercado. Por força do contexto cultural, os estudos sobre o Café, na literatura brasileira, sejam eles convergentes para as definições científicas das terminologias aplicadas às áreas diretamente associadas à Ciência da Informação, relacionam-se à História Cultural, de domínio da Sociologia, e à Economia Agrária, e são utilizadas em estudos da área do agronegócio, botânica ou marketing digital como contraponto das significações culturais que pululam nas instituições ou no âmbito do mercado. Há, portanto, um conjunto de nomenclaturas, categorias e classificações ressonantes nas categorias linguísticas em termos lexicais, sintáticos e concepções metafóricas na construção do texto.

No contexto histórico, entre os séculos XVIII e XIX, em relação às produções institucionais governamentais de controle da produção econômica da cafeicultura, observamos que a produção documental é pouco investigada ou explorada além dos meios acadêmicos no sentido cultural do conhecimento de nosso passado. A realidade brasileira está inserida na necessidade do colonizador de cultivar a terra conquistada, nas reverberações culturais radicadas no chão que recebeu a força dos indígenas e africanos escravizados e dos povos imigrantes europeus e asiáticos, na direção da construção das novas lógicas de sobrevivência em que se produziram novas significações simbólicas e da cultura material.

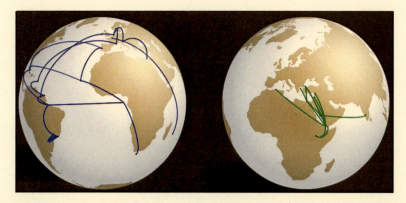

Figura 4. Infografia do Café - Corredores dos Cristãos (1574-1807), linhas azuis. Globo e Corredores Muçulmanos no comércio do Café, linhas verdes. Construção e Acesso da Infografia digital. Abrir o "XAMPP Control Painel". Quando abrir: clicar em Start no modulo apache. Abrir o Navegador, Google Crome ou outra plataforma de navegação. No navegador digite http://localhost/globo/1/index.php (irá abrir o Corredor Muçulmano). Para abrir o Cristão, digite http://localhost/globo/2/index.php (troque o 1 pelo 2).

Fonte: elaborado por William Nogueira Ramos França (IMC-USP) e Silvia Maria do Espírito Santo (FFCLRP) (2017)

Data dos Pontos de Partida - Rota Cristã - Rota Muçulmana	Pontos de Partida	Datas dos Pontos de Chegada
Öncesi – antes de 575 d. C.	Territórios - Regiões	Territórios - Regiões
	África – Etiópia - Bonga	Península Arábia – Iêmem – Mar Vermelho
900	Etiopia. Galla. O hábito de tomar café, como estimulante. Os grãos eram misturados com uma mistura de gordura ou óleo. (Tan, 2015, p. 14)	Iran denomina o café de "bunka" ou "bunkum", (Tan, 2015, p. 14)
1000	O café é levado para a plantação dos comerciantes árabes. Foi trazidos para o Oriente Médio, e denominado "kahwa el bun", obtido pela fervura dos grãos de café e que significa "kahwa". (Tan, 2015, p. 14)	

	Iêmem – Egito - Cairo	Turquia
1252 ou 1253 (lenda)	Iêmem	Meca
	Arábia	Amsterdã – Holanda Áustria – Viena Itália – Veneza Inglaterra – Londres França – Paris
1450	O hábito de tomar café é disseminado	Meca – repetia-se 116 vezes "Va Kawi"
1475	Constantinopla (hoje Instambul) (Kiva Han primeiro local público do café)	1520 Árabes ampliam as plantações de Café Iêmem - Constantinopla
1510	Egito	Moka – Porto

Quadro 5. Pontos de saída do Café para cálculo da longitude e latitude de cidades de onde há fatos da história do Café. Destacamos os corredores cristão e muçulmano do comércio do produto. Os pontos são interligados respeitando a datação histórica. Elaborado por William Nogueira Ramos França (IMC-USP) e Silvia Maria do Espírito Santo (FFCLRP)
Fonte: a autora (2016). Baseado em Kahve Kronolojisi (Tan, 2015, p. 14)

A intenção desse globo infográfico, realizado em tecnologia compatível e aplicável a vários programas de animação, sugere o movimento de rotação da terra, e demonstra os pontos de longitude e latitude no globo terrestre. A leitura das linhas entrecruzadas evidencia os locais de desenvolvimento do plantio e comércio do Café. As datas remontam à circulação nos diversos corredores religiosos, nas dimensões políticas e mercantis. De maneira lúdica, pode-se adicionar a cronologia de forma dinâmica da temporalidade documental: em 1574, indica o Egito, Cairo e Veneza; em 1615, Veneza, e 1616, Amsterdã; 1644, Amsterdã e França; 1648, Amsterdã e Java; 1699, Java, Sumatra; 1699, Timor e Bali; 1715, Paris e La Reunion; 1718, Amsterdã e Suriname; 1723, Martinica e França; 1727, Martinica e Caiena; 1728, Caiena e Belém; 1760, Belém e Rio de Janeiro; 1779, Rio de Janeiro, Lorena, Cantareira e Sul de Minas; 1790, Belém e Cabo Verde; 1807, Campinas e Lorena (Ferrão, 2009) (Smith, 1941). A proposta da infografia na dimensão virtual poderá ser aprimorada e adicionada com informações nos sentidos de jogos de compartilhamento.

Regiões	Períodos históricos Séc. XIV-XV-XVI	Localidades Consumo da Bebida (turco e português)	Instrumentos de Preparo (turco e português)	Materiais	Corredores Marítimos e Terrestres Séc. XVII-XVIII-XIX
Rural Etiópia Sudoeste Kaffa Produção e distribuição Peregrinos em Meca (1252-3) Estreito Suakin, costa oriental do Mar Vermelho	Da Etiópia para Iêmen. O Café foi espalhado para o Egito (1510) Iêmen (XIV-XV). Oriente Médio, Pérsia e Turquia (XVI) e Europa	Barracks Mosques Kahvehane Cafés	Torrador ou *kavurucusu*	Cobre Ferro Estanho Prata Pedra	Holandeses espalharam o Café para Índias Orientais e América
	Peregrinos e passageiros em Mocha (Moka. Iêmen)	Tahmis (método de fazer a fervura através do calor de grãos de metais quentes)	Cezve ou pote	Porcelana	Sacas importadas no Império Otomano. Soleiman Agha, embaixador do Sultão Mehemed (1669)
Urbano Cairo Alepo Damasco Argélia Irã Índia	O Café foi introduzido a partir do território Otomano do Iêmen, durante o domínio do Sultão Suleiman, o magnífico (1554)	Kahvecibaş	Fincan ou xícara	Vidro	Veneza Viena Cafés 1683

Regiões	Períodos históricos Séc. XIV-XV-XVI	Localidades Consumo da Bebida (turco e português)	Instrumentos de Preparo (turco e português)	Materiais	Corredores Marítimos e Terrestres Séc. XVII-XVIII-XIX
Contexto cultural, político e religioso caracterizado por complexas relações econômicas e proibições religiosas	Omar-Schadeli – usado nas preces do Fatiha. O Café foi usado pelos sufis para ajudar a mantê-los acordados durante as meditações	Tahtakale (Constantinopla ou atual Istambul)	Makine ou máquina	Madeira	Gabriel de Clieu, oficial da Marinha francesa, foi governador de Guadalupe. Trouxe mudas para a Martinica (1720), e Francisco de Melo Palheta da Guiana Francesa para o Brasil (1727)

Quadro 6. Espaços Marítimo e Terrestre – Agentes durante o Império Português em suas colônias na América do Sul (1500-1822) e Império Otomano (1299-1922)

Fonte: a autora (2016). Baseado em Koz e Kuzucu (2014) e Yerasimos (2015)

Falar da extensão conceitual da História Cultural do Café de outros países, necessariamente, perpassa pela história do Brasil. Ao pensar-se a respeito do fenômeno da informação, tal questão se interliga às subtemáticas do Café no grande universo selecionado para desenhar as linhas dos corredores que tiveram início no ambiente africano e arábico, onde vigoravam forças transformadoras dos hábitos sociais no oriente e no ocidente há mais de 10 séculos.

3

MEMÓRIA CLASSIFICADA DO CAFÉ

Neste capítulo, estabelece-se um diálogo entre as categorias do corredor do Café e argumentos científicos a respeito da memória e da classificação terminológica científica do Café.

Essas categorias foram reconduzidas para o eixo da coleta informacional nos arquivos, bibliotecas e museus investigados (ver Quadro 1), fundamentadas em conceitos de estrutura social, estrutura documental e estrutura informacional forjadas nas Ciências Sociais e Ciência da Informação.

Na primeira frase do texto publicado no volume I da *Enciclopédia Memória-História*, de Jacques Le Goff (1994), os conceitos de tempo e memória são fundamentais. Deles advêm vários problemas de compreensão entre documento, passado e presente. Para a Ciência da Informação, todos esses conceitos e problemas são cruciais. Do conhecimento bíblico até a psicofisiologia, no campo da neurofisiologia e da biologia, a faculdade humana de classificações da memória coletiva e individual é criada nas bases da memória histórica e da memória social.

O enlace dos estudos do fenômeno da memória, interdependente do ato mnemônico, situa as diferenças entre memórias que dão sustentabilidade às identidades culturais subordinadas à noção de tempo, implícitas nos espaços, fraturadas nas mudanças da memória no tempo histórico. Percebemos as vulnerabilidades da memória no processamento das transformações culturais no presente, e os grupos que a disputam no campo social reordenam e a reconduzem nas suas narrativas. Assim, Halbwachs (1990) afirma que é necessário conhecer os "quadros sociais" para reconstruir o que foi denominado memória. De fundo à conceituação do termo memória estão as "classificações mentais" e as "classificações sociais", conceitos sociológicos de Durkheim, que oferecem as aproximações entre as ciências sociais e história na perspectiva das representações do "ser histórico".

O tempo aparece em sua obra, segundo Jean Duvignaud (Halbwachs, 1990, pp. 9-17), como categoria de um entendimento da história, do passado reinventado e, por isso, distingue-se a memória coletiva da memória histórica. Esta, feita pelo sabor dos documentos depositados nos arquivos oficiais ou nos porões, dos depoimentos transcritos, das fotografias amarelecidas e diversos registros interpretados, estão lá no ponto de vista da "multiplicidade dos tempos sociais". Esses documentos devem ser analisados para o processamento e compartilhamento do discurso implícito na estrutura documental, uma vez observados pela luz dos acontecimentos no jogo das verdades vivenciadas pelas pessoas em seu próprio tempo. A memória humana conquistou a condição transtemporal por influência do poder da narrativa, da própria língua e dos sentidos estruturados na linguagem (tempos verbais), que são permitidos ao tempo em que ocorreu a modelagem entre presente, passado e futuro, pressupondo vários tempos verbais, somados à ideia da relação entre eles com a noção de temporalidade (Ricoeur, 2010).

A fenomenologia da lembrança, com sentido restrito na memória, é algo difuso que se materializa (pragmática), configurando-se como vetor no tempo presente e na recuperação do passado nos marcos da memória (semântica). Na Ciência da Informação, não se define, consensualmente, o conceito de informação porque, no século XX, foi necessário estabelecer as "posições dos acontecimentos do passado" e somos capazes de reinterpretar a informação através das operações do pensamento na realidade, na construção das memórias, nas ações dos apagamentos, nas intenções dos silêncios dos documentos. Os documentos, todos tidos como instrumentos operacionais do conhecimento transformado, em que, através da leitura e interpretação, operam a "volta" ao passado, que é imaginado na complexidade social. As conexões estabelecidas pelos pesquisadores em relação aos estudos da memória — em aproximação com outras ciências como Sociologia, Antropologia e Psicologia — consideram o crescimento tecnológico e o aperfeiçoamento da técnica como definitivas nessa oficina de mentalidades globalizadas. E, como tal, relacionam-se com a interdisciplinaridade que abraça o problema do domínio do contexto sociocultural, diretamente condicionado aos aspectos da organização da informação das instituições curadoras da memória.

No Brasil, assim como os Continentes do Hemisfério Norte, a definição e função social entre Biblioteca, Museu e Arquivo tem origem nos serviços institucionais dos Estados-Nação, nas reformas dos Estados e na legislação de proteção ao patrimônio documental. Tem também origem nas intervenções na produção do conhecimento, no controle ideológico, nas proibições de hábitos e comportamentos sociais por razões das políticas ditatoriais, religiosas ou econômicas, na estrutura ou na superestrutura social, com bases no problema da memória pública. Destacam-se, neste estudo, as estruturas sociais e as funções simultâneas dos corredores e arredores territoriais da dimensão virtual do Café, na similitude cultural à memória coletiva e individual (Halbwachs, 1990). Aqui cabe o apontamento da presença e contradição entre as necessidades utilitárias da memória (narrativas políticas) e as questões memoriais (construídas, edificadas, registradas), assim como se reconhece o coletivo e o indivíduo em relação ao "quadro social" do Café. Portanto, reconhece-se a defasagem da sobrevivência humana no sistema produtivo na economia dominante, bem como as demandas do homem do trabalho na consolidação do capitalismo e a excessiva representação documental, sonora e visual social do Café. Os documentos, além de representação, prestam-se como instrumentos políticos e vetores da memória social.

Candau (2013) analisa os requisitos da antropologia da memória em profundidade e sob o ponto de vista das classificações científicas da memória a partir das áreas do conhecimento. Essas organizações semântica e operativa das memórias figuram na retrospecção nas áreas da Filosofia, Psicologia e Ciências Sociais sob a influência das perspectivas da Neurociência. Candau compartilha-as com a questão da memória: a "complexidade do estudo dos estados mentais – o que são, indubitavelmente, as representações do passado – sem adquirir um bom conhecimento do substrato orgânico que os torna possíveis?" (Candau, 2013, p. 205)[16]. Quanto ao desenvolvimento da leitura sobre a temática, o autor dá suporte às operações da memória como "estados mentais e processamentos da consciência" à vista dos interesses ao substrato orgânico e de reflexão dos acontecimentos do passado. Pode-se explicar tal complexidade por algumas formas da organização da matéria, da natureza das coisas, constituindo-se, assim, suficiente para dar expressão à defesa da aplicação das metáforas utilizadas para corresponder às significações dos "corredores e arredores da dimensão virtual do Café".

No glossário da obra de Candau (2013), *Antropologia da Memória*, ele descreve e classifica vários tipos de memória: a memória de longo prazo é aquela na qual se conserva a recordação; a memória de trabalho é vinculada à manutenção do que é imediato e para a realização de uma tarefa; a memória declarativa é relacionada à linguagem e à consciência; a memória episódica ou de base é definida como experiência fenomenológica da recordação; a memória explícita é relacionada à memória episódica interpretada como a memória

---

[16] A leitura estrutura-se a serviço do "substrato orgânico", tomado como propriedade dos documentos investigados.

semântica ou a memória conhecida pelos sujeitos cognoscentes; a memória implícita ou inconsciente; memória perceptiva como aquela "que opera o nível pré-semântico, trata a forma e a estrutura"; a memória processual como não consciente e relacionada ao automatismo; e memória semântica como escopo de todos os fatos e conhecimentos retidos na memória durante a vida. Além dessa classificação, o autor aborda a metamemória, definindo-a "como a representação que cada indivíduo faz da sua própria memória, o conhecimento que tem dela e, por outro lado, o que diz dela" (Candau, 2013, p. 208).

Devemos pensar na relação do tempo como capacidade de expressão linguística da memória e do espaço. No momento em que a cultura tecnológica globalizada se impôs aos meios de comunicação e interesses do poder econômico, o ensino também é afetado. A partir dessa realidade, verificamos que não temos condições de superar as diferenças extremas sociais e vencer os limites linguísticos entre etnias próprias do mesmo território através dos mesmos meios tecnológicos. A expressão comunicativa voltada para preservar o patrimônio de um passado, não raro, é sustentada por contextualizações reducionistas de contextos de determinadas políticas governamentais e já se apresentam distanciadas da presença das inventividades da criação de produtos que envolvam a noção de passado e a consciência dos fatos presentes.

No desenho do Método Quadripolar, conforme abordado no primeiro capítulo, o domínio do tempo em movimento se sustenta nos diagnósticos das políticas de acervos e nas relações pendulares institucionais curadoras da memória. No vai e vem dos dissabores das ações positivistas da organização, a preservação dos acervos, o planejamento de tratamento documental, as mediações criativas estão sempre à frente das preocupações durante as crises político-econômicas (Espírito Santo & Marañon, 2013).

O desenho do corredor do Café, lido de forma não linear, é sustentado por uma força associada às situações das lembranças individuais como limite das interferências coletivas e de suas memórias. Essa imagem abusa da imaginação e explica que há razões estruturais focadas na construção da dimensão virtual em expressões metafóricas. Por certo, há um passeio necessário, definido nos papéis dos diferentes sentidos das "estruturas" sociais e linguísticas, distinguindo-as para a reconstrução do que há no passado. Concordamos com Candau (2013)[17] no tocante à concepção da memória e seu pensamento, como descritos a seguir:

> A tese retomada, segundo a qual a memória é uma reconstrução e não uma reconstituição fiel do passado, está longe de ser uma ideia nova. Sem falar dos textos filosóficos muito antigos que vão nesse sentido, ela foi avançada a partir de 1932, sobre bases científicas por Frederic Bartlett, psicólogo experimental que prosseguiu na via aberta de Ebbinghaus. A memória, demonstrou ele, é por um lado um processo criador, uma reconstrução feita a partir de experiências passadas. Por exemplo, os sujeitos aos quais ele pedia para contarem uma narrativa que ele havia dado a ouvir procediam a um reajustamento da história na história, numa direção orientada pela sua própria experiência cultural (Candau, 2013, p. 33).

Das narrações diversas, destacam-se os elementos linguísticos (substantivo, pronome, tempo verbal, discurso da narração, advérbios e expressões adverbiais) em meio das inúmeras metáforas e ressignificações linguísticas que, se listadas no texto de Candau, *A Memória e a Metáfora do Glaciar* (2013, p. 23), levariam-nos à exaustão. Para explicar a enormidade dos contornos da memória pela metáfora glacial de Knik no Alasca, o autor, em referência aos estudos sobre estados mentais, analisa o processamento de consciência e memória na publicação intitulada *Comment la matière devient conscience*, dos autores Edelman e Tononi (2000a, p. 37), citado por Candau (2013, p. 36). Nesses estudos, são indicadas as relações dos ressignificados linguísticos a partir da força da gravitação e textura do terreno, realimentado na metáfora sobre a massa em movimento. Outras referências metafóricas interessantes são os trabalhos de esculturas em gelo, o degelo e a liquidez, que instigam o pensamento sobre o imediato e a efemeridade das atividades humanas quando o gelo, por exemplo, reforça a metáfora da memória passageira e nada estável.

Durante os séculos, estudos da memória documental e da informação passaram por períodos extremados das revoluções sociais, iniciando pela

---

[17] "Os precursores de uma abordagem científica da memória na psicologia são Théodule Ribot (1839-1916), que trabalhou, sobretudo, sobre a patologia (amnésia), e Hermann Ebbinghaus (1850-1909), que fez bastante experimentação sobre as relações entre aprendizagem e memória (ele estabeleceu em 1885 a primeira curva do esquecimento). Deve-se a Ribot a biologização da memória: desde então, ela não é mais considerada como uma faculdade da alma mas para retomar uma expressão célebre de Cabanis, como uma 'secreção' do cérebro" (Candau, 2013, p. 33). Essa citação torna-se importante para entender parte do que Candau denomina de taxonomia da memória, proposta pelos psicólogos e que aqui se faz necessária para se compreender o processo de aprendizagem e de memória em sistema de representação, destacando três elementos: o esquecimento, a lembrança e o reconhecimento, como parte da memória.

radicalidade da Revolução Francesa e da Revolução Industrial. Lembramos das proibições do direito à leitura e as limitações impostas à liberdade ideológica advindas da 2ª Grande Guerra apregoadas pelos ideais baseados no nazismo e no fascismo, e sustentadas pela aberração da supremacia branca baseada no conceito do movimento eugênico de "raça superior". Quanto ao ensino manipulador, ele objetiva modelar as consciências humanas, o que culminou nas dificuldades de acesso ao conhecimento e nas tentativas de distorções e apagamentos da memória de povos.

Nesse contexto, as raízes do desenvolvimento das Ciências Sociais são distintas nas correntes funcionalistas, estruturalistas e pós-estruturalistas, desveladas em paradigmas herdados que, como tatuagens no corpo humano, constituem sinaléticas conceituais da história do seu desenvolvimento. Referimo-nos ao processamento das ideologias do Estado-Nação na crítica e pensamento dialético do marxismo, à inserção do sujeito como foco de investigação no pós-marxismo, à distinção e à apropriação do pós-modernismo ao projetar a ideia do desaparecimento do Estado-Nação.

No mundo da inclusão social, do Estado democrático, com a atual retomada das preocupações relativas às classes desprivilegiadas e também consumidoras dos equipamentos digitais, tais proposições favorecem a idealização da sociedade baseada na informação. A Ciência da Informação manteve-se incondicional na perspectiva da apuração do objeto científico, balizado nas ações humanas destinadas a cumprir com a função social de mediar estruturas sociais (relações dos poderes políticos, científicos e econômicos) e o acesso informacional amplo.

3.1 Informação e conceitos de Estrutura

No decorrer dos últimos 200 anos, a informação como um produto do conhecimento é caracterizada por ser elaborada, indexada e disponibilizada com a tecnologia industrial da imprensa, do telégrafo, do telefone, e assim por diante. Também é essencialmente cognitiva no meio social e, na dimensão continental, sofreu profundas transformações dos métodos de armazenamento e disseminação, de acordo com a evolução tecnológica dos meios de produção, como é o caso da mecânica e cibernética. Com isso, o estudo sobre os meios tecnológicos de produção agrária, com os quais se produziram tais objetos e os processos humanos, denota a mudança de paradigma na área de pesquisa a respeito do Café, associando-o ao eixo da memória. Se antes observávamos os martelos, as serras, as roldanas, as orientações marítimas pelos astrolábios e quadrantes, trens, enxadas e cambões, hoje podemos falar dos computadores, algoritmos e da inteligência artificial dentre os avanços incontroláveis dos efeitos operacionais e funcionais da tecnologia digital, voltados para a produção agrícola. O efeito dessa ilustração nos impõe pensar nas contradições sociais adicionadas às estruturas sociais na intimidade das diferenças de classes, na aguçada memória do trabalhador na lida com o Café, na extensão do controle das formas de disseminação da informação estruturada, na multiplicação da produção e consumo do Café.

Assinalam-se, aqui, os processos da ação do homem (sujeito), as apropriações dos meios de produção e a quantidade de energia associada ao produto. Não seria, assim, a informação um fenômeno dos processos sociais da memória regidos pelas contradições das realidades social, econômica e histórica?

No mundo físico, entende-se por estrutura a capacidade de se estabilizar a matéria em equilíbrio estável, dando imobilidade à coisa desejada, de modo que se tem a ideia da fundação de subestruturas rígidas, capazes de manter o objeto. Assim, os conceitos de estrutura, superestrutura e subestrutura migraram para dar sentido cognitivo ao mundo "invisível" e estão presentes nas diversas línguas nas sociedades. O sentido principal, para o nosso apoio, é aquele em que a estrutura social da língua se dá por intermédio da unidade mínima da escrita e da fala, dos fonemas que também se expressam de forma gráfica para simbolizar o objeto ou o pensamento e para oferecer ligação aos sistemas de linguagem e à sua manutenção.

Os elementos estruturais e elementos sociais das instituições como arquivos, museus e bibliotecas, na sociedade, são valorizados no conjunto dos documentos no momento em que há procura do sujeito para uso e transformação do conhecimento. Todavia, destacam-se duas observações para o entendimento das instituições curadoras da memória. O primeiro emprego do substantivo estrutura, para adjetivar o campo institucional, é indicado aos suportes da materialidade ao empregarmos o conceito "estrutura social, política ou econômica", no estudo das instituições a partir de metodologias e teorias das Ciências Sociais, e é entendido como sistema simbólico em que interagem os elementos sociais, da organização política e fatores econômicos. O segundo emprego do substantivo "estrutura" é indicado no entendimento de estrutura textual, documental, e se caracteriza pela composição do léxico, do vocabulário empregado em intencionalidades explícitas de quem o produziu.

Durante a pesquisa, não foi abordada a lógica cronológica ou topológica dos documentos pesquisados. A busca em definir datações históricas a partir do pensamento evolucionista, no campo institucional da história do desenvolvimento da ciência, foi redirecionado à verificação empírico-documental, da produção da intencionalidade do órgão produtor ou acumulador, observando o local da agricultura, pontuada do produto Café em questão, e obedecendo as formas tradicionais de produção ou as mais modernas da agroecologia atual. Dirigimos o olhar para a constituição da percepção da memória coletiva e buscamos a tradução e interpretação de documentos relativos ao Café.

Nessa tradição do plantio, comercialização e consumo do Café, os registros documentais seguem os padrões dos arranjos documentais dos arquivos permanentes[18] e descrições da sua produtividade, substancialmente originados nas razões que levaram as instituições a recolher, tratar e disponibilizar a documentação na sociedade agrária e mercantil de maneira também equivalente, ou diretamente representando a agricultura, a economia, a política e a cultura.

Assim, os documentos materiais relativos a uma determinada época, como os da escrituração mercantil do século XVII até o século XX, devem a sua existência às observações da realidade dada, às narrativas orais, textuais e às imagens significantes da situação temporal e, fundamentalmente, da memória coletiva na sociedade. São contextos histórico-culturais e pertencem aos sistemas dos significados diferenciados na forma de representação do objeto. De tal maneira, a informação está fixada em matérias variadas que, se não há tratamento da forma física (o digital que é também físico) e das partes coerentes da documentação armazenada, comprometem-se e estão fadadas ao apagamento. Consequentemente, podem afetar as estruturas sociais da memória semântica e das formas de expressão predominantes da narrativa histórica, política, econômica e cultural. Inegavelmente, as novas tecnologias estão a serviço da coisa transformada. Contudo será necessária a imaginação do agente que visará ao processo de recriação da informação, além da coisa autorreferenciada e predestinada a denotar significados mais amplos.

---

[18] Arquivos permanentes são conjuntos ou fundos documentais avaliados do ponto de vista histórico, tratados com rígidos critérios de avaliação documental, a partir da tabela de temporalidade. O documento, se atingiu o estado de permanente, de seu ciclo, passou por etapas anteriores do uso corrente e intermediário.

Dessa forma, apresenta-se o entendimento de que, durante a segunda etapa da pesquisa, o emprego do substantivo "estrutura" aparece muitas vezes para indicar a correspondência entre organização/produção social e a geração dos produtos como registros manuscritos, mecânicos e digitais. A aplicação do conceito "estrutura" não está esgotada na Ciência da Informação e, ao empregar a expressão para caracterizar as "estruturas social, política ou econômica", no sentido de identificar o sistema terminológico e argumentativo das Ciências Sociais, Comunicação e História, não se desfazem as ambiguidades da palavra "estrutura" e os significados no sistema simbólico da linguagem. Este sistema interage, por isso, nas relações sociais e nas representações linguísticas, visuais e sonoras, expressando-as em fatos históricos, lendas, mitos e na arte; daí a oportunidade metafórica da linguagem destacada por "metonímias" (Cassirer, 1977, p. 181) do corredor do Café para o presente trabalho.

Na área da Ciência da Informação, especificamente, entende-se por *estrutura* o lócus da informação, adequadamente fixada em seus suportes materiais, compostos de variados arrimos que, tratados em suas especificidades, resultam em conhecimentos da alta evolução tecnológica de seu tempo. Assim, tal como aqueles sistemas da materialidade tecnológica (mecânica, elétrica ou eletrônica), produtores de formas e conteúdos de diversificados produtos, os objetos são experienciados na qualidade de documentos que se estruturam em partes coerentes e se transformam em meios e formas reproduzíveis dos atributos informacionais comunicacionais. Teremos, então, distintos desenhos das estruturas sociais e da estrutura da informação que, para efeito didático, foram demarcadas nas suas diferenças para entendimento de processos e não somente a partir de modelos preestabelecidos.

Essas estruturas sociais se fundem sem apelo às classificações do conhecimento, embora se fundamentem na complexidade da memória coletiva do conhecimento socialmente adquirido e transmitido. Pode-se pensar, com lógica, que os elementos das estruturas da informação, das significações linguísticas, assim como as metáforas e metonímias, são dotadas no corpo das estruturas simbólicas, que são produtoras de estruturas de registros para acesso à informação. A estrutura da metáfora oferece qualidades comunicacionais, efeitos de leituras (Seixo, 1995) e significados da experiência linguística em tempos, espaços e sociedades diversas.

O estudo que vincula a leitura da informação específica com sonoridade linguística à estrutura das metáforas e à estrutura social sustenta a correspondência da palavra à estrutura documental e à estrutura informacional do objeto tratado. "Uma palavra não poderia 'significar' uma coisa se não houvesse pelo menos uma identidade parcial entre as duas" (Cassirer, 1977, p. 186). A respeito da memória, a aptidão humana construtiva (Candau, 2005), conseguimos compreendê-la melhor se considerarmos a estrutura social da memória. A estrutura social da memória, organizada em dimensões humanas diversas (inconsciente, consciente e com intencionalidades claras), é predominante na aptidão comunicativa humana, e indica a memória social presente no "organismo social" (Leroi-Gourhan, 1964 apud Candau, 2013, pp. 27-28). Nesse caso, abordamos o que é específico no argumento a respeito dos elementos estruturais sociais e essas especificidades relacionam-se com as produções agrárias e industriais e com a representação contida na documentação do Café. Construindo essa análise, estaremos admitindo a aptidão crítica da leitura da informação ao simbolizar o passado em estado da nostalgia comumente invocada na história regional do Café. Além disso, destacam-se e constatam-se o estado de felicidade relacionado ao consumo da bebida, o estado da melancolia moderna e o estado da crítica do pensamento e, por último, a aptidão de reconstrução da Imagem (informação visual), que implica em variáveis da memória amnésia/esquecimento/frugalidade/perturbações/dores. Candau (2013) ainda introduz o elemento da expressão "memória prejudicial" (Freud, 1972 apud Candau, 2013, pp. 28-31) para remeter à lembrança/restituição e recalque. O poder da palavra atravessa as necessidades, as atividades do artifício, do artefato e da sociabilidade: "A comunicação humana é um processo artificial. Baseia-a em artifícios, descobertas, ferramentas e instrumentos, a saber, em símbolos organizados em códigos" (Flusser, 2007, p. 89). Devemos observar o processo mediador da leitura e as estruturas informacionais como elementos da tese da significação da palavra e as similaridades. Vimos que possuímos desenhos distintos que se referem à estrutura social, à estrutura documental e à estrutura informacional.

ESTRUTURA DA LINGUAGEM Qualidades comunicacionais e significados da experiência da representação	ESTRUTURA SOCIAL Memória Coletiva e Memória Individual
• Aptidão Construtiva	• Inconsciente • Consciente/Intencionalidades/Linguagem
• Aptidão Comunicativa	• Memória Social no "organismo social"

ESTRUTURA DA LINGUAGEM Qualidades comunicacionais e significados da experiência da representação	ESTRUTURA SOCIAL Memória Coletiva e Memória Individual
• Aptidão Crítica	• Simbolizar o Passado • Estado da Nostalgia • Estado de Felicidade • Estado da Melancolia • Crítica
• Aptidão de Reconstrução da Imagem	• Saúde Física e Saúde Mental • Amnésia/Esquecimento/Brutalidade • Perturbações/Dores • Recalcamento – "memória prejudicial" (Freud, 1972 apud Candau, 2005, pp. 28-31) • Lembrança/Restituição
ESTRUTURA DOCUMENTAL	**ESTRUTURA INFORMACIONAL**
• Instituições e Produção – Organização de Acervos Permanentes • Documentos e Acontecimento Registrado	• Memória e Leitura visual • Imagem Memorial
• Leitura sígnica do documento	• Linguagem • Cognitiva • Sensorial
• Recriação do passado por meio das codificações de acesso ao documento • "Imagem Memorial"/Registrada/"fidelidade" ao passado	• Dimensão mediada pela cognição no processo da leitura

Quadro 7. Mediação da Estrutura da Linguagem e Estrutura Social/Estrutura Documental e Estrutura Informacional. Adaptado a partir de Candau (2005, pp. 27-28)
Fonte: a autora (2017)

Na análise em curso, a tecnologia estabelece o elo entre as estruturas linguísticas e sociais e não está focada na discussão sobre a natureza da Ciência da Informação, embora a área se preocupe com os seus laços determinantes, como esclarece o professor Malheiro da Silva:

> [...] A dinâmica inerente à Ciência não poderá reforçar uma tendência, que há cada vez mais gente a promover, para a integração ou fusão da CI com os Sistemas de Informação,

as Ciências da Computação e outras disciplinas conexas? E a mesma dinâmica não poderá, também e em alternativa, seguir uma via que leve à proposta complexa e ousada da Cibersemiótica de Soren Brier, definida como teoria transdisciplinar de informação, cognição, comunicação significante e interação entre natureza e cultura (Silva, 2016, p. 19).

Em diferentes níveis de estrutura da mediação da linguagem e estrutura social, apresentam-se as instituições curadoras da memória em Brasil, Itália, Portugal e Turquia e indicando, em quadro, as correspondências de dados coletados e combinados, ou que se caracterizem como extensões da guarda e preservação de acervos nas regiões impostas pelas demarcações administrativas, essencialmente culturais.

Pretendemos, assim, obter reflexões e dirigir o olhar para a constituição de arranjos e classificações documentais das instituições e/ou entidades na sociedade, ou de uma política cultural pública em que há virtualidade sistêmica de significações e recriação na gestão da informação.

Além disso, na esfera das políticas e gerenciamento de acervo, verificam-se os problemas com a dispersão da informação-documento em Arquivos, Bibliotecas e Museus, particularizados em cada história e funções das instituições pesquisadas. Por um lado, a Ciência da Informação possui real talento na aplicação de procedimentos técnicos — coleta, seleção, organização e preservação da informação — para o acesso informacional alargado ao público; por outro, ela é aprisionada pelos limites de sua racionalidade organizacional. Não raramente há dificuldades de aprofundamento das noções mediáticas das linguagens documentárias frente à adoção de sistemas eletrônicos, na substituição da gestão de fundos por folksonomias e interoperabilidades edificadas nas diferenças culturais (Ministério do Planejamento, Orçamento e Gestão, 2012).

As ações originadas nas mediações profissionais, com viés de análises e intervenções dos contextos culturais específicos, demonstram-se ricas em possibilidades de transformação do conhecimento no âmbito comunitário. Por isso, pode-se pensar no uso da apropriação da informação de forma ampla pelos sentidos humanos. Elas são valorizadas no momento em que há a procura do sujeito para a transformação do conhecimento.

As ideias das vias ou corredores imaginados são expressões linguísticas e nelas conjugam-se o tempo e o espaço simultâneos a fatos nos territórios. As pesquisas que se orientam pelo conceito das dinâmicas econômicas e das análises das "culturas organizacionais são associadas a um espaço que possui dinâmica própria e a uma realidade temporal específica" (Muzzio & Costa, 2012, p. 1). Esse é o caso porque trata-se de categorias que não são suspensas na virtualidade, provocando um sentido estéril da informação, embora deem referência aos espaços demarcados pelos poderes constituídos das estruturas espaciais, locais, da conquista dos continentes, do mundo material mecânico e das suas representações uníssonas descritas nas formas expressas e temporais. Na lista a seguir, estão elencadas, para efeito de exercícios, algumas fases de reconhecimento dos termos (informações) relacionados à evolução tecnológica no recorte do plantio do Café, dominado e destinado, na agricultura, no lugar, nas formas e instrumentos (Mazoyer & Roudart, 2010, p. 44; Argollo, 2004, pp. 61-105; Mayer, 1924), para os corredores dos instrumentos e corredores regionais, locais e das localidades:

- **Instrumentos e atividades rurais (não representativo da totalidade deles)**
- Arado
- Pilão manual
- Pilão mecânico movido à roda hidráulica
- Monjolo de rabo, "máquina primitiva para beneficiamento do café" (Campinas, SP, 1840)
- Ventilador simples *Lidgerwood*, entre outras patentes
- Máquina de despolpar
- Máquina para despolpar
- Máquina para selecionar
- Catador inclinado *Arens & Co.*, entre outras patentes
- Separador
- Tipos de lavouras descritas em Portugal: Arroteira, surriba e alqueire. Mecanização. Motorizado
- Charrua de um só ferro próprio para lavoura de arroteia
- Charrua "Brabant", Charrua "Eckert", Charrua de balanço, Charrua de dois ferros, Charrua de três ferros, Charrua de discos, Charrua de volta-aiveca, Charrua de abrir valas; Grade de discos, de dentes, grades rígidas, de molas, de Acme, de planet etc.
- Escarificador, rolo compressor, rolo destorrador

- Vallador Martin, semeadora Planet, semeador em linhas de tração animal, semeador de milho
- Derrubada da mata virgem, queimada, empobrecimento do solo
- Lavrar. Pulverizar e arejar
- Adubação, aleia, aração
- Ruas e Culturas intercalares
- Beneficiamento
- Cafeicultores, finqueiros
- **Local da Região**
  Fazenda, sítio, porto e cidade
- **Localidades, regionalidades, arredores**
  Terreiro, armazéns, casa de máquinas, curral, pasto, pátio, estrada, picada, cerca, córrego, matas, muros, ruas, praças, estação

Assim, Muzzio e Costa (2012) expressam-se a respeito da compreensão de tempo e espaço dissociados, o que denota a categoria de simultaneidade:

> Tradicionalmente, o tempo foi um critério usado para separar acontecimentos e o espaço foi um critério útil para separar corpos e objetos. Na sociedade contemporânea, com a expansão da comunicação, das redes de transmissão de dados, o surgimento da virtualidade, por exemplo, o tempo adquire valor. Atualmente, tempo e espaço já não estão imbricados. Acontecimentos em diferentes contextos geográficos não são impeditivos para a conexão das ações sociais em virtude da compressão do tempo-espaço (Giddens, 1990) ou, como prefere Harvey (1992), do aniquilamento do espaço pelo tempo. Tais concepções contemporâneas, que desvinculam tempo e espaço, são objetos de variadas facetas de observação que se encontram justamente na possibilidade de acontecimentos simultâneos e vinculados em diferentes contextos espaciais (Muzzio & Costa, 2012, pp. 1-19).

As referências do primeiro relato sobre a entrada da rubiácea no Brasil (1727), que mais se aproximam dos efeitos morais e da imaginação da literatura romântica de Balzac (1799-1850), distinguem-se dos estudos técnicos da agricultura do Café na luta dos ciclos climáticos para seu plantio.

No tempo da travessia para o Iêmen, dos mercados na Europa, das proibições do consumo da bebida na Turquia e quando se espalhou para o mundo ainda nos tempos da Conquista, conformaram-se as bases comuns e referenciadas pelos autores sobre o Café.

A impossibilidade de reconstrução dos elos perdidos da cultura agrária, da relação do homem do campo com a natureza, depende da dedicação dos mediadores para forjar a dimensão virtual da leitura das coisas do mundo, com o sentido da memória semântica. A base estrutural da leitura do Café está na simultânea capacidade do sujeito de interagir com o escopo da imagem memorial e a capacidade biológica dessa espécie de demonstrar o êxito cultural das revoluções humanas de caráter agrícola, industrial e comercial a partir do século V.

Nas considerações de que a informação é sustentada por documentos, ou registros documentais, compreende-se que a virtualidade pode relatar e ressignificar sentidos na dimensão eletrônica para compreensão e uso da terra, do comércio e a movimentação transmarítima para fixação de povos, dos significados, além das representações gráficas por eles assinaladas.

• Manutenção da rotina do plantio	• Replantio • Cultura intercalada • Capina
• Intensificação da produção	• Verificação do solo: edafização (processo geológico de transformação do solo) • Adubação: combate à erosão • Poda • Controle das adversidades climáticas • Combate às doenças e pragas • Fator de Produção
• Preparo do produto	• Colheita, despolpamento, secagem, benefício e armazenamento
• Preparo do alimento	• Preparo da infusão

Quadro 8. Traços culturais de plantio. Agentes e atividades na lavoura do café.
Fonte: a autora (2017). Baseado em Camargo & Telles (1953)

A dimensão virtual da informação estruturada une as noções de Espaço e Tempo, como demonstrado no Quadro 8, compreendendo o fenômeno da informação, em sua temporalidade, como composto por elementos estruturais nos territórios e nas regiões dos países selecionados dos traços culturais de plantio e seus agentes em atividades na lavoura do Café[19].

No século XX, no âmbito das Ciências Sociais, a discussão do espaço, território e local tomou forma nos valorizados conceitos da relação Espaço--Tempo e trouxe questionamentos a respeito de categorizações sociológicas do trabalho rural. Espaço, Território, Territorialidades, Região, Regionalidades, Agentes e "gente" (Ianni, 1999, p. 39) são categorias frequentes em nosso trabalho por tratarem das relações humanas da sobrevivência, produção do trabalho e consumo, assim como os deslocamentos nos territórios frente às hierarquias sociais.

Ao analisar o chamado "fim da categoria *campesinato*" na história contemporânea do meio rural, com base nos pressupostos de Ianni (1999), analisa-se, por meio da distinção e da comparação da aplicação de termos usuais na Ciência da Informação, e retoma-se a categoria *Agentes* para nomear forças humanas e de grupos de interesses econômicos e políticos na intervenção produtiva em localidades rurais. São agentes aqueles que sofreram modificações da identidade no âmbito das determinações econômicas, políticas e sociais no tempo histórico. Além da pessoa, há ação, profissão ou habilidades que a caracterizaram com um agenciador de eventos, produtos, negócios etc.

Na atividade executada em contextos tão diversos e na presença dos trabalhadores da terra, pedreiros, mascates, operários, pintores, artistas, armadores, costureiras e cozinheiras, avançamos na fundamentação dos conceitos, unidos pelas visões críticas das Ciências Sociais contemporâneas, que admitem as influências das condições de sobrevivência humana e das tecnologias como inevitáveis nas transformações sociais, nas concepções culturais e nas proposições das transformações coletivas.

---

[19] Essa simplificação entre informação material e imaterial foi desenvolvida para comunicar um processo de criação de produtos como infografia e produtos que serão apresentados nos capítulos 5 e 6.

	TERRITÓRIOS	CORREDORES	CONTEXTOS: FORÇA MOTRIZ – AGENTES – SIMBOLOGIAS		
E S T R U T U R A S O C I A L		Produção Regional	Animal – Trabalho Humano Natural – Mecânica		
		Territórios Circulação	Etiópia – Arábia		
			Meca – Iêmen – Índia – Turquia		
			França – Áustria – Holanda		
			Itália – Portugal – Índias Orientais América - Brasil		
	Intermediário	Classes Sociais	Escravos – Imigrantes		
			Trabalhadores livres		
			Patrões – Produtores		
			Operários e Proprietários de terra		
	Social	Simbólico	Cristianismo Islamismo	Elites Religiosas	Donos de terra Latifundiários Oligarquias
	Identidade Cultural	Social	Trabalhadores livres nas fazendas de produção do café. Desenvolvimento da Estrutura Social. Cidade e Campo. Séc. XX		
	Agentes		Identificados como protagonistas: os proprietários e os trabalhadores rurais, seus descendentes, trabalhadores da infraestrutura da produção cafeeira (engenheiros, ferroviários, agentes comerciais, agentes bancários, médicos da assistência às comunidades rurais, marceneiros, ferreiros, encanadores etc.), agentes religiosos		

Quadro 9. Infografia do Café – Espaço
Fonte: a autora (2018)

3.1.1 Informação estruturada e as bases teóricas da Ciência da Informação

Na base epistemológica da teoria das Ciências Sociais, envolvem-se as questões que são, a priori, ações humanas do continuum da história social. As afirmações produzidas e as discussões sobre a Ciência da Informação, como definição de ciência teórica e prática, indicam a sua episteme[20], na ordem do saber, conhecimento e habilidades abrangentes nas áreas da classificação e mediação da informação. As abordagens sobre documentação e informação referem-se aos conceitos destinados (endereçados) à informação registrada, sempre em suportes distintos e correspondentes à invenção tecnológica de seu tempo.

Para entendermos as bases da Ciência da Informação, área vinculada às Ciências Sociais Aplicadas, os conceitos ficam mais transparentes se construirmos a análise pela perspectiva histórica da organização do conhecimento científico e da compreensão do paradigma epistemológico na continuidade do pensamento. Daí, recuperam-se as tradições no campo da investigação da Filosofia e da História. Nesse nível de compreensão, fundam-se as bases teóricas e críticas da Ciência da Informação e elas se chocam com outras, cujo entendimento advém das tecnologias (anos 40, pós-guerra e anos 60-70), quanto foram minimizadas as razões da importância da socialização do conhecimento, priorizando as rupturas provocadas pela revolução tecnológica digital.

Por décadas do século XX, a Ciência da Informação permaneceu marginalizada no âmbito das unidades informacionais setorizadas pelos métodos da Biblioteconomia, Arquivologia e Museologia. Para Capurro, destacam-se dois pontos de reflexão, mas que não podem ser compreendidos de maneira maniqueísta. Se em um dos lados reconhecermos a matriz do pensamento humanizado, extensivo aos procedimentos da organização do conhecimento, no outro lado compreende-se como se dá a informação socialmente transformada. Desta dicotomia, em qual plano cognitivo do usuário será necessário o desenvolvimento do respeito ético de recepção da informação a partir do plano tecnológico?

O objeto social da Ciência da Informação — análise do fenômeno da informação e mediações transformadoras das consciências — contextualizado, manejado, submetido às recriações humanas e disponibilizado em sistemas apropriados, associa a memória semântica à liberdade de criação e, por isso, temos a informação como fator condicionante para a geração do conhecimento.

---

[20] "Epistéme: Ciência; conhecimento teórico das coisas por meio de raciocínios, provas e demonstrações, conhecimento teórico por meio de conceitos necessários (isto é, daquilo que é impossível que seja diferente do que é; o que não pode ser de outra maneira, ser diferente do que é) e universais (isto é, válidos para todos em todos os tempos e lugares). Opõe-se à *empeiría*. O verbo *epístamai*, da mesma família de epistéme, significa: saber, ser apto ou capaz, ser versado em (portanto, inicialmente, este verbo não distinguia nem separava epistéme em empeiría, mas referia-se a todo o conhecimento obtido pela prática ou pela inteligência, referia-se à habilidade). A seguir, passa a significar: conhecer pelo pensamento, ter um conhecimento por raciocínio e, com Aristóteles, passa a significar investigar cientificamente" (Chauí, 2002, p. 500).

Considera-se, assim, que as áreas subjacentes à Ciência da Informação — Arquivologia, Museologia e Biblioteconomia — possuem autonomia científica e são correlacionadas no âmbito da complexidade do pensamento moderno. Elas interagem no sentido da crítica das potencialidades da Organização da Informação e da dinâmica imposta na realidade social global.

Em relação às diferenças contextuais sociais, econômicas e culturais das regiões e territórios, que deram origem a instituições curadoras de acervos, merecem ser pautados no âmbito da discussão dos avanços das ações institucionais (do Museu, Arquivo e Biblioteca) aqueles projetos que tomam os sentidos da linguagem própria da natureza de seus acervos para nortear os desejos do leitor. As boas práticas de mediações tecnológicas e de "[...] divulgação de documentação sobre minorias étnicas e projetos de terminologia inclusiva, num reconhecimento objetivo de formas de desenvolver a voz de comunidades [...]" (Silva, Borges, & Espírito Santo, 2023, p. 1), deixam de ser retóricas na identificação do objeto da Ciência da Informação.

Assim, voltando ao Café, os sentidos polissêmicos de uma só palavra — "café" —, como termo simbólico das relações universais na trajetória estimada em 700 anos, foram replicados na produção rural e urbana. Ele torna-se um objeto de pesquisa e reflexão dos paradigmas conhecidos no âmbito da Ciência da Informação e das humanidades. Uma vez ampliado socialmente o consumo do Café e disponibilizado para circular em locais que fortalecem as aproximações humanas, no sentido plural, criam-se narrativas das trajetórias do grão processado em fazendas, do líquido saboreado nos locais domésticos, públicos e privados, que foi ritualizado nos palácios e barracos, bebido nos intervalos nas indústrias, servido nos mercados, em barracos e palácios.

Assim, a pesquisa buscou realizar a revisão bibliográfica e propor uma leitura do fenômeno informacional do comportamento do produto agrícola, direcionada às ampliações conceituais sociais críticas como as já mencionadas como estrutura social e estrutura informacional. A pesquisa, dessa maneira, teve como objetivo demonstrar o uso em produto dos sistemas organizacionais da informação e critérios de análise documental expandido em culturas tão diversas na experiência da palavra "Café". Através da comunicação garantida por meios digitais e oriunda da linguagem natural, o Café é percebido por ser usado, bebido, transita entre continentes e constitui-se em situações particulares nas relações sociais. Possui, ainda, características simultâneas e, quando isolado, recebe a neutralidade da origem natural, identificada na ruptura das diferenças sociais. O sujeito consome Café espontaneamente. É bebida compartilhada entre pessoas e grupos.

Plantar Café com técnicas modernas é diferente de plantar Café com meios tradicionais. Beber Café em grupo é diferente de beber Café solitariamente. Consumir chá ao invés de café são gestos em culturas diferentes historicamente desenvolvidas (China, Turquia, Índia, Inglaterra, Japão etc.). Com ele, permite-se observar a trajetória da cultura híbrida, e foi no percorrer da história da ocupação do poder no Oriente Médio, até a modernidade na Europa, que as chances do desenvolvimento da América Latina tomaram a Colônia do Império Português para tornar-se um país do tamanho da complexidade moderna e, talvez, de atrasos sociais inaceitáveis e na miséria socializada.

O que representam essas diferenças, ou semelhanças culturais, nas inserções sociais das áreas da memória se não exercermos as aplicações destinadas aos usuários? Os usuários globalizados, universalizados pela internet, recebem as informações de maneira homogênea ou heterogênea? Respeitam-se as particularidades cognitivas de usuários presenciais ou das plataformas digitais nos programas disponíveis e sites? As particularidades contextuais da cultura estão inseridas na problematização temática da inserção dos interesses dominantes ou da socialização informacional? Os critérios iniciados pelo sentido da descolonização do pensamento pressupõem a inserção da linguagem inclusiva; todavia, a questão territorial é fundamental para o início de um processo de análise social e expansão da linguagem, da organização e mediações possíveis.

O Prefácio do livro *A era do globalismo*, de Octavio Ianni (1999), merece ser reproduzido aqui. Mais do que uma citação, os argumentos do autor são primordiais e funcionam como panorama das estratégias desenvolvidas na pesquisa que, associadas aos conceitos de Regiões, Territórios e Territorialidades, Regionalidades e Espaço, correspondem aos argumentos dos paradigmas sociais da Ciência da Informação e às necessidades de interpretação documental e se articulam:

> O mundo entrou na era do globalismo. Todos estão sendo desafiados pelos dilemas e horizontes que se abrem com a formação da sociedade global.
>
> Essa é uma realidade problemática, atravessada por movimentos de integração e fragmentação. Simultaneamente à

> interdependência e à acomodação, desenvolvem-se tensões e antagonismos. Implicam tribos e nações, coletividades e nacionalidades, grupos e classes sociais, trabalho e capital, etnias e religiões, sociedade e natureza. São muitas as diversidades e desigualdades que se desenvolvem na sociedade global. Algumas são antigas e outras recentes, surpreendentes. Para compreender os movimentos e as tendências da sociedade global, pode ser indispensável compreender como as diversidades e desigualdades atravessam o mundo.
>
> O globalismo naturalmente convive com várias outras configurações fundamentais de vida e pensamento. O tribalismo, o nacionalismo e o regionalismo, assim como o colonialismo e o imperialismo, continuam presentes em todo o mundo. Mas todas essas realidades adquirem outros significados e outros dinamismos, devido aos processos e às estruturas que movimentam a sociedade global.
>
> Esse é o vasto cenário em que se formam e recriam correntes de pensamento de alcance global. Elas podem ser indispensáveis para que se possa explicar, transformar ou ao menos imaginar o que vai pelo mundo (Ianni, 1999, p. 7).

Durante a década de 1990, as Ciências Sociais observaram, com olhos mais críticos, o avanço da globalização, como afirmado por Ianni (1995). Apesar da revelação das diversidades (Ianni, 1999), o lugar, a província, o país, a região, a ilha, o arquipélago ou continente teriam a oportunidade de incluir, no trânsito da informação, as diferenças culturais. Observamos as prerrogativas da democracia no conhecimento em tempos tão sombrios vivenciados pelo Brasil (2018-2022) e a nação, o país e o mundo presenciaram o avanço do conservadorismo, o desmonte de sistemas de informação públicos — como os ocorridos no Brasil no Arquivo Nacional e fechamento da Cinemateca Brasileira —, além do desvio de verbas públicas destinadas à Educação de qualidade e para a implementação de métodos ensino.

Da concepção jurídica de direito informacional[21], criada pelos governos democráticos, após a Constituição da República Federativa do Brasil, de 1988, voltados para a política cultural pública, percebe-se o espelhamento da cultura da organização, analógica e imersa na virtualidade, de caráter

---

[21] 1. LEI No 8.159, DE 8 DE JANEIRO DE 1991. Dispõe sobre a política nacional de arquivos públicos e privados e dá outras providências; 2. LEI Nº 12.527, DE 18 DE NOVEMBRO DE 2011. Regula o acesso a informações previsto no inciso XXXIII do Art. 5º, no inciso II do § 3º do Art. 37 e no § 2º do art. 216 da Constituição Federal; altera a Lei nº 8.112, de 11 de dezembro de 1990; revoga a Lei nº 11.111, de 5 de maio de 2005, e dispositivos da Lei nº 8.159, de 8 de janeiro de 1991; e dá outras providências (Governo Federal. Casa Civil, 1991).

sistêmico político e ideológico, que nos preenche de esperanças e também se adapta aos meios revolucionários da tecnologia digital, dos efeitos da Revolução Eletrônica, como profetizava McLuhan (2009).

3.1.2 Leitura documentária

A leitura documentária, aquela realizada na seleção documental das instituições curadoras, contempla a leitura do documento, a identificação das partes do texto e a capacidade de quem lê com a intenção de compreender toda a unidade documental e extrair o termo adequadamente do corpus textual para fins comunicacionais. Mas o que é e como se faz isso? Como associar os termos aos contextos num oceano de informações? O procedimento dá-se pelas técnicas usuais de extração do termo (ou palavra-chave) de "forma assíncrona e multidirecionada" (Silva & Ribeiro, 2002, p. 37 apud Silva, 2016, p. 24).

O termo extraído da documentação do Café e ajustado aos interesses das categorias estabelecidas é confiável para o entendimento amplo e socializado? O termo é preciso e serve para compor as classes e submetáforas dos corredores do Café? Todas as perguntas são feitas durante a leitura dos documentos, e acredita-se que nos acervos das instituições estão as informações relevantes. O processo de leitura documentária poderá variar porque depende da superestrutura textual e da identificação da tipologia documental específica das espécies documentais, fundadoras da classificação dos fundos. A atenção do leitor, do pesquisador, deverá considerar as informações mais relevantes do documento, que podem vir na introdução ou na conclusão do texto-referente. Esse processo encontra-se nos estudos sobre superestrutura textual compreendida na Análise Documentária e das narrativas:

> A elaboração de resumos, como já foi dito anteriormente, supõe a compreensão de textos e a seleção de informações com base na hierarquização. No modelo de Van Dijk e Kintsch (1983), a superestrutura é um elemento fundamental para a compreensão dos textos porque: a) ele tem caráter convencional, sendo conhecido e reconhecido por uma comunidade linguística; b) a superestrutura configura-se como um esquema abstrato que estabelece a ordem global de um texto e se compõe de uma série de categorias, cujas possibilidades de combinação se baseiam em regras convencionais. O domínio das superestruturas permite um

processamento top-down potente, porque a leitura faz-se a partir de hipóteses e não pela construção do sentido através de processamento bottom-up (Van Dijk, 1992). Alguns estudos já demonstraram que os bons leitores reconhecem as superestruturas textuais e tiram proveito das mesmas para compreender textos. Tais estudos demonstraram, também, que se pode ensinar os indivíduos a identificar e utilizar com sucesso as superestruturas (Meyer citado por Erliche Tardieu, 1991, p. 186) (Kobashi, 1997, p. 206).

Além da leitura documental, consideramos o modelo de análise textual e, também, recorremos ao Método Quadripolar no sentido de estabelecer as condicionantes de ordem metodológica, isto é, se as subtemáticas dos corredores do Café estão ou não pautadas em critérios epistemológicos e se fazem, ou não, sentidos no processo de organização. O polo técnico, que foi referenciado no primeiro capítulo deste estudo, foi associado às preocupações da capacidade interpretativa do leitor. A conectividade entre usuários, a partir da leitura digital, poderá ocorrer ou derivar a recuperação da informação eletrônica apesar de, por vezes, apresentar-se descomprometida da qualidade informacional ou da busca facilitada de acordo com a realidade de quem pesquisa. O paradigma ético e social da Ciência da Informação (Capurro, 2003), de base teórica, talvez mereça mais aprofundamento porque ainda não está inserido devidamente na análise das diferenças culturais e sociais. Pode também ocorrer algo aos moldes do acaso favorecer das imprecisões, distorções terminológicas, decorrentes da ausência de coesão textual.

Assim, a leitura favorece a extração do que se interessa para compor uma listagem simples de termos, baseada em experiências já realizadas com anotações dos termos em ordem alfabética, substantivos simples, compostos e próprios (nominais).

Para um processo de indexação profissional, das técnicas exigentes no âmbito institucionalizado, pede-se que se cumpram etapas fundamentais na aplicação dos procedimentos técnicos, confiantes na capacidade de investigação e síntese de quem executa a ação na leitura documental. As categorias geográficas, uma vez formadas no resultado das atividades agrárias, são representadas nos termos correspondentes aos processos do trabalho especializado do trabalhador da terra. Sem dúvida, do ponto de vista do profissional da informação, houve espelhamento da metodologia aplicada às classificações arquivísticas, para se recriar categorias operativas do contexto da produção agrícola e circulação da mercadoria.

3.2 Leitura documentária com a intenção de selecionar termos e concepções de espaço

3.2.1 Categorias geográficas do espaço

3.2.1.1 Espaço: Terrestre, marítimo e espacial (espaço geográfico); Espaço arquitetônico – corredores das construções, das casas, corredores das edificações; Espaço Rural das fazendas – glebas, terreiros, campos; Espaço Urbano das cidades – lojas, barracas, mercados, ruas; Espaço intermediário; Espaço marítimo.

3.2.1.2 Território: Define-se em função das categorias do espaço, tempo e produção. São imaginados, desenhados, medidos; Território – relacionado à terra; Território – relacionado à política, à geografia e geopolítica.

3.2.1.3 Região: Região administrativa – definida em razão das categorias do tempo histórico. O tempo das razões socioeconômicas e políticas; Região geográfica – definida no tempo por razões socioeconômicas, políticas e naturais; Região cultural – definida no tempo por razões socioeconômicas, políticas e naturais; Agentes (seres humanos, trabalhadores, patrões, negociantes, mulheres, homens, crianças, adultos).

Dessa forma, as categorias sociais são definidas a partir da compreensão do texto documental e elas são operadas na identificação do elemento recorrente na categoria humana, o Agente, compreendendo-o como um indivíduo da atividade pretérita ou em curso no tempo real do trabalho. É o sujeito da ação, aquele que produz no espaço do campo, no mar, no espaço rural, urbano ou marítimo, que faz circular, aquele que vende, idealiza, registra, representa, reproduz, transforma e representa com ferramentas, com arte, e encerra os processos.

Os elementos que preenchem os corredores temáticos, envolvendo o espaço e os territórios, têm seus signos compreendidos a partir de demais signos na relação da consciência do mundo e da sociedade. Os signos, assim como os significados, não são universais, tampouco a língua.

A sistematização lógico-semântica das linguagens de processos de indexação resulta, se assim construídas, nos vocabulários controlados, tesauros. Por isso, na indexação de acervos é importante fundamentar o que tem sido realizado junto a especialistas da linguagem. Lembramos que as linguagens de indexação não devem ser confundidas com os instrumentos produzidos aqui, nas particularidades da sustentação da coleta e interpretação das informações sob a luz das categorias de Espaço e Tempo.

As Linguagens Documentárias, formalizadas nos procedimentos técnicos usuais nas instituições curadoras, almejam a construção de catálogos virtuais ou impressos. Segundo opiniões de profissionais que atuam na linha da representação da informação para manter a atividade da elaboração de catálogos esse processo deve ser arranjado em uma ordem conhecida (alfabética) e estruturada segundo relações linguísticas, lógicas, ontológicas e associativas, mas estruturadas nas significações das classes e já orientadas e aplicadas nos acervos referentes a cada arquivo em questão na pesquisa. Há, então, domínios e subdomínios tratados nas discussões do grupo para a construção da lista de termos. Entendemos, nesse estudo, por domínio a linguagem a respeito dos contextos do Café e por subdomínio as relações que deles possam surgir.

O processo figura como uma rede de palavras preferenciais, priorizadas no documento em leitura para que sirva de mediação entre o indexador (pesquisadores) e os usuários (ou utentes). Objetiva-se, nesse caminho, a interação com o sistema de recuperação da informação direcionado na pesquisa documental para a realização de produtos em formato digital. A articulação das classes priorizadas e a sistematização do conjunto de termos extraídos do documento, por classes e categorias em ordem alfabética, desenham corredores comunicantes entre a imagem e a palavra.

THESAURO	
Exemplos extração inicial de termos técnicos relativos ao Café	
EMBRAPA Base: THESAGRO (Thesaurus Agrícola Nacional)	
Informações sobre extração de termos	
Expressão de Pesquisa: CAFÉ Total de registro(s) encontrado(s) no THESAGRO: 7	
Níveis dos elementos: Ontologias; Classes; Subclasses	
Lista de termos	
(1/7) THES/BINAGRI	(7/7) THES/BINAGRI
CAFEEIRO	
USE CAFÉ	
(2/7) THES/BINAGRI	

CAFÉ ROBUSTA	CAFÉ
	UF CAFEEIRO
(3/7) THES/BINAGRI	BT PLANTA ESTIMULANTE
CAFÉ NOVO MUNDO	NT CAFÉ CATUAI
BT CAFÉ	NT CAFÉ CATURRA
(4/7) THES/BINAGRI	NT CAFÉ ICATU
CAFÉ ICATU	NT CAFÉ NOVO MUNDO
BT CAFÉ	NT CAFÉ ROBUSTA
(5/7) THES/BINAGRI	RT COFFEA ARABICA
CAFÉ CATURRA	RT COFFEA CANEPHORA
BT CAFÉ	RT CAFEICULTURA
(6/7) THES/BINAGRI	RT CAFEZAL
CAFÉ CATUAI	RT CASCA DE CAFÉ
BT CAFÉ	

Quadro 10. Território. Representação para o desenho do corredor terminológico e científico

Fonte: construção dos corredores do café tomando como referências tesauro de agricultura, Empresa Brasileira de Pesquisa Agropecuária (EMBRAPA, 2017)

Termos extraídos dos documentos Textuais	Equipamentos Domésticos	Equipamentos Agrários	Atividades Agrícolas
Bacia		Agulha	Arado
Bacia ferro		Arado	Arrancagem
Bacia ferro batida		Arreio	Batimento
Balde		Arriagem	Beneficiamento
Balde de zinco		Barrica	Capinagem
Balde saco farinha		Bomba	Carpa
Bandeija		Canga	Carreto
Bucha		Canivete	Cavação (NE = fazer cova)
Cafeteria		Carimbo	
Caldeirão		Carpideira	Cobrindo replanta
Caneca		Carretela	Coleta
Caneca japy		Disco	Colheita
Casçarolla pesça		Enxada	Coroação
Chaleira		Enxadão	Correndo café
Colher de estanho		Fechadura	Espalhação
Colher de ferro		Lima	Espalhamento
Concha		Machado	Peneiração
Concha de estanho		Machina	Picamento (NE = picar, cortar em pedaço)
Espumadeira		Machina [d'agua]	
Faca		Prego	
Facão		Revolver	Plantação
Faccão		Sella	Plantio
Frigideira		Serra	Poda
Funil		Tarracha	Replanta
Garfo			Safra (NE = período da colheita)
Garfo de estanho			
Garrafa			Transposição de folhas [troca de folha]
Garrafão			
Garrafão vazio			
Jacás			
Lamparina			
Louça			

Termos extraídos dos documentos Textuais	Equipamentos Domésticos	Equipamentos Agrários	Atividades Agrícolas
Peneira fubá Prato Tacho de ferro batido Tijelas			
Vocabulário Controlado	NE	Nota explicativa	

Quadro 11. Região e Local. Levantamento parcial e experimental de termos extraídos de fontes documentais do acervo da Fazenda Santa Cecília, Cajurú, São Paulo

Fontes: construção dos corredores do café. Projeto para Vocabulário Controlado do acervo documental Centro de Documentação da Fazenda Santa Cecília, Cajuru, SP, 2012. Observamos que os termos foram extraídos dos documentos de acordo com a grafia original e transcritas para Excel. No quadro referido foram preservadas as anotações de quem os coletou.

Na figura a seguir, percebe-se que a base da estrutura da informação significante dos corredores simbólicos está na construção metafórica de expressões da linguagem e possui termos descritores (das teorias das Representações Descritivas do texto e da imagem) e delimitação do significado das unidades conceituais em traços da palavra "Café" (T), previstas nos vocabulários controlados. As expressões "corredor do Café" e "ladrilhar os corredores", auxiliares na construção e classificação de conteúdos de diferentes significados no presente texto, assemelham-se aos sentidos de passagem, de vias, caminhos ou vetores. A exemplo de outras expressões linguísticas como "corredor ecológico", "corredor turístico", "corredor da morte", conforme já descrevemos as funções linguísticas e comunicação das expressões das metáforas, possuem significados próprios de acordo com a intencionalidade textual. Por isso, não se intenta aqui representar fielmente os documentos dos acervos, mas sim as suas expressões culturais e históricas.

Figura 5. Relações interpretativas entre os traços e termos que emergem polissemias associadas ao termo "Café". O Polo Epistemológico favorece o manejo das relações semânticas, da palavra Café, equiparadas aos sistemas Linguísticos (T3), de Produção (T3), Prático (T3) e Social (T4). Anotações em meio eletrônico

Fonte: a autora (2023)

As instituições curadoras da memória indicadas e integradas na pesquisa de campo, como já abordamos, diferenciam-se por razões iniciadas na formação dos próprios acervos administrativos e conteúdos informacionais, desde o período comercial marítimo, no mercado das especiarias do Oriente Médio, do sistema de exploração colonial, do mercado de escravos, do sistema industrial e imigração. A documentação identificada a partir do roteiro europeu, e da história para comercialização do Café, e das plantações territoriais gigantescas dos cafeeiros no Brasil, refletem os documentos de assuntos e interesses econômicos que outros países produtores ou distribuidores possuem com evidentes distinções.

A enormidade dos acervos museológicos e arquivísticos, compostos de objetos da cultura material, analisados como um sistema de símbolos, é destinada a representar e transmitir uma mensagem histórica oficial das coleções e classificações científicas e culturais do simbólico constitutivo da memória cafeeira. São entrelaçados, assim, nas espécies documentais da produção da Coroa Portuguesa, no domínio do Império Otomano e da Emigração Europeia, o que se constitui como conteúdo possível para compor a dimensão virtual.

3.3 Construção da linguagem virtual para o Corredor do Café

Os corredores documentais analógicos, se convertidos para o meio virtual, provocam, em poucas palavras, outras perguntas: como criar um método de gestão virtual de documentos que se entrelacem na leitura da temática? Além do sentido do adensamento documental (quer sejam denominados fundos, conjuntos ou coleções), como podem se tornar virtuais no sentido visual?

A primeira tentativa de manter uma direção da pesquisa no curso da história complexa, entre conceitos da produção, mercado e distribuição, foi a criação de metáforas que instrumentalizassem recortes de caráter e sentidos orientadores de pesquisas no universo documental de mais de um século no Brasil. Assim, a gestão documental manejada pelo leitor passa a simbolizar, ressignificar e reordenar a si mesma.

Designam-se aos termos, componentes das metáforas e metonímias, as funções dos significados de trabalho, produção, comércio, culturas, localidades, movimento social, solidariedade, cumplicidade, ética etc., como a criação da expressão "corredor humanitário" que, na atualidade, serve para envolver os países da Organização das Nações Unidas (ONU) nas necessidades urgentes de se destinar proteção aos refugiados palestinos, africanos, sírios etc.

O mesmo termo figura, ainda, em expressões como "corredor cultural", que viabiliza a criação, produção e distribuição, definindo o acesso público ao capital cultural; em "corredor ecológico", que evoca conceitos que represam as intenções dos biomas e microssistemas; e em "corredor metropolitano" e "corredor de ônibus", que nos provoca a pensar nos intensos problemas vividos nas cidades em decorrência dos problemas de concentrações urbanas, ocupação de áreas de risco, as conurbações entre cidades que, uma vez metrópoles, engolem os bairros de outras cidades definidas pelo ambiente rural, comprometendo os "corredores ambientais", tornando-os periféricos urbanos. Neles, ainda, pode-se encontrar o "corredor cerâmico" dos artesanatos afinados aos mais rudimentares sistemas de confecção dos artefatos de barro inseridos nos "corredores do consumo" dos produtos mais industrializados[22].

A massa da expressão da metáfora — da junção das palavras simbólicas em "Corredor do Café": o *corredor* (substantivo) + *do* (contração da preposição com significado de pertencimento) + *Café* (substantivo) — não foi adotada apenas para definir os sentidos do local físico no espaço de plantio, ou da espécie biológica *Coffea* que, dependente da natureza, não poderia se desenvolver fora dela. Por isso, os atributos informacionais de uma metáfora construída foram selecionados para designar qualidade informacional e constituírem-se em recriações temáticas (do texto, das imagens referentes à paisagem aos instrumentos de plantio, hábitos do consumo etc.) que os fazem nas propriedades do eixo institucional de curadoria documental/difusão da cultura e da memória.

---

[22] O desafio da região de Aveiro, por exemplo, de terreno barroso, era produzir cerâmica fina a partir da tradição das inúmeras fábricas do ramo que acompanha o aumento de consumo do Café nas mesas. A exigência é escalonada pelo poder aquisitivo, luxo e padrão de consumo nivelados pela industrialização que superou a cerâmica de "barro vermelho", tijolos, telhas e outros produtos consumidos também pelo setor da agricultura, e "barro branco" para porcelana, faiança e grés, azulejos, pavimentos e revestimentos, louça sanitária, louça decorativa e utilitária e porcelana para fins técnicos, segundo Pereira (2005, p. 203). "Nesta sequência evolutiva, em 1824 é estabelecida no sítio da Vista Alegre, no concelho de Ílhavo, por José Ferreira Pinto Basto, uma fábrica de porcelana e vidros, inicialmente denominada de Real Fábrica de Porcelana, Vidraria e processos Químicos de Vista Alegre, de Ferreira Pinto Basto & Filhos. A sua localização está, essencialmente, relacionada com a existência de recursos produtivos (Caetano, 1990, p. 131). A produção difundia-se pelo mercado local, região centro e vários lugares do país, assim como para os Açores, Madeira e Brasil (Caetano, 1990, p. 134). Pelo que, sendo o seu fundador oriundo de Lisboa, a tomada de decisão sobre a localização da fábrica recaiu sobre Aveiro e Ílhavo, motivada pelos recursos produtivos (mão de obra, matérias primas e combustíveis) e pela localização no centro do país, dotada de bons acessos a grandes centros populacionais como Coimbra e Porto e pela existência do Porto de Aveiro que possibilitava o escoamento da produção para locais longínquos onde o transporte apenas se poderia efectuar de barco" (Pereira, 2005, p. 217).

3.4 Quatro corredores para a organização da informação no período do Café

No interesse de investigação sobre o tema, buscamos aproximar os documentos e linguagens de representação dos arquivos, e percebe-se a multiplicidade das linhas de pesquisa acadêmica das vertentes sociais e da história. Portanto, a metodologia abre uma rede de possibilidades multidimensionais e de contenção da informação que veremos a seguir ao adotar metáforas com distintos significados:

> [...] a criação da metáfora "corredor do café" – um recurso linguístico que poderá auxiliar na delimitação de espaços geográficos físicos ou virtuais e exercer a função de mediador entre o público dos produtos organizados, a partir dos procedimentos usuais nas teorias e práticas da Ciência da Informação do período que atravessa o século XX até o XXI (Santo, 2009, p. 0).

No limiar da pesquisa, as situações emergentes das fontes documentais nos levam a perguntar sobre quais são os meios para organizar tudo isso, lançando-nos ao reaprendizado de como dispor tais dados e informações. A enormidade de dados ofertados no armazenamento tecnológico, e relativos ao contexto cultural do Café, não figura em volumes nos corredores simbólicos do Café, mas sim está presente na facilidade de trânsito criado por inventividade tecnológica. Não importando mais o suporte documental, a tecnologia não se abre para o encontro do que há nos sentidos humanos e na fusão da memória na reunião das pessoas. Segundo Paul Ricœur (2010), entende-se a narrativa das vozes como agenciamento dos fatos e o *Mythos*, que Aristóteles chama de *Mimeses*, na representação da ação e na recriação do produto mediado como recriação da memória. Na obra *Tempo e Narrativa* (2010), Ricœur trata das questões da linguagem preocupando-se com a compreensão e a narrativa, aproximando-as da sua importância para a religião e educação. O pensador contemporâneo trata da relação do tempo na vida humana verificando como se articula o tempo em nossas vidas. Josgrilberg (2019), filósofo brasileiro, discorre a respeito da fenomenologia e hermenêutica, campos de pensamento de Ricœur, e o que há na relação do percurso do sentido e sua obra. A fenomenologia, para o autor, liga-se à essência, que é o próprio sentido e possui relação com ser (existência). Contudo é o sentido que trata do que é mais permanente no pensamento, e a essência caracteriza o núcleo central das coisas do mundo. A fenomenologia, assim, procura o mais profundo, mas a reflexão nos leva a entender que não temos acesso direto às coisas. Precisamos das "coisas" mediadas e, para tanto, há considerável sintonia entre a pesquisa realizada na Ciência da Informação e o projeto de exposição de uso público, como produto de pesquisa, com ângulo multidimensional, que pode abraçar a crítica social do Café que não se restrinja às apologias. A reprodução da história econômica muitas vezes reforça a concepção linear do desenvolvimento, isenta de reflexões e questionamentos.

Figura 6. Revista *Café com Leite:* estudo. Documento/Processo, 1935–1935. PT-CMP-AM/PRI/ACC/TG.c:377(66). Estudo em aquarela para cartaz da revista *Café com Leite*, por Cruz Caldas. Propaganda impressa em papel. Coleta em Portugal, 2015. A leitura sígnica da imagem revela a significação racista

Fonte: Arquivo Municipal do Porto (2015)

Embora a comunicação jornalística se preocupe principalmente com a síntese de assuntos, o exemplo como o citado a seguir demonstra o quão delicado é o reforço dos fatos da visão da história linear:

> O Ciclo do Café foi o período no qual o produto mais importante da economia brasileira foi o café. Entre os séculos XIX e XX, o café foi o carro-chefe das exportações brasileiras e trouxe grandes mudanças políticas, econômicas e culturais para o país, como o desenvolvimento de ferrovias, indústrias e bancos e o emprego de mão de obra imigrante em larga escala.

Leia também: Ciclo da Borracha — outro ciclo da economia brasileira

> Resumo sobre o Ciclo do Café
>
> O Ciclo do Café, iniciado no século XIX e com fim no século XX, na década de 1930, foi um período de grande desenvolvimento econômico no Brasil, durante o qual o café foi o produto de maior destaque na economia nacional.
>
> O café chegou ao país em 1727 com os imigrantes estrangeiros.
>
> As principais áreas de cultivo se localizavam no estado de São Paulo: o Vale do Paraíba, comandado pelos Barões do Café, que utilizavam mão de obra negra escravizada; e o Oeste Paulista, comandado pela burguesia cafeeira, que empregou mão de obra imigrante.
>
> Para transportar e escoar o café do Oeste, foram criadas as primeiras ferrovias da história do Brasil, que passaram a cruzar todo o estado de São Paulo, ligando as áreas produtivas aos portos de exportação.
>
> O solo paulista, chamado de "terra roxa", era favorável para o cultivo da planta, que encontrou condições de amplo desenvolvimento na região.
>
> Esse ciclo econômico está atrelado ao início da industrialização brasileira, embora voltada aos setores que supriam a demanda do café.
>
> O Ciclo do Café gerou uma modernização da economia brasileira, dando também protagonismo internacional para o Brasil.
>
> A crise do Ciclo do Café está relacionada à Crise de 1929, e o fim desse ciclo econômico está atrelado à Revolução de 1930 (Campos, n.d.).

Mesmo no século XXI, podemos perceber, na superfície social, na área da educação, que não estão expostos criticamente os vetores do pensamento linear propagado na história oficial do Café. As expressões diversas dos sistemas colonial e republicana, entre eles, a mobilidade humana forçada em função do trabalho, a estrutura social conservadora e a falsa democracia racial, demonstram o funcionamento do desenvolvimento econômico inter-regional, que reforça as diferenças de classes, e a desigualdade entre os indivíduos, advindos da ideologia conservadora.

Os quadros a seguir demonstram as relações de força entre termos do tema estudado. E, mais do que isso, é possível modificá-los de acordo com o tempo cronológico em que se vive ou em que se desenham as modulações culturais do passado. O sentido didático e criativo não fere o conhecer dialético da leitura do tema. Ao contrário, impulsiona-se no sentido mais elíptico da dinâmica da realidade social na coerência disponibilizada dos meios de classificação do espaço, tratando-o com paradigma sociológico.

Mais adiante ilustramos descrição das identidades de cada corredor e as relações sociais possíveis construídos por meio de um quadro esquemático, onde se pode observar que os patrões (agentes) são definidos pelas proposições iniciais destinadas à mediação entre um tópico e outro. A seguir, realiza-se a descrição das etapas de construção dos quatro corredores.

O primeiro corredor, da organização da informação crítica da História Oficial, é aquele que advém da análise da escravidão e do trabalho livre, quando ocorreu a prática do agenciamento baseado em princípios econômicos e culturais. Para compor esse corredor, focamos na apropriação de objetos representativos das esferas familiares da oligarquia rural cafeeira e das atividades domésticas e econômicas expansivas, assim como da religião, do domínio da natureza, dos benfeitores e cientistas.

O segundo corredor, da classificação da informação museológica do Café, é aquele em que os objetos são (re)interpretados através da linguagem natural de uma sociedade, ao submeter tais objetos ao senso comum da comunicação, destinando-lhe novas denominações e classificações.

O terceiro corredor cultural, para a organização da informação da cultura material do Café, é evidenciado em relação à cultura a que pertence, no processo de contextualizar os modos do fazer no espaço (Certeau, 1994) e o sentimento de pertencimento do usuário em seu espaço.

E, por último, em um quarto corredor, verifica-se a fonte da informação do Café, regido pela função social da memória e presente na tentativa de se estabelecer a interdisciplinaridade entre Museologia, Ciências Sociais e História. Ainda se busca mais a atribuição de valores aos objetos provenientes do contexto local do que da simbologia universal da representação deles. No quadro seguinte, indicamos alguns conjuntos de conceitos e termos permitidos por corredores vicinais da economia e espelhados nas culturas regionais em transições configuradas em dimensões virtuais das identidades, da simbologia e do trabalho.

ORGANIZAÇÃO E FONTES DA INFORMAÇÃO RELAÇÕES SEMÂNTICAS	
Organização da informação da história do Café Local do contexto histórico/cultural	**Fonte da informação do Café intensificado pela função econômica e social**
• História Econômica e Política do Café no Brasil (1850-1950) • A partir do levantamento dos acervos das instituições representadas nos contextos produtivos e particularidades regionais da *plantación cafeeira* • Empresa Agrícola e funções técnicas da força motriz e processo de mecanização	• As particularidades da cultura na recuperação das linhas das plantações, escoamento de produção via estradas de ferro até os portos brasileiros, como o corredor paulista São Paulo-Santos ou os corredores de transporte da economia ou da imigração: Patras (Turquia)-Santos (Brasil); Porto (Portugal)-Rio de Janeiro (Brasil), Gênova (Itália)-Santos (Brasil)
Classificação/Informação econômica do Café Edificação e sistema produtivo local	**Fonte da informação do Café intensificado pela função social da memória**
• Das particularidades do patrimônio cultural edificado: • fazenda de Café e a função do complexo cafeeiro (sede, colônias, estradas, terreiro, armazéns etc.) • o histórico das instituições e as ligações com a História do Café no Brasil • relevância para os conceitos de preservação cultural baseados na Constituição Brasileira, onde incluem-se leis estaduais e municipais e órgãos responsáveis pelos mecanismos de proteção, preservação e divulgação das informações	• A recuperação do conteúdo e da informação • Analisar a amplitude do significado das palavras, frases e textos. Observam-se: • redundância de sentido e repetição do significado do objeto informação do Café • amplitude do termo Corredor do/de Café para delimitação territorial • amplitude das significações do Corredor do Café para significar e definir o contexto cultural nas instituições potenciais – Museu, Arquivo, Biblioteca e Centros de Documentação (MABCD)

ORGANIZAÇÃO E FONTES DA INFORMAÇÃO RELAÇÕES SEMÂNTICAS	
Café produtivo – Mercado financeiro – Bancos e bolsa de valores	**Fonte da informação cultural para a organização da informação do café**
• Aspectos econômicos a partir da histórica sedimentação do Café, cuja implantação de instituições culturais transformou-se de fazenda de produção econômica em museu e uma pequena história institucional	• As instituições MABCD como processadoras da informação e mediadoras culturais • Desenvolvem-se os locais de armazenamento, processamento e expansão da documentação (acervo), estruturando outra documentação que passa a servir como informação
Café – Linguagens e formas/reformas de representação	**Café especial – Global de mercado**
• O fluxo documental interno e externo das instituições, a criação das linguagens artificiais para atuarem como representação do passado são baseados em técnicas de controle, a partir da racionalidade teórica e fundamentadas nas práticas adotadas que objetivam a construção de vocabulários	• Do ponto de vista geográfico e da expansão econômica e cultural do Café, surgem os elementos da análise da expansão cafeeira e do desenvolvimento científico, educativo e cultural
Café urbano	**Café de físico – Uso humano**
• Locais reais e figurados da circulação da informação – virtual e real • Sistemas de informação construídos, a partir das informações coletadas, tratadas e veiculadas	• A profissionalização do cientista da informação voltando-se para o uso pelo público

Quadro 12. Culturas regionais na construção de corredores virtuais
Fonte: a autora (2017)

O ponto de referência, com a proposição dada pelas subtemáticas, migra do espaço físico para o virtual, o imagético, sem perder a ferramenta da leitura, do desenho, a fotografia, o cinema, os objetos tridimensionais representados e a literatura inseridos na riqueza universal da representação do imaginário do Café. A partir dessas imagens virtuais, é possível estabelecer simples conexões entre as potências culturais.

• Corredor do Espaço/ Território da Região da Produção da Fazenda (Casa/Colônia/ Terreiro) – (Plantação/vegetação/caminhos entre pés de Café)
• Informação/documento/corredor do Café ou vetores instrumentais do período do surgimento das lavouras cafeeiras.
• Corredor dos Personagens que são Agentes do Café (Patrões/escravos/mercadores/ colonos/administradores/banqueiros/comerciantes)
• Informação/documento/Corredor do Café/significados locais e possibilidades entre o ponto de partida da produção, da acumulação e a projeção da circulação da mercadoria.
• Informação/documento/Corredor do Café e produção gerenciados por agentes europeus e brasileiros.
• Corredor do Maquinário e Instrumentos do Café
• Informação/documento/corredor do café como documentos compostos de objetos da cultura material.

Quadro 13. Roteiro de elementos para os corredores da representação produtiva
Fonte: a autora (2017)

Espaço (Regional e territorial)	Taxonomia Estruturação Lógica Social (paradigmas)	Corredor do Café CP Corredor de Produção CMP Corredor de Maquinário de Produção Corredor Humano	Paisagem Natural Grão Planta Plantação Mão de Obra
Traços da informação	Organização da Informação	CM Corredor de Maquinário do consumo	Paisagem Urbana Bebida Local Mercado
Estratégia	Categorias de análise Icônica	CI Corredor de Instrumentos CA Corredor de Agentes	Dimensão Virtual

Quadro 14. Quadro ilustrativo da ordenação da informação
Fonte: a autora (2017)

Se analisarmos esse conjunto de espacialidades como um sistema de símbolos que se destina a representar e transmitir uma mensagem da história oficial, podemos indagar: como são construídas as coleções das classificações científicas e culturais e do simbólico da produção cafeeira no âmbito do patrimônio cultural?

4

O PATRIMÔNIO E O COTIDIANO DAS CIDADES DO CAFÉ

Neste capítulo, podemos associar a questão que finaliza o capítulo anterior, a respeito das classificações científicas e culturais, com as articulações entre o campo da subjetividade combinadas com os recursos simbólicos do mito de Sísifo, através da obra de Albert Camus. Sobretudo consideramos o patrimônio cultural e as consequências críticas refletidas no trabalho dos agentes sociais na pesquisa acadêmica.

O mundo absurdo, percebido por Camus, está presente no sentimento humano e nas coletividades, e a elas são afeitos os cortantes sentidos da memória e das surpreendentes emoções das subjetividades verticais nos nossos cotidianos. A bebida está lá, nas residências, no trabalho, no mercado, na intimidade e na sociabilidade exercitada pelos cidadãos. O que Camus nos diz a respeito do fazer cotidiano através da interpretação do mito de Sísifo?

O ensaio de Camus interpreta a saga mitológica grega de Σίσυφος, Sísifo, o mortal astuto, que prendeu a morte e, como consequência, ninguém mais morreria. Estar para sempre vivo era uma condição inequívoca. Zeus puniu-o por esse grave e inadmissível erro. A ele foi destinado o castigo de carregar uma enorme pedra nas costas até o topo da montanha, submetendo-o à rotina do cotidiano, no caminhar com passos difíceis, em decorrência do peso da incessante atividade recrudescida, exaustiva e repetitiva de levar a pedra ao topo da montanha e retornar ao início em ciclo.

O escritor argeliano toma o mito de Sísifo como reflexão do absurdo humano, como ponto de partida, e o faz como se fosse uma mensagem facilitada pela noção da culpa e da punição. Camus, no ensaio literário, aborda o insano trabalho como mal do espírito que se instala. Assim, evidencia-se que a apropriação do mito de Sísifo por Camus nos faz pensar no homem do ponto de vista do problema do trabalho enfadonho, acumulativo e repetitivo[23].

---

[23] "Inspirada no mito grego, a expressão 'trabalho de Sísifo' significa um trabalho burocrático, cansativo e tedioso; em síntese: um sacrifício inútil e sem perspectiva de mudança para melhor. Essa rotina de 'corrida dos ratos' se

Dos atos repetitivos, conscientes ou não, é possível perceber a alma humana dos homens explorados, vilipendiados, pobres e desvalidos na sociedade. O autor ilustra na sequência de palavras, em imagens que ultrapassam a temporalidade do texto, a ideia da transformação. Desse ponto de vista, da prática das ações e da configuração do método do trabalho, a repetição caracteriza o trabalho inconsciente e cotidiano despertado no movimento estertor: "Acordar, bonde, quatro horas no escritório ou na fábrica, almoço, bonde, quatro horas de trabalho, jantar, sono e segunda terça quarta quinta sexta e sábado no mesmo ritmo, um percurso que transcorre sem problemas a maior parte do tempo. Um belo dia surge o 'por quê' e tudo começa a entrar numa lassidão tingida de assombro" (Camus, 2010, p. 27).

Nos tempos dos velozes metrôs e da inclusão no cotidiano das mídias eletrônicas, da comunicação instantânea dos celulares, a enfadonha rotina não é diferente daquela dos tempos dos bondes. Apesar da lassidão provocada pelo cotidiano na vida urbana, num belo dia pode-se encontrar o movimento da consciência, como nos diz Camus, em que estão dispostas duas faces do rosto da situação do viver: aquela que se entrega à opção suicida ou aquela da situação crítica do restabelecer-se diante da vida.

O Café no cotidiano dos homens significa redenção dos trabalhadores nas horas do ócio, nos ajustes de contas entre negociantes, na sedução entre pares amorosos, no selar dos compromissos capitalistas e na busca do que está solitário em estado de reflexão ou contemplação. Ao levar à boca a xícara de Café, no movimento delicado de uma alça, pousa-a no pires após um gole quente. No sentido do paladar, o Café age no organismo para ancorar o absurdo cotidiano. O ruído do pires e as fundas xícaras funcionam como pontos finais nas frases do cotidiano das cidades.

A reflexão leva-nos a um nicho de respostas do trabalho a respeito da bebida companheira, presente no cotidiano familiar, que se abre e sinaliza a pausa do trabalho, o bem-estar, o conforto da comunicação da linguagem e da sociabilidade, as frases, os encontros, a solidão, o restabelecimento das almas, o motor da produção do trabalho, a redenção da luta, as formalidades dos nobres, as confidências e finalizações de acordos.

---

constata em muitos estudantes de escolas públicas, tão depauperados pela péssima infraestrutura de estudo e moradia. O estudante pobre convive cotidianamente com um ambiente desprestigiado socialmente, incluindo a escola, e com situações-limite de violência e racismo. Isso estimula a descrença 'suicida' na dignidade de uma vida a serviço de uma estatística burocrática, aliada a um amplo processo de financeirização geral de mundo (OLIVEIRA, 2009, p. 739-760)" (Barreira, 2020, p. 4).

Podemos classificar a presença dessa substância grão, pó ou líquida, da espécie botânica, da bebida e/ou do local Café nas formas da literatura, da poesia, do mundo produtivo e da memória. Talvez o façamos para escapar "das matemáticas sangrentas que ordenam nossa condição", como diz Camus (2010, p. 29), ou ainda podemos buscar a reflexão sobre a bebida aplicada para reafirmar as identidades e localidades na esperança de promover o encontro entre as pessoas e o símbolo das coisas do passado.

Tratamos, até aqui, da proposta de *Leitura do Café* no mundo "familiar", do Café que se apega ao cotidiano dos povos mundiais, que dá vitalidade, pois "um mundo que se pode explicar, mesmo com raciocínios errôneos, é um mundo familiar" (Camus, 2010, p. 21).

A pesquisa em arquivos, museus e bibliotecas sobre o Café deu-se observando pessoas, emoldurando processos, costurando tecidos territoriais urbanos, marítimos e rurais, e esculpindo a dureza do mundo ao redor do mundo cotidiano.

Sísifo carregava o peso da grande pedra nas costas, forçando o movimento heroico contra a lei da gravidade, tarefa absurda e árdua da ação mitológica e desesperadamente vinculada a um mortal. Na presença inconsciente do cumprimento da meta impossível, a repetição da atividade torna-se inconsciente, exigindo força física incomensurável, com a paciência dos deuses e a resistência do sábio. A fatalidade prevista num único deslize, a derrota e a sensação do que está abaixo da montanha não permite, portanto, outro erro daquele que foi castigado ao permitir a vida eterna a todos os viventes.

A consciente preservação do mundo familiar (e o Café faz parte dele), preservada pelas atitudes éticas, entre as nobres tarefas do culto ao passado, é incompatível com aquelas que envolvem um vetor da proteção da natureza nos tempos de imensa complexidade política, econômica e cultural que envolve os países da América Latina.

Por um lado, o Brasil, chafurdado na crise econômica dos rastros da escravidão e das evidentes agruras da vida social na colonização, ou envolvido no manto do fracasso dos valores na humanidade onde, apesar de absurdas condições, ainda pontua ações protecionistas para dar dignidade ao patrimônio do legado das já quase ruínas da memória expressa nas culturas material e imaterial nas cidades do Café, principalmente no estado de São Paulo.

As estradas de ferro, as edificações dos barracões, ruínas nas fazendas no interior dos estados, insistindo em abrigar o descarte, o inútil, os equipamentos aplicados à agricultura como ferros carcomidos pela oxidação, decorrente do abandono humano e das forças da natureza, não fazem sentido na sociedade que se pretende cultural. Por outro lado, as relações entre passado e presente são pendulares entre as instituições acadêmicas e museus (Espírito Santo & Marañon, 2006) de curadoria memorial da cultura na modernidade brasileira. As antigas fazendas, empresas e profissionais da preservação, ainda que sejam insistentes em trabalhar nessa direção da pesquisa e preservação documental e monumental, ao recontar e recriar a história da importância das relações sociais do passado no presente, buscam recriar as linguagens das expressões do passado em gestões de preservação das estruturas arquitetônicas, das expressões artísticas, científicas e da memória histórica documental. Buscam, assim, como tantas iniciativas isoladas, um planejamento para conquistar projetos executivos de arquitetura, documentação e arte para "aludir" e não iludir, "refletir" e não "sucumbir", a todas as tentativas de "transformar" a agonizante herança patrimonial do Café, regional e nacional.

Os cafezais no Brasil, no final do século XIX, anunciavam a fase republicana após 300 anos de colonização portuguesa. Todavia, nesse período, ainda não se definem os contornos sociais republicanos para transformar a realidade do abandono em relação aos escravos libertos, que se encontram no campo e nas cidades vizinhas às do áureo passado da produção econômica voltada para a exportação do Café. Com os grãos e os milhões de pés de Café, objetivou-se erguer as expressões da modernidade, edificando cidades, influenciando a ciência espelhada e influenciada pelos meios institucionais europeus. Formou-se a elite econômica latifundiária brasileira. A grande pedra patrimonial carregada por Sísifo para preservar as significações do passado. "O desespero imenso é coisa pesada demais para se carregar" (Camus, 2010, p. 123).

A significativa monumentalidade das igrejas católicas, dos edifícios públicos, dos palacetes, dos padrões influenciados pela estética das colunas jônicas, dos lambrequins, do mármore, pinturas, ornamentos e gradis são elementos combinados ao sentido da angústia da identidade brasileira por quem por ela é afetada, conduzindo-a à degradação do material de suas significações culturais. Ao mesmo tempo, sucessivamente os governos pouco se importaram com o fim das melhores qualidades naturais ou criadas na cultura material, isto é, das paisagens e dos produtos dos povos. Ao contrário, acabam por incentivar a destruição definitiva da ambiência entre as unidades construtivas das fazendas produtoras, rios, córregos, mananciais da vitalidade da floresta tropical, do território e das regionalidades culturais.

O mito de Sísifo serve para refletir duplas situações. A primeira é aquela apontada por Camus (2010), expressando o esforço dos trabalhadores na sociedade moderna, e a segunda remete aos idealistas pesquisadores insistentes em sustentar, em seus ombros, a pedra do absurdo, do reconhecimento cultural pelo sistema dependente entre universidades, propriedades privadas, a governança do estado e das empresas na tentativa de desfazer os nós da memória social.

A força descomunal, na equivalência numérica minoritária dos pesquisadores dedicados e preservacionistas, está expressa nos diagnósticos técnicos e demonstra a insuficiência financeira e de recursos humanos especializados direcionados para a manutenção do patrimônio cultural. Daí advém o risco, se ainda não consumado, que em breve, tornar-se-á um peso para as novas gerações como patrimônio cultural incompreensível e inconcluso na dimensão do desconhecimento da cultura social nacional.

A pesquisa sobre o Café, assim como as conquistas patrimoniais culturais pelas comunidades e instituições, torna-se justa frente às contradições sociais brasileiras e ao fascínio das tecnologias.

Para estruturar o argumento da importância do polo epistemológico, e operar de forma recursiva e referente ao Método Quadripolar, tomamos a metodologia da coleta documental, dos contextos societários em que estão imersos os atores desse cenário da história. Silva (2015), em entrevista para a pesquisa do pós-doutoramento, diz que as Ciências Sociais podem criar o seu método, conquistando a cientificidade própria com a capacidade interpretativa desenvolvida. A subjetividade não deve ser temida na pesquisa das Ciências Sociais. Ela deve, sim, tê-la na consciência e torná-la uma régua das aferições das ações sociais.

4.1 Elementos da memória cafeeira

Os elementos valorizados na memória cafeeira, a partir do corredor imaginário do Café, pressupõem a organização documental dos acervos e são estabelecidos na leitura documental, na dimensão virtual das informações eletrônicas e na vontade de criar meios de integração humana que, na maioria das vezes, podem ocupar os espaços públicos e privados das cidades.

Um corredor não necessariamente é retilíneo, linear ou originário na imagem de um labirinto. O fio de Ariadne pode sustentar essa procura. Um corredor pode ser moldado como o material mole, Café é planta, Café é líquido, Café é vegetal, Café é local em que se bebe Café, Café é encontro entre pessoas. Café é cor, Café é duro, Café é amargo e noturno (Bachelard, 2013). Se há uma questão a se fazer sobre esse problema, isto é, da construção do imaginário do Corredor do Café, ela trata da consciência, permitida pela memória, do que nos cabe perguntar: por que nos lembramos do Café e o relacionamos ao mundo preterido? Será o significante nostálgico, paralisante e resistente a novas configurações espaciais?

Não se trata, assim, de uma construção presente de uma memória do passado idealizado em função de expectativas para o futuro, mas sim de ter a capacidade cognitiva de manejar um imenso arquivo que, de alguma forma, resulta em ação.

Pelo aspecto interdisciplinar proposto pelas Ciências Sociais, incluindo a Ciência da Informação como Ciência Social Aplicada, contemporâneas, e há muito referenciado como a bricolagem paradigmática de conceitos ditos, o conhecimento e a representação da informação são dependentes da interface entre a informação e documento, e ao que lhes atribuímos a partir do tema as fluições, digressões e criatividades.

Ao longo da história regionalizada do Café, essas maneiras de se ler os conteúdos temáticos foram demasiadamente simplificadas, e ainda se demonstram linearmente os momentos, fatos e agentes envolvidos, saneados pela moral e interesses de poder. Na medida do tempo, atribuía-se à "separação humana" na História da Escravidão no Brasil a substituição da mão de obra escrava pela imigração europeia e asiática. Os barões do Café, originários das oligarquias escravocratas, eram relacionados ao poder sem visualizar as profundas relações entre patrões-empregados no Império e na República.

A partir da visão das localidades, apresenta-se em momento mais oportuno um diagrama contendo as linhas percorridas na cartografia do cotidiano, entre os campos de descrição que são interpretados a partir da denominação temática dos corredores e atribuições de valores, como vistos no quadro em subtemas funcionando como propriedades operacionais da análise social (ver 2.4.1).

As fontes observadas da vida cotidiana são marcadas pelos processos produtivos e demonstram as rotinas do fator esquecimento, que preenche os vazios do fator lembrar, da memória e o ato de lembrar.

4.2 Cidades do Café no imaginário popular

As cidades portuárias destinadas ao transporte de mercadorias são imaginadas como flutuantes nas águas, banhando as estruturas firmadas nos horizontes dos escurecidos pilotis dos cais, intensificados pela morte das vidas invisíveis lembradas pelos cheiros das docas. As texturas construídas projetam a memória do texto de Gabriel García Márquez (1975), dos aromas fortes, das luzes latino-americanas cravadas como mariscos nas pedras desses mares do sul.

O movimento do trabalho está exposto no misto da areia, dos totens formados pelas sacarias, comprometendo o ócio dos carregadores de materiais e a ânsia dos marinheiros invasores que, ao mesmo tempo, são ausentes no sentimento de pertencimento na terra alheia. Aqueles homens são identificados apenas pelas próprias vestimentas surradas e admirados pela capacidade física dos empilhamentos simétricos, das sacarias de Café seco, destinadas aos ombros. Na métrica da musculatura humana preparada para suportar as toneladas do carregamento do Café, são eles os homens que se arriscavam e riscavam com o olhar, repassando a linha do horizonte, as vigas dos telhados vigilantes e profetizavam o que estava prenunciado nas cores das águas, no tempo viável para receber o pagamento:

> Tobias sentiu-a. Tinha o sangue doce para os caranguejos e passava maior parte da noite espantando-os da cama, até que voltasse a brisa, quando conseguia dormir. Em suas longas insônias aprendera a distinguir toda mudança de ar. De modo que quando sentiu cheiro de rosas não teve que abrir a porta para saber que era um cheiro do mar.
>
> Levantou-se tarde. Clotilde estava acendendo fogo no pátio. A brisa era fresca e todas as estrelas estavam em seu lugar, mas dava trabalho contá-las até o horizonte por causa das luzes do mar. Depois de tomar café, Tobías sentiu um vestígio da noite no paladar (Márquez, 1975, p. 21).

Na frase "Depois de tomar café, Tobias sentiu um vestígio da noite no paladar" (Márquez, 1975), o Café é composto da função do real como o ponto conclusivo da tomada de decisão do personagem. Os locais ideais para o plantio do Café estão longe do mar e, para referenciar essa digressão, estudiosos do Café falam sobre um *"sociological power of dreams"*, o que faz sentido para olhar o indivíduo e a sociedade:

> [...] *Coffee should not be regarded merely as a drink whose flavor gives momentary pleasure and possesses other properties with a biological impact. Let us hear what Giddens, one of the leading sociologists of our time, has to say on the subject. In order to explain the concept, he describes as the "sociological power of dreams", he takes coffee as an example, pointing out that substances of this kind carry people*

away from the mediocrity of daily life and oblige them to think. According to Giddens, coffee is not just a drink but also a symbol of our daily social activities, so that while drinking a cup of morning coffee it a private ritual, drinking it together with other people is one with social significance (Koz & Kuzucu, 2014, p. 17).

Santos, Rio de Janeiro, Porto, Lisboa, Roma e Istambul são cidades portuárias em que se realiza intensa compra e venda do Café. No passado, essas cidades funcionavam como distribuidoras das mercadorias entre baús de tecidos e especiarias para as antigas localidades, vilas e províncias em territórios vastos pela enormidade territorial panorâmicos e das regiões. Essas cidades são ligadas pela vocação marítima e portuária da produção escoada interna e externamente, em que o comércio estruturado diz respeito ao que significou para o seu crescimento.

Figura 7. Silvia Maria do Espírito Santo (2021). Carregador de Café. Porto de Santos. Aquarela. Papel Canson. 21 cm x 29, 7 cm

Fonte: arquivo pessoal (2021)

São nítidas as características dos hábitos humanos das regionalidades das cidades originadas do meio rural, em que as fazendas possuíam autonomia com instalações de oficinas, armazéns, igreja e cinema, além da complexa atividade que envolvia produção cafeeira. As cidades fazem-se presentes no imaginário ocidental no sentido idílico das criações artísticas da pintura ou da fotografia, da impressão dos cartões postais, videográfica ou da cinematografia.

Na paisagem rural é comum a identificação do "pequeno feudo". Ainda que autossuficientes, os embriões de povoados aparecem como vilas para transformação em cidades e futuras metrópoles e megalópoles do século XXI[24]. Tal como São Paulo, na tarde de verão em Istambul (Turquia), a imagem pontilhada por luzes da vista aérea é fiel à monstruosidade da capital. No Estreito de Bósforo, o divisor de águas das terras asiáticas e europeias, no Mar de Mármara, só se refaz o papel social e econômico do imperialismo, além do papel físico literário, quando a reconhecemos como cidade estratégica na geopolítica do Oriente Médio, Ásia e Europa, responsável pela irradiação da cultura entre ocidente e oriente.

O povo turco sempre exerceu forte influência contra o Império Bizantino (poder católico) na conquista de Constantinopla e na difusão do islamismo, que busca ser objetivamente religioso, associando-se às forças de Estado. Para investigar as realidades que lhe contornam nas complexas situações históricas, não é possível negligenciar o domínio do Império Otomano e sua relação histórica com o Café.

Quando o vento sopra com o movimento do ar fresco nas escadarias do Café do Palácio de Topkapi *(Topkapı Sarayı)*, há passeios solenes, quase em silêncio, talvez em homenagem à memória dos homens que ali passaram por mais de 2 mil anos, memoriais das disputas do sultanato e da manutenção do patrimônio cultural mundial. Um desses elementos é a vista panorâmica do Estreito de Bósforo, paisagem urbana e marítima representada pelos pintores franceses no século XVIII e XIX.

Nesse estreito canal, pode-se pensar na distância cultural do Brasil, portador da identidade credenciada em 500 anos a partir da invasão colonial portuguesa, habitualmente grifado na formação do povo brasileiro. Quinhentos anos é a mesma idade do início do consumo do Café no Império Otomano (Pera Museum, 2017).

---

[24] Encontramos em Monbeig e em Braudel questões "referentes às 'temporalidades' múltiplas dos territórios e cidades, em combinações e ritmos históricos diversos" (Salgueiro, 2000, p. 168).

Um dos exemplos da coleção de arte da Turquia são algumas obras do artista francês Émile Rouargue, que criou vasta iconografia histórica do mundo oriental. Como gravurista da península, durante o século XIX, ele representou Constantinopla que, em sua obra, demonstrou a intensa navegação de naus de dois e três mastros. O canal, o Estreito de Bósforo, lendário no Oriente, é também fonte de inspiração dos artistas da incógnita geopolítica mundial na atualidade em relação ao Ocidente.

Na Turquia, as referências das imagens iconográficas dos museus, arquivos e ilustrações nos livros das bibliotecas, entre as inúmeras livrarias da antiga Constantinopla, Istambul, fartas com pranchas de desenhos, aquarelas avulsas e reproduções das pinturas seculares dos franceses, italianos, alemães, fotógrafos espanhóis etc., representam as personalidades dessa história e que indicam a grandiosidade das fontes ainda pouco exploradas no ocidente. Jean Baptiste Hilair (1753-1827)[25], ilustrador e pintor francês, realiza em detalhes registros visuais do comércio de mercadoria, barris e mármores esculpidos. A obra intitulada *A nova Mesquita e o Porto de Istambul* indica claramente a reconstrução da Mesquita Azul, construída entre 1609 e 1616 pelo Império Otomano, em frente à Basílica Santa Sofia, construída em 532-537 pelo Império Bizantino. Nela, pode-se perceber o carregamento de peças arqueológicas e "antiguidades" destinadas à França, hoje em discussão do repatriamento cultural.

Sabe-se que o diplomata Choiseul Gouffier tinha gosto especial e definido para colecionar objetos antigos. A obra pictórica mencionada pertence ao Pera Museu (2021), na cidade de Istambul, e faz parte da coleção de Pinturas do Orientalismo, entre outras obras de Hilair, publicadas na edição *Voyage Pittoresque a la Grecè*.

Louis-François Cassas (1756-1827) foi pintor, arquiteto, gravurista, arqueólogo e representante de antiquário. A partir de anotações e da imaginação pessoal, artistas criaram registros a partir de ângulos diversos da península histórica. Antonine de Favray (1706-1792), Jean-Baptiste Vanmour, Jacques Le Hay e George Engelhardt Schröeder no século XVIII, Clara Barthold Mayes e Adolph Diedrich Kindermann no século XVIII, assim como Fausto Zonaro, são os mais destacados representantes de artistas do pictorialismo, e darão potências à visão da composição em relação à natureza aos geniais fotógrafos do século XIX. *A picture of past diplomacy in*

---

[25] Jean-Baptiste Hilaire, ou Jean-Baptiste Hilair, é autor do Oriental Banquet Scene (1795-1796). A imagem de grande circulação nas ilustrações a respeito do Oriente Médio pertence ao acervo do Art Institut de Chicago.

Istanbul's Pera Museum, artigo de Sarah Jiani para a revista *Apollo,* descreve a relação da pintura, do pictorialismo francês com a formação de coleções mediadoras da diplomacia e da geopolítica (Pera Museum, 2017).

Figura 8. Café popular em Istambul. SMES, 2016
Fonte: arquivo pessoal (2016)

5

INFOGRAFIA: IDENTIDADES, SIMBOLOGIAS E TRABALHO NAS DIMENSÕES VIRTUAIS DO CAFÉ

Este capítulo justifica o conteúdo documental do Café, reunido e direcionado para a análise e para a construção da infografia-web, visando ao acesso amplo à informação sobre o tema, que reuniu elementos indiciais da cultura material simbólica através da sugestão da construção da estrutura da dimensão virtual.

A partir do planejamento estratégico na exploração da temática da pesquisa, abordamos ideia de que os documentos são recipientes das significações humanas. O desenvolvimento da síntese em mapa infográfico (Figura 3) é graficamente disponível e foi baseado nas representações sociais singulares e plurais dos contextos culturais dos países focados na trajetória desse estudo.

A palavra "dimensão", que no português é substantivo feminino, desenvolve o significado do que está condicionalmente passível de ser dimensionado e ser associado ao tamanho, grau, espessura e/ou profundidade para modelagem informacional nos meios digitais. Os sentidos táteis e da visão são essenciais para nomear os objetos e percepções do que pode se associar a qualquer objeto mensurável da materialidade, implicando no entendimento da palavra "espaço", definida segundo as dimensões que lhe são próprias. Portanto, a noção da palavra "dimensão" associa-se à ideia de espaço, nível da extensão de um determinado corpo em direção em outros níveis mensuráveis como alto, baixo, profundo, estreito, largo etc., palavras adjetivas e adjetivadas quando são relacionadas à qualidade da matéria.

No cotidiano das sociedades, embora a métrica possa indicar números para traduzir potenciais significações psico-cognitivas das sensações humanas, a questão que se coloca está diretamente ligada à capacidade humana de dimensionar algo, a partir das tecnologias, nos meios analógicos e digitais, a inserção de dados coletados e interpretações em mesmo nível dimensional. A palavra "percepção"[26], com significados distintos, permite

---
[26] O verbete "Percepção", descrito no Dicionário de Filosofia, de Abbagnano (2007, p. 764), aqui em síntese, distingue três tipos de significados para essa palavra. O primeiro é generalíssimo; o segundo designa o ato ou

definir conceitos que envolvem conhecimento, lógica e interpretação a partir da informação qualificada. Russell (1974), em *Lógica e Conhecimento: Ensaios escolhidos*, no capítulo intitulado "Da Denotação" afirma:

> Na percepção temos conhecimento de trato dos objetos da percepção, e no pensamento temos conhecimento de trato de objetos de um caráter lógico mais abstrato; mas não temos necessariamente conhecimento de trato dos objetos denotados por expressões compostas de palavras de cujos significados temos conhecimento de trato. Para considerar um exemplo importante: parece não haver razão para acreditar que temos sempre conhecimento de trato das mentes das outras pessoas, visto que estas não são diretamente percebidas; portanto, o que conhecemos a respeito delas é obtido pela denotação (Russell, 1974, p. 10).

Essa posição nos envolve nas significações físicas da produção material e humana do Café e na construção de produtos que promovam a sua leitura no meio virtual. Porém, a partir do conceito *virtual*, que comumente foi entendido na conjugação da linha em perspectiva da *forma* e explicado como ilusão visual pela via da História da Arte, é nela que se denotam a representação ou a negação da realidade. A palavra "virtual", que é usual na contemporaneidade, tornou-se sinônimo do que teve origem no ambiente eletrônico e digital. É curioso lembrar que "virtual" — *virtual* e ou *virtualità*, em italiano (Garzanti, 1984, p. 996) — significa aquilo que existe em potência, o que é possível e não real, por isso fictício e imaginativo. A palavra virtual ainda se apresenta com ambiguidades, com ruídos da influência da "não verdade", do duvidoso, da notícia falsa, do que não se vê na imediatez das coisas, que não carrega a priori a *verdade do real*, do que é suposto, do que se vê ou do que se entende por algo ali contido.

O homem, ao deixar-se ser enganado no âmbito da "não verdade", apropria-se do que vê sem ter capacidade de distinção do que lhe foi apresentado visualmente. E, na representação da *verdade*, a realidade sustentada pelo conceito da virtualidade das coisas vistas permite à memória do mundo a possibilidade de ser redimensionada em *verdades*. Torna-se crença a representação do que não é lógico no mundo real. Falaremos, então, da palavra "virtual", enganos, sentidos, verdadeiro, falso, irreal e poder.

---

a função cognoscitiva à qual se apresenta um objeto real. Refere-se ao conhecimento empírico; e o terceiro é específico, técnico, e também pode indicar a interpretação dos significados.

A palavra "virtual" é provocadora para traduzir os enganos cognitivos dos sentidos da visão (como na holografia) e do tato (sistema de sinais) e, principalmente, relaciona-se ao jogo da percepção quando o sujeito julga o que é verdadeiro/falso, real/irreal e deixa-se tomar pela fruição do que vê e sente, no jogo do físico e não físico. Embora a palavra "virtual" nos obrigue a fazer distinções semânticas, o seu uso e a sua colocação na frase são quase sempre precisos em relação ao que lhe é atribuído nos significados — real e irreal — e demonstra poder de coesão entre os contextos materiais e imateriais.

Segundo Lévy (1993, 1996, 2007), o que está em jogo não é essa falsa oposição entre o físico e o não físico, mas sim o conceito atual (contemporâneo) relativo ao *tempo*. No passado havia modelos para que se baseasse a ilusão de ver. Gombrich (2011) trata do tema ao mencionar a arte no século XIII demonstrando o detalhe do afresco na Cappella dell'Arena, Pádua, de Giottodi Bondone:

> A Fig. 134 mostra-nos a imagem da Fé pintada por Giotto, uma matrona segurando uma cruz numa das mãos e um pergaminho na outra. É fácil ver a semelhança entre essa nobre figura e as obras dos escultores góticos. Mas não é uma estátua. É uma pintura que produz a ilusão de uma estátua arredondada. Vemos o destaque dos braços, da modelação do rosto e do pescoço, as sombras profundas nas pregas flutuantes das vestes. Nada que se parecesse com isso tinha sido feito em mil anos. Giotto redescobriu a arte de criar a ilusão de profundidade numa superfície plana (Gombrich, 2011, p. 201).

Evidentemente, aqui trata-se apenas do sentido comparativo entre a palavra "virtual" aplicado em áreas distintas e não de uma inferência a respeito da representação na arte e os fundamentos do conceito *virtual* para a Ciência da Informação. O que aconteceu na arte, até o Moderno, percorreu trajetórias e discussões do que se fez com as linhas provocadas por técnicas baseadas em métodos desenvolvidos e em processos de domínio artístico virtuoso de representações do espaço. E, no espaço, a partir da forma, da luz, da cor na imaginação, percebe-se a relação virtual entre eles, ou a negação de tudo que se relaciona com a própria arte, como história. A dimensão e a ilusão propositivas da Revolução Digital, no século XX, criou o binômio das expressões associadas à palavra "virtual". Tal palavra é inata ao mundo da mecânica da Revolução Industrial, mas é diretamente pertencente às tecnologias eletrônicas no desenvolvimento da cibernética, no campo da eletrônica digital, dos complexos softwares voltados para as tecnologias da informação e da comunicação, uma vez habilitadas no ambiente da inteligência artificial através dos algoritmos. Guarda-se, aqui, o sentido das significações artísticas, históricas, econômicas e políticas do Café para a plataforma dimensionada na virtualidade, além da inscrição da reprodução vegetal da espécie botânica, processada mundialmente para alimento. Assume-se a linguagem facilitada dirigida ao internauta com bases na leitura dos desenhos dos ladrilhos das informações, a que se denomina "infografia das significações do Café".

Retomando a reflexão que centraliza a proposta de criar meios de comunicação com a aplicação da expressão "dimensão virtual" da informação contextualizada e temática, surge o desafio de torná-la pública a partir da descrição dos conteúdos históricos, culturais e científicos, associando-os aos pontos metodológicos aplicados à quadripolaridade (prático, teórico, morfológico e epistemológico). Almejamos dar visibilidade às experiências e aos resultados da pesquisa permitindo transitar os conteúdos (corredores temáticos) entre os polos unidos pela construção da informação, no eixo de cada um dos corredores do Café permitidos. São os já familiares hipertextos, que agregam e dissolvem os interesses ilustrados pelas intervenções dos interessados no tema.

Para explicar e dar visibilidade à infografia, em proposição, é inspirador o modo de funcionar das torres espiraliformes (Samarra, Iraque) que, se invertidas, têm o desenho do vórtex. Nesse simples recurso para entender o sistema visual dos corredores, necessariamente, constituem-se desenhos em linha que partem de um núcleo, compõem-se de elementos sociais sequenciados como ladrilhos que podem ser obtidos nos artefatos das culturas dos contextos de cada país visitado.

As imagens que constituímos em nossas mentes sobre as torres espiraliformes assemelham-se à configuração bíblica que as vê com o núcleo e o avanço da linha espiralada em busca do céu e suportado pela linha do solo. Tal movimento, um modelo helicoidal, em vórtex, está aqui para ilustrar o caminho da história dessas pequenas informações documentais. Entende-se os desenhos das diversas dimensões, que além da composição das linhas em perspectivas angulares, também dará sustentação ao movimento espiralado em que ocorreram situações factuais sociais e significações cujas interpretações das informações são aquelas que buscamos.

"Infografia", palavra igualmente dotada de sentido amplo, aqui se destina a constituir um conjunto de corredores temáticos, distribuídos em lógica dos pontos quadripolares (como organização temática), incluindo a definição de amplos corredores em linhas conectivas, que serão concebidas por singulares e plurais ramificações dos sentidos dessas dimensões do Café, representativas dos contextos brasileiros, português, turco e italiano, entre outros possíveis.

Ao observar o diagnóstico crítico do desconhecimento da sociedade em relação ao domínio da consciência da realidade contemporânea, sejam as informações veiculadas pelos meios virtuais ou não, serão infográficas todas as inscrições das mensagens textuais, das imagens, de audiovisuais ou de termos isolados em formatos que retratam o comportamento da informação do Café no hipertexto.

Para o leitor que seguiu os passos da pesquisa até este capítulo, compreende-se que, no trabalho acadêmico, a visão da articulação entre ângulos presentes no Método Quadripolar — os polos da epistemologia, teórico, técnico e morfológico — é sustentada pela análise diante da complexidade temática. Poderia ser analisado o problema do cacau, da cana-de-açúcar, do ouro ou do petróleo? Sim, seria possível, desde que todos sejam contextualizados de acordo com o interesse humanitário e com bases na crítica social. A escolha do produto Café relaciona-se ao pesquisador na intimidade da origem cultural regional brasileira, na subjetividade, na percepção dos sentidos que deram base à pesquisa. Todavia, é fundamental entender que a inclusão do produto na dimensão da informação virtual deve desenvolver a multidisciplinaridade, para a qual vem se orientando a Ciência da Informação, respeitando o contraditório entre produção informacional e acesso social.

Para dar movimento e argumentar, a infografia pode ser visualizada no desenho dos ladrilhos dos corredores da produção do Café e nos conteúdos subtemáticos. Deseja-se imprimir coerência ao texto para edificar, a partir da arquitetura virtual, significações do Café ou assentar os ladrilhos do corredor proposto, de acordo com a metáfora proposta. A rotatividade da articulação sistêmica das significações humanas dá-se pelo movimento histórico, analisado nas bases do eixo epistemológico da Ciência Social, porque é do movimento histórico de onde retiramos a noção de tempo, categorizado na produção do trabalho, marcando presença no pensamento filosófico e socialmente construído.

As dificuldades não são poucas, mas é possível fazer o mergulho nas argumentações teóricas no mundo da virtualidade eletrônica em busca da síntese do percurso da linha de pesquisa da Ciência da Informação que se preocupa com os aspectos sociais da informação quando, a partir dela, a história econômica, social e simbólica poderá ser compreendida como ciência empírica e interpretativa. Assim, a infografia pode explorar também o conteúdo da pesquisa desde o grão da rubiácea, do ponto de vista da botânica, até os mais sofisticados cálculos de índices de produção e consumo, apresentando-se na representação gráfica da estratégia de interpretação livre que serão argumentos em favor da compreensão do leitor.

A economia brasileira, radicalmente envolvida na produção cafeeira, entre a produção centenária a partir de 1850, com declínio da ascensão da trajetória política e agrária do coronelismo, foi alternada pelo período de produção de açúcar e fonte energética advindo da cana-de-açúcar, no século XX. Ainda assim, temos o Café como o maior produto de exportação mundial. Na representação do mapa-múndi, o Café é originado na Etiópia (900), move-se em direção à Arábia, do Egito à Turquia (1400-1517) (Tan, 2015, p. 14), seguiu a trajetória da Conquista até a queda de Constantinopla para, de lá, seguir rumo à Holanda, França, Itália, Inglaterra, Alemanha, Suíça, Dinamarca para citar a pontuação do caminho tortuoso de comercialização, incluindo na América do Norte. A produção na América Central, América do Sul (Magalhaes, 1939, p. 160), e consumo mundial do Café seguiram-se em fatos históricos e lendas.

A importante história ainda é pouco conhecida na educação formal pelos brasileiros e agravada, na contemporaneidade, pelo enfraquecimento das Políticas Educacionais voltadas para o ensino de Artes, Sociologia e Filosofia na inserção da grade escolar do ensino fundamental e médio. A complexidade da exploração do conhecimento acaba por tornar-se reduzida e está longe do arrazoado que objetive estimular o aprendizado.

No ensino universitário, as imagens visuais passaram a constituir fontes documentais com linhas de pesquisa autônomas há mais de 30 anos na produção acadêmica brasileira. Entre o sépia, o amarelo pálido e os tons de azul, encontravam-se misturadas, então, as distinções espaciais terrestres, marítimas e celestes, até então vislumbradas pelos navegadores a partir dos astrolábios e representadas em mapas celestiais ou pelos pintores na busca da morfologia espacial das imagens impressas e fotográficas.

A cor cáqui tinge as tendas, contrastando com a mescla dos tapetes vermelhos e camelos imaginários dispostos rigidamente aos olhos dos ocidentais passageiros. São elementos advindos das técnicas presentes na iconografia descrita nas morfologias das paisagens rurais ou urbanas de acordo com áreas do conhecimento a nosso dispor: Arquitetura, Geografia, Sociologia e Artes. O que é desvelado para os olhos do consumidor de imagens passa a associar o Café à cor e aos fatos da História. O leitor assume a ideia do território caracterizado pela aridez desértica ao ver cabras, linhas com camelos, areia supostamente sufocante, vento indomável e deserto a perder de vista entre etíopes e homens de turbantes que saboreiam em canecas de cobre um líquido improvável que fez a história moderna.

A origem da planta, em zona de montanhas da Abissínia, expandiu-se em direção ao sudoeste da Arábia quando esteve nas mãos dos peregrinos de Meca. Café, cafeeiro, cafezeiro, cafezal são designações que "têm percurso muito longo" (Ferrão, 2009, p. 17). Com uso diversificado, abarcando desde a esfera da espiritualidade até o mundano, o Café foi misturado ao sangue dos nubentes para garantir fidelidade no casamento. No Brasil, o Café é o mandingueiro, na macumba citada por Freyre é misturado ao sangue da menstruação da mulata, polemizado na interpretação racial, e polêmica, de sua obra mais famosa, *Casa Grande & Senzala* (Freyre, 2006):

> Não seria exagero então concluir que Freyre narrava uma experiência geracional da elite brasileira, saindo do campo e firmando-se na cidade. Com essas informações em mente, o trecho citado antes ganha uma outra compreensão: ele pode ser visto como uma proposta, por parte de Gilberto Freyre, de rememoração coletiva, rememoração de uma geração cuja socialização primária foi fortemente marcada pela presença do negro, especialmente da mulher negra. Isso pode ser encontrado nas memórias dos intelectuais modernistas, como demonstrou com tanta acuidade Sônia Roncador (2008, p. 109-35), em seu livro *A doméstica imaginária*. Em *Alguma poesia*, por exemplo, livro de poesia publicado em 1930, Carlos Drummond de Andrade (2002, p. 53) publica poemas tão diferentes como "Infância", relembrando a preta velha, que "chamava para o café/ Café preto que nem a preta velha/ Café gostoso, café bom", e "Iniciação amorosa", em que o poeta namora "as pernas morenas da lavadeira", isto é, evoca liricamente a experiência afetiva e erótica com a mulher negra nos seus diferentes graus, tal como sugerido por Gilberto Freyre em citação apresentada anteriormente (Melo, 2009, p. 1).

Comumente, na visão popular e na passagem rural brasileira entre os estados do Rio de Janeiro, Minas Gerais, São Paulo, Espírito Santo e Mato

Grosso, incluem-se os cafeeiros em linhas simétricas denominadas "ruas". Nas montanhas do sul de Minas Gerais, as robustas plantações pressupõem as técnicas e habilidades humanas para seguir as curvas na escalada dos morros "acima" para plantio e colheita.

Não será demais reproduzir o texto do pequeno guia de José Eduardo Mendes Ferrão (1999):

> Originário das zonas montanhosas da Abissínia, donde se difundiu para o sudoeste da Arábia, possivelmente por peregrinos a Meca que levaram as sementes para aproveitarem o seu efeito estimulante.
>
> Introduzido pelos árabes na Índia e pelos holandeses nas antigas Índias Orientais Neerlandesas. Algumas plantas vieram para os Jardins de Amesterdão e Paris e daqui se faz a introdução na América, discutindo-se prioridade dos holandeses ou dos franceses.
>
> Há suspeitas de que os portugueses o conheceram no Oriente, onde a sua introdução na Arábia e na Índia é anterior ao século XVI e o terão levado para o Brasil, mas até ao momento não foram encontradas provas indiscutíveis, continuando a aceitar-se, até prova em contrário, que Francisco Melo Palheta o tenha introduzido no Brasil a partir de sementes que trouxe da América Central em 1722.
>
> Os portugueses trouxeram-no do Brasil para a África Ocidental, nomeadamente para Cabo Verde e S. Tomé nos fins do século XVIII, fazendo como que uma reintrodução na África que nos demonstra que foi mais fácil atravessar o Oceano Atlântico do que o interior do Continente Africano.
>
> Há notícias de que Antônio Leite introduziu o cafeeiro arábica em S. Nicolau em 1790, se bem que, em 1797, "já se principia a cultivar o café ainda que por curiosidade", como diz Feijó, muito embora outros considerem que nessa data era a ilha o local cultivado com êxito.
>
> Em São Tomé, João Baptista da Silva trouxe-o do Brasil "em uns caixões", tendo-se aceitado durante muito tempo a data de 1800. Sabe-se hoje, através de documentos, que em pelo menos 1789 se fizeram introduções.
>
> Na Costa Ocidental da África existiam outros cafeeiros com menos interesse comercial, que só começaram a ser explorados com intensidade no princípio do século actual (cafeeiros robusta, por exemplo) (Ferrão, 1999, pp. 69-70).

"Já se principia a cultivar o café ainda que por curiosidade", Ferrão (2009, p. 69), com essa frase, provoca-nos refletir a respeito da envolvente sensação diáfana e imaginada da situação do trabalho da produção agrária do passado brasileiro vinculado ao papel atribuído ao Café por razões medicinais.

O autor incita-nos à imaginação dos recantos, das linhas de fuga da história, amplia ou restringe os sentidos quando indica o que escapa e se dispersa na leitura dos documentos. A leitura crítica cria meios de articulação para explorar empiricamente o que se busca dos deslocamentos humanos e da ocupação de outros territórios.

Os elementos históricos aqui propositados são tomados do ponto de vista econômico, social ou político. O Café, assim como as especiarias negociadas entre o Oriente e Ocidente, ou qualquer outro produto como tecidos, tapetes, metais, pedras preciosas, ouro e prata, são objetos das investigações das áreas das humanidades, especificamente da cultura material. Em cada momento histórico, esses objetos provocaram, quando produzidos e negociados, o adensamento de dados econômicos, especialmente no Brasil, e se destacaram como elementos determinantes para a economia moderna e a densidade social. Mas nos parece que não há profundidade na pesquisa das Ciências Sociais sem a presença do sujeito confrontado com as informações documentais e associado às críticas da própria condição humana. O suporte epistêmico configura-se, assim, como a principal razão de existir da Ciência Social Aplicada, voltada ao conhecimento, para contribuir e evitar retrocessos da sociedade contemporânea educacional.

Verificado o eixo da prática da pesquisa observada da Arquivística, os documentos, suportes e sistemas tradicionais da Arquivologia são elementos sistêmicos vigorosos do ponto de vista da organização institucional e nos indicam a monumentalidade documental orgânica e assustadora da produção de dados em todo mundo.

Todavia, a forma da redução da informação, que não é demasiada quando criteriosa, seletiva e autorizada legalmente, é igualmente assustadora porque é legislada a partir de políticas administrativas e culturais com excepcional eficácia nos processos dos descartes que, uma vez intencionados nas políticas institucionais, tornam-se atos legislativos distanciados da coletividade ou desconhecidos pela sociedade e pelo senso comum.

Assusta-nos por quê? Porque os descartes sem critérios sociais são alijados do gerenciamento documental responsável e provocam dúvidas se são lícitos e se possam servir de indícios de redução de significados históricos. Muitas vezes a documentação está oculta nos corredores escuros dos arquivos, soterrada nas pilhas dos papéis desconhecidos, ou sacrificados nas irresponsabilidades gerenciais das produções dos registros humanos preteridas e, na maioria das vezes, memoráveis.

Assim, é sustentável reconhecer a importância da integridade física dos documentos para propor, antes de qualquer planejamento ou desbastamento para descarte, o devido questionamento baseado na legislação de produção documental. Nessa medida, evita-se aplicar processos inadequados e irreversíveis para dar sustentação memorialista às gerações contemporânea e futura que possam usufruir do acesso documental, respaldado nas leis de acesso democrático à informação[27].

A autovigilância do pesquisador, quando professa a qualidade da informação a ser resgatada e por ele consumida, identifica o documento como um diamante raro ou, se encontra as séries documentais construídas e respeitado o princípio de organicidade, elas podem ser comparadas às várias pedras semipreciosas, para efeito comparativo de valor de pesquisa e garimpagem. Daí já há fundamentação suficiente para a disseminação informacional na formação do conhecimento social.

5.1 Projeto de Exposição Leitura do Café. Informação arquivística e seleção de imagens

O polo técnico, o qual é decisivo para o processo de organização e seleção informacional, está relacionado à utilização de termos de vocabulário controlado disponibilizados nas instituições curadoras da memória social, como os arquivos, museus e bibliotecas e a relação deles com os usuários. A informação arquivística do Café, aquela que endereça o documento em seus conjuntos e séries, demonstra no processo de pesquisa as correlações do empirismo científico.

O método empírico desenvolvido a partir da teoria das Ciências Sociais e da técnica foi elaborado por pesquisadores e realizado pela prática social, no paradigma da compreensão da condição humana. Podemos dizer que o trabalho do profissional da informação, no interior dessas instituições, está baseado no empirismo crítico e informacional, e isso é percebido na

---

[27] Lei nº 8.159, de 8 de janeiro de 1991. Pode-se verificar nas Disposições finais da lei: Art. 26 - Fica criado o Conselho Nacional de Arquivos (CONARQ), órgão vinculado ao Arquivo Nacional, que definirá a política nacional de arquivos, como órgão central de um Sistema Nacional de Arquivos (SINAR, 2020).

metodologia da organização do documento, fundado na concepção de fundo, séries e subséries, em etapas qualitativas e quantitativas. A documentação de arquivo, quando mensurada na avaliação de produção administrativa, científica e representativa do pensamento na Arquivística, é instrumento importante para a "construção das memórias" (Candau, 2013, p. 33).

Algumas terminologias, ou princípios arquivísticos, tornam-se básicos para o entendimento do conjunto documental e da organização. Esses conceitos e princípios da Arquivística — fundos, proveniência, organicidade —, presentes e originários no mundo ocidental a partir da derrocada da monarquia europeia e da fundação do Archives Nationales em 1789, criaram descendências no direito público ao acesso, garantido em estatutos e regulamentos internos das instituições arquivísticas modernas. Porém o confisco do direito civil ao acesso documental, por razões políticas, destruições naturais e o expurgo de documentos, ainda que carregados de intenções ideológicas, criaram (ou reforçaram) dois fetiches sociais modernos: o da raridade (atribuindo-lhe o valor de objeto museológico) e o da censura (ocorrida em momentos de transição, assentamento e manutenção político-ideológica). Muitos dos documentos "raros" têm como destino as vitrinas dos museus, em corredores ou salas de exposição (Espírito Santo, 2015a, p. 86)[28].

Análise e tratamento do documento, em suporte papel e livro digital, são tratados isoladamente pela Ciência da Informação em muitos desses mosaicos socioculturais. Os sistemas oferecidos pela tecnologia moderna devem: 1. incluir a tradição filosófica da informação, fertilizada pelo pensamento de autores que se preocuparam com o passado (como o de Otlet e Fontaine); 2. comunicar a eficiência do ocidentalismo e orientalismo tecnológicos sem isentar-se da utilidade do pensamento crítico dos povos em desenvolvimento e sem deixar de considerar o subdesenvolvimento[29].

---

[28] Nossa preocupação, concordando com Silva (2016), é orientar-nos nas bases comuns, multidisciplinares, entre Ciências Sociais e as Ciências da Informação que, sem nenhuma restrição conceitual ao reconhecer a eficácia da historiografia sobrepondo-se à relevância dos documentos, provoca o pensamento sistêmico e complexo para animar os debates entre as formações de graduação e pós-graduação nas áreas transdisciplinares, as quais são correspondentes na formação universitária e acadêmica.

[29] "Portanto, a ciência da informação não 'nasce' ainda como uma ciência social. Muito ligada inicialmente à computação (como atesta, por exemplo, a importância do trabalho de Vannevar Bush) e à recuperação automática da informação, ela vai, apenas nos anos 70, promover sua inscrição efetiva nas ciências sociais: 'A ciência da informação recebe das ciências sociais seu traço identificador' (González de Gomez, 2000, p. 6), como um 'sintoma das mudanças em curso que afetariam a produção e direção do conhecimento no Ocidente' (González de Gomez, 2000, p. 2). É, a partir de então, que podemos nos referir aos 'fundamentos sociais da informação'. Contudo, uma questão relevante é: De qual ramo das ciências sociais a ciência da informação se aproxima no primeiro momento? Que teorias sociais, conceitos e métodos alimentam a ciência da informação em sua inscrição

O controle informacional, com origens na Cibernética e na Teoria da Informação, na linha bélica de Vannevar Bush (1890-1974) e dos portugueses, franceses e espanhóis, para autores contemporâneos da linha da pesquisa documental histórica na Ciência da Informação é uma derivação do desenvolvimento econômico e tecnológico. Os caminhos da pesquisa com extensões culturais, no Brasil, e fundamentos da extração dos termos de resumos, a partir da leitura documental, consideram as linguagens documentárias que são baseadas em linguagem natural de amplo conhecimento social.

Projetando a Infografia do Café, para a estruturação de linguagens de indexação a seu serviço, requer-se o domínio do léxico, isto é, da extração e aplicação de palavras-chave pertinentes ao corpus dos documentos a partir do levantamento da rede paradigmática e sintagmática. Podemos dizer, assim, com fundamentação teórica na Linguística, que o léxico compreende uma lista de termos descritores disponibilizados de acordo com a lógica aplicada aos Vocabulários Controlados.

Os participantes da arquivística analisam o documento do ponto de vista da cultura de seu país, os destinam ao Tratamento Documental em classes, grupo ou séries e relações da codificação que estabeleceram no projeto de organização e que podem servir de estratégias de leitura para extração dos termos e sua futura disponibilização. O processo que aqui nos interessa figura como uma rede de palavras preferenciais, priorizadas no documento em leitura, para que sirvam de mediação entre o indexador e os usuários no processo de ladrilhar corredores temáticos. A interação com o sistema de recuperação da informação arquivística para o qual estamos direcionando esta pesquisa fundamenta a realização de site e, principalmente, servirá para estimular a leitura documental a respeito do universo do Café. A articulação das classes priorizadas — em metáforas aplicáveis — e a sistematização do conjunto de termos extraídos do documento, por classes, categorias em ordem alfabética etc., é o que apontamos como resultado nesta pesquisa.

A busca de imagens indexadas associadas na percepção dos termos conduz a uma experiência da leitura da imagem, baseada em Bachelard (2013), como uma aventura da percepção que se diz distinta em duas instâncias: 1. a imagem percebida; 2. a imagem criada. "Em outras palavras, para nós, a

---

nas ciências sociais? E como se dá a evolução dessa inserção? Para que se possa responder a essas perguntas, elaboramos, a seguir, um sucinto panorama da evolução teórica das ciências sociais" (Araújo, 2003, p. 22). A discussão permanece em aberto e questiona-se não mais a natureza do objeto da Ciência da Informação, mas sim as mudanças paradigmáticas que envolvem as Ciências Sociais.

imagem percebida e a imagem criada são duas instâncias psíquicas muito diferentes e seria preciso uma palavra especial para designar a *imagem imaginada"* (Bachelard, 2013, p. 3) (grifo do autor). As *imagens imaginadas*, para o autor, estão vinculadas à sublimação dos arquétipos e não aparecem como reproduções do real. Entende-se por sublimação o dinamismo mais normal do psiquismo, oriundo do "próprio fundo humano". Frente à enormidade das imagens disponíveis nos meios de armazenamento e disseminação informacional, o processo seletivo delas é respeitado a partir do método a que foram submetidas nas séries documentais. Nessa fase de levantamento, identificamos o contexto social como plataforma da ação dos homens, agentes seculares, trabalhadores dos campos, proprietários e comerciantes, escravos e colonos, confundidos nos mitos e registrados na história ocidental moderna.

• Projeto de Exposição Leitura do Café		
Para o projeto de exposição, indicaremos sumariamente a complexidade de uma proposta de leitura da significação do Café, claramente um produto universal, e que teve o seu ponto de partida na Etiópia e uma trajetória de mais de 500 anos de circulação de produção agrícola e no mercado mundial.		
Categorias: Grão-Planta-Bebida-Local	Dimensões criadas a partir de recursos tecnológicos: criação de jogos virtuais, holografias e possibilidades de criação de imagens	
Onde?	Instituições de interesses educativo e cultural	
Documentos do Café	Acervos pesquisados entre outros. Mapas citados	
1.1 Desenvolvimento e polo teórico - Ciências Sociais Aplicadas		
Discussão epistemológica	Sistematiza problemas para Ciências Sociais Aplicadas	Indexação e Mediação da Informação
	O papel dos arquivos, museus e bibliotecas e as formas de descrição do objeto	Polo técnico (paradigma físico – sistemas informacionais)
Leitura Textual Origem e Expansão Corredores simbólicos do Café Teoria referencial do significado	Territórios e regiões	Agentes institucionais
	Estruturas sociais variáveis	Agentes de circulação da informação
	Linguística (a partir de Vocabulários Controlados)	Agentes da representação simbólica da imagem
	Produção (natural, mecânico, humano)	- Atmosfera social

	Frases denotativas (Russell, 1974) a respeito do Café e traços da informação: - produção - maquinário - instrumentos - agentes	
Teoria da Denotação (Russell, 1974)	Definidas	Indefinidas
	"Um homem" Escravo Patrão	"Uma frase denota apenas por sua forma" (Russell, 1974, p. 3)
	Imigrante	Ambiguidades da palavra "Café"
Definida: Leitura e Dimensão Virtual do Café – Expressão de suporte linguístico e vocabulários controlados	"Definição Descritiva" – "Definição Essencial"	
	Na lógica medieval a descrição era considerada um discurso no qual se enviam significados aos caracteres acidentais e próprios das coisas: *Definito secundum quid* (definição sobre determinado aspecto)	
	XIX: Descrição e definição foram contrastadas e contrapostas. Na modernidade o pressuposto ontológico se dá para além do discurso, está presente na transmutação das virtudes do discurso em significações dos objetos materiais, assim como está representado no documento, instrumento este que é do Capital	
Leitura da Imagem **Categorias de análise icônica** (Carvalho & Lima, 1997)	Tipologias de espaço - Vegetação	
	Abrangências espaciais	
	Temporalidades	
	Infraestrutura – atividades econômicas, sistemas agrários	
	Eventos culturais e religiosos: vestimentas e objetos ritualísticos	

1.2 Leitura do café e aplicação de metáforas

Práticas simbólicas – Funções significantes

"Agora o Café vai coar!" – significa decisões bruscas de pessoas ou situações desafiadoras

"Café amargo" – momentos ruins, dificuldade financeira, desajustes

"Café no bule" – riqueza, fortuna, abundância, fartura

"Café pequeno" – situação ou fato insignificante, fraco, desprezar algo, fragilidade do adversário
"O café está na origem" – relativo às tradições hierárquicas
"Ouro verde" – refere-se ao produto Café quando, no Brasil, foi desenvolvido na economia de exportação
"Ouro de Kaffa" – relativo às tradições históricas e ao valor econômico
"Pausa para o café" – intervalo de trabalho, reuniões, exibições etc.
"Chama para o Café" – convite social
"Tomar um cafezinho" – convite social
"Vai ter que tomar o Café" – compromisso forçado
"O Café está no mato" – quando está sem tempo ou "folgado" em um bar tomando cachaça
"Paga meu felipe[30]" – brincadeira infantil - Depoimento de Amarildo Pratinha (Amarildo Cavalheiro, 8 /7/2023). *"Dei sorte de ver. Atualmente é difícil de achar por colher com derriçador motorizado. Interessante os costumes relacionados ao felipe de café que praticamente não se usa mais. Quando criança eu gostava de passar felipe para ganhar presentes, que consiste em esconder entre as mãos e pedir para o outro abrir as suas que por ser na época de colheita todos os adultos já sabiam, ou esconder em algum objeto e entregar para o outro que ao pegar ouvia um grito estridente. 'Paga meu felipe', que só tinha valor se estivesse com o cabinho. Bateu saudades"*

"Bir fincan kahvenin kırk yıl hatırı vardır" (língua turca) "Uma xícara de café vale quarenta anos de amizade" ou "Uma xícara de café compromete a uma amizade de quarenta anos" (conto popular da tradição oral)	"Os turcos dizem que uma xícara de café é lembrada por quarenta anos. Por que é lembrado por quarenta anos? Segundo a lenda, um vendedor de café de Üsküdar, distrito de Istambul, serviu uma xícara de café a um capitão grego durante os tempos do Império Otomano. Quarenta anos se passaram, e o vendedor de café foi capturado em uma guerra, mas então foi salvo pelo capitão grego que se lembrou do café que lhe foi servido quarenta anos antes. Quão valioso é isso!" (conto popular da tradição oral)

Quadro 14. Dimensão virtual e polo técnico. Estudo para exposição concebida enquanto um dos produtos finais deste empreendimento

Fonte: a autora (2014-2023)

Teríamos o esboço dos domínios e subdomínios da temática, entendendo por domínio a compreensão e aplicação da linguagem a respeito dos

---

[30] "Felipe de café" são dois ou mais grãos, formados juntos com apenas uma casca, e vale a troca por um objeto de valor de uso como roupa, sapato etc.

contextos do Café e por subdomínios as expressões e relações que deles possam surgir. Por outro lado, no âmbito da experiência de docência no ensino superior, trabalhando em projetos de pesquisa e extensão universitárias, as fases do processo de construção de sentidos entre termos e objetos seguiriam da seguinte forma:

- O leitor poderá experimentar o exercício das competências do profissional que levará o interessado (o aluno, por exemplo) a analisar conceitos e práticas, reconhecendo os fenômenos da informação estruturada nas instituições: arquivos, museus, bibliotecas e centros de documentação, no Brasil e no exterior.
- A especificidade semântica depende, portanto, da competência de gestão dos conteúdos, da relação da documentação e dos contextos culturais e históricos onde se insere.

5.2 O desenvolvimento sistêmico e tecnológico das operações criativas para significar conteúdos informacionais

As habilidades conceituais na base epistemológica instrumentalizam o reconhecimento da história e da difusão da informação institucionalizada, ou seja, potencializam o pesquisador a manipular as informações arquivísticas, esclarecem as intenções da formação das coleções museológicas, oferecem uso aos livros e difundem na imprensa e em meios digitais novos conteúdos sobre um produto da história.

Os ciclos vitais documentais (corrente, intermediário e permanente), próprios da gestão documental em relação à produção documental moderna brasileira e transitiva nos processos históricos da economia, oficializam os atos do órgão produtor dos documentos. A leitura documental esclarece que, entre extração de riquezas naturais e produção da cana-de-açúcar da colônia, indicaram as primeiras plantações do Café no Império e os altos índices de sua produção na Primeira República. O empirismo da pesquisa arquivística implica em procedimentos arquivísticos de Tratamento Documental e Preservação. Os tratamentos de organização e preservação que são baseados nos diagnósticos e conceitos apropriados de áreas multidisciplinares criam condições favoráveis para pesquisa no reconhecimento do fenômeno da Informação material e imaterial.

Reforçando o papel social do pesquisador e ao mesmo tempo o papel de mediador, os conteúdos serão recriados ao aplicar tecnologias na sociedade de classes. Dessa forma, as práticas, o desenvolvimento de linguagens eletrônicas e o estabelecimento da apropriação dos níveis sociais da recepção da informação devem constituir o reconhecimento de instituições (arquivo, museu e biblioteca), como também fortalecer e conhecer as políticas públicas ao incentivar os projetos de instituições privadas. Outro aspecto importante será difundir os conceitos da semiótica e saber reconhecer as diversas tipologias da documentação dos gêneros textuais, visuais e audiovisuais.

Não é possível processar os roteiros instigantes do conhecimento e da cultura e suas temáticas sem considerar a cegueira social. O alijamento de grande contingente populacional e a exclusão digital como consequência e variante da complexidade mundial decorrem também da ausência da participação popular nos conteúdos da leitura e difusão do conhecimento.

Quanto à organização nas políticas de organização relativas e equivalentes às culturas das realidades socioeconômicas de cada país (Brasil, Portugal, Itália e Turquia), mais uma vez será importante considerar também os contextos fundadores das diversas instituições para dar acesso à informação adequada, precisa e relevante ao usuário.

O Método Quadripolar, afeito à organização documental, matriz da discussão do Sistema de Informação Integral na Ciência da Informação, depende de maneiras interdisciplinares de pensar e agir frente aos documentos, prioritariamente aos arquivos. Avaliação e respeito aos conjuntos são direcionados para entender a organicidade e os tratamentos específicos de classificação destinados aos conjuntos documentais. Esses procedimentos são necessários porque previnem a ação limitadora da pesquisa, quando essa se apresenta de maneira isenta do viés da crítica social, completam Silva e Pinto (2005, p. 5):

> Torna-se, por isso, necessário, aqui e de forma muito abreviada, mas clara, apresentar o campo científico onde situamos a nossa abordagem e que é herdeiro de uma multissecular tradição encerrada, por razões históricas tão bem conhecidas, na esfera da Cultura, da história do Livro ou da Memória Arquivística essencial à (re)escrita da História em geral. Referimo-nos, claro está, à sincrética prática biblioteconómica e arquivística que surge na sequência da invenção e difusão da escrita e das sociedades políticas das civilizações pré-clássicas. Uma tradição longa e rica que sofreu nos séculos XIX-XX da nossa Era uma metamorfose crítica que está a alterar-se radicalmente, hoje, no contexto complexo e vertiginoso da Sociedade da Informação ou da Sociedade

em Rede, denominada pelo impacto transversal das TIC. Essa metamorfose consistiu, por um lado, na criação, após a Revolução Francesa (1789), de instituições estatais de recolha e disponibilização do patrimônio (nacional e estrangeiro) e documental (produzido ao longo dos tempos por entidades públicas e privadas), e, por outro, a progressiva separação, que se verificou desde finais dos oitocentos, entre os arquivistas dos Arquivos Públicos Históricos e os arquivistas envolvidos na organização, ordenação e disponibilização dos documentos administrativos e técnicos ligados à gestão corrente das mais diversas Instituições (nomeadamente governamentais), designados no contexto do 2º Congresso Internacional de Gestão da Tecnologia e Sistema de Informação, 6º Anglo-americano de records managers - (gestores de documentos) e entre os bibliotecários eruditos e documentalistas (seguidores da orientação inovadora Paul Otlet, nascido em 1868 e falecido em 1944, advogado belga, militante pacifista e fundador, justamente com Henri Lafontaine, do Instituto Internacional de Bibliografia).

A partir da leitura, se consideramos o suporte papel e realizamos comparações do documento analógico, na perspectiva da metodologia arquivística, impinge-nos alguns estímulos para selecionar, analisar e submeter as informações relevantes aos valores atribuídos à Infografia desejada. As atuais entidades (museus, arquivos e bibliotecas), que germinam na função e proposta social da dimensão virtual da informação crítica do Café, dão suporte às várias áreas interdisciplinares de nosso interesse. O envolvimento da Ciência da Informação, por exemplo na pesquisa semiótica, proporciona as correlações de sentido entre informação e documento, entre significantes, cujas vozes são ouvidas na composição de argumentos e proposições textuais, visuais e sonoras:

> [...] as categorias de Peirce são instantes da própria produção e leitura dos infográficos, como o são de quaisquer outros objetos. Os infográficos estão prenhes de ícones e índices, que a interpretação acaba por reduzir ao discurso verbal dos símbolos. A infografia facilita a percepção/cognição de imagens, diagramas e metáforas, tanto de modo icônico como indicial. Consequentemente, a interpretação das informações dadas, já que os infográficos são traduções simplificadas de modo anagramático e visual de informações mais complexas, transformam-se em discursos lógicos (Módolo, 2008, p. 118 apud Manini & Matos, 2016, p. 17).

Assim, a multidisciplinaridade, na Ciência da Informação, faz-se pelas estruturas operativas regulatórias científicas e sistemas probabilísticos relativos à capacidade criativa da informação baseada no paradigma social, na preservação de dados dos gêneros documentais, do ponto de vista material e por intermédio da arquitetura da web.

5.3 A leitura em direção à infografia na dimensão virtual dos documentos do Café

A leitura do Café, pela via dialética e do pensamento crítico, consiste em reconhecer paradigmas diversos, construídos nas linguagens controladas no que denominamos, na Ciência da Informação, de classificação codificada da matéria da organização da informação para fins sociais. A leitura documental sempre antecede os procedimentos do cumprimento da tarefa da organização documental, porém este estudo não trata da elaboração de controle de vocabulário e tesauros em que, o leitor interessado na investigação temática, subsidiado pela densidade das tabelas técnicas, ou das narrativas metodológicas dos sistemas de classificação, poderá criar as linguagens documentárias e instrumentos de seu interesse (guias, catálogos, inventários). Estas, fundadas na longa história das classificações dos sistemas de informação, são essenciais quando não encapsuladas pelas teorias dogmáticas que, embora cientificamente importantes, podem apresentar-se com as codificações quase inacessíveis[31].

As tradicionais estruturas de organização do conhecimento, como as listas de termos, classificações, mapas conceituais, taxonomias, ontologias, metadados e os métodos associados aos programas tecnológicos, são balizadas pelos procedimentos técnicos de acordo, nas normas nacionais e internacionais das leis de acesso à informação[32]. As codificações de acesso informacional nem sempre envolvem a população, o léxico e a cultura espe-

---

[31] Além da convivência honrosa, no âmbito do trabalho e da academia, que pude ter com as professoras Ana Maria de Almeida Camargo e Heloisa Bellotto, elas também me ajudaram a distinguir as camadas do trabalho dos historiadores a serviço da organização arquivística. Ambas criaram o Sistema de Arquivo do Estado de São Paulo (SAESP), o Sistema de Arquivo da USP-SAUSP e realizaram incontáveis assessorias e projetos em conjunto com a professora J. Smit. As parcerias entre essas professoras que pude observar durante décadas de minha vida ensinaram-se o trabalho conjunto entre a arquivologia, história e biblioteconomia. As linguagens codificadas representam a reta final de um longo trabalho, muitas vezes invisível, ao qual sempre reclamava a professora Ana Maria. Agora, que elas se foram, no mesmo ano de 2023, serão vistas pela falta e pela sabedoria que sempre compartilharam.

[32] Normas nacionais e internacionais das leis de acesso à informação: Lei n º 12.527, de 18 de novembro de 2011. Recuperado de https://www12.senado.leg.br/transparencia/indice-de-transparencia-dos-portais-legislativos/arquivos/sobre/cartilha-lai em 23 de outubro de 2023.

cífica. Para comunicar ao leitor a respeito desse paradoxo, entre linguagens acessíveis e os objetivos do tratamento documental, bem como para sermos extremamente breves na elucidação do que consideramos a organização a priori da leitura de um elemento (Café), esperamos que a dimensão virtual, em potencialidades tecnológicas, possa amalgamar as linguagens em significados culturais especiais. Preocupa-nos sair da ameaça da paralisia da informação retida em repositórios que, apesar de especiais nas bases do acesso democrático, são muitas vezes seletivos e espelhados na hierarquia da sociedade de classes.

Acredita-se na concepção da linguagem natural e na adoção das metáforas criativas para funcionar como estímulo da leitura quando edificadas para identificar possibilidades de posturas dinâmicas, na fruição dos dados dos sistemas reprodutores da interpretação. Assim, compreender-se-á com mais suavidade a importância do Café, pois além da esquina da história factual ou cronológica, pode-se notá-la na força helicoidal, em vórtex, para compreensão da história cultural de diversas comunidades a partir da saga do grão-produto na cultura, na religião e em suas influências econômicas e políticas, como as decorridas no cenário brasileiro.

A interessante posição de Silva e Ribeiro (2000) quanto à avaliação do fluxo da informação nas áreas que envolvem a pesquisa no Arquivo, na Biblioteca e no Museu, nominalmente na área ampla da Ciência da Informação, aprofunda os laços entre a leitura e os contextos orgânicos documentais.

O presente trabalho chama atenção para o "antes", para as significações memoriais do Café e a morfologia do trabalho adotada nos fundos arquivísticos ou coleções museológicas de cada instituição. Assim, o exemplo de Silva e Ribeiro (2000) usado para ilustrar a explicação da mudança de procedimentos adotados pela perspectiva do descarte dos documentos de arquivo procede da seguinte forma: "do valor primário (para a entidade produtora) e um valor secundário (para investigação)" dos documentos, arrefecendo as posições mais radicais como de Ole Kolsrud e Hilary Jenkinson (apud Ribeiro, 2005, p. 8):

> [...] a perspectiva de Schellenberg, apesar de altamente subjetiva, uma vez que não permite determinar, de forma científica e rigorosa, os critérios que norteiam a atribuição do valor secundário, teve uma importância inegável e marca, desde meados do século passado, o trabalho de avaliação da informação (Ribeiro, 2005, p. 9).

Pois bem, a informação vista no conjunto, no fundo, na série e no texto pode ser redimensionada no valor contextual da cultura, e foco na informação, pois se trata de um

> [...] conjunto estruturado de representações mentais codificadas (símbolos significantes), socialmente contextualizadas e passíveis de serem registradas num suporte material (papel, filme, banda magnética, disco compacto etc.) e, portanto, comunicadas de forma assíncrona e multi-direccionada, temos, desde logo, que passar a valorizar determinados aspectos relativos à própria informação que até agora, numa lógica documental, têm sido desprezados ou mesmo ignorados (Ribeiro, 2005, p. 10).

Nos valores dos contextos orgânicos dos documentos estão registradas as bases da ação dos indivíduos, da criação significada das metáforas, que são expressões repletas de ambiguidades, polissemias, significados amplos, com funções alegóricas passíveis de interpretações e que objetivam auxiliar as operações lógicas, processadas nos acervos. O estudo, quando baseado nos documentos de valor secundário[33] (analógicos ou digitais), permite ações em vários níveis de mediação entre educação, didáticas, arte, produtos expositivos, narrações, reproduções de conteúdos, sites, performances, entre outros, que serão apresentados em projetos e que consideram o olhar sobre os diferentes contextos e os desafios que a exposição cultural sobre cada país representa. Sistematizando a abordagem metodológica e a experiência empírica da pesquisa realizada sobre o tema Café, cuja proposição descreve-se a seguir;

- Um *website* ou *homepage* a ser efetivado na web;
- Uma exposição que deverá sintetizar o conhecimento produzido de maneira, em pesquisa, a garantir o acesso democrático ao saber científico valorizando contextos.

Os indícios e lendas na origem histórica do Café atestam que o produto difundido é o *Coffea arabica L.*, de origem ligada à história da agricultura no

---

[33] Na arquivística, as intenções do profissional da informação de se valorar os documentos, com valores primários ou secundários, são explicados pelo segmento da Identificação documental. O conceito de documento primário em que, na existência plena de suas atividades, o documento está "vivendo" a sua fase de uso corrente. As notas do Arquivo do Estado esclarecem: Valor primário: valor atribuído a documento em função do interesse que possa ter para a entidade produtora, levando-se em conta a sua utilidade para fins administrativos, legais e fiscais. Recuperado de http://www.arquivonacional.gov.br/images/pdf/Dicion_Term_Arquiv.pdf em 20 de janeiro de 2017. Valor secundário: valor atribuído a um documento em função do interesse que possa ter para a entidade produtora e outros usuários, tendo em vista a sua utilidade para fins diferentes daqueles para os quais foi originalmente produzido. Recuperado de http://www.arquivonacional.gov.br/images/pdf/Dicion_Term_Arquiv.pdf em 20 de janeiro de 2017.

planeta e remonta à região da Abissínia, de onde avançou pelo sudoeste da Arábia. As sementes do Café foram levadas possivelmente por peregrinos a Meca, introduzido pelos árabes na Índia e pelos holandeses nas antigas Índias Orientais Neerlandesas (Ferrão, 1999). Holandeses e franceses cultivaram-na em seus jardins que se expandiram para a América:

> Aunque el café, tan pronto como llegó a Estambul, se encontró con una notable oposición, con el tiempo consiguió fundar su reino en esta ciudad y atrajo a sus filas la mayoría de sus oponentes. Su olor embriagador, su sabor exquisito, así como sus causalidades estimulantes y relajantes, no son los únicos factores que incurren en su éxito. Aparte de estos rasgos, el café posee un asombroso encanto para congregar a la gente. En efecto, lo que más preocupaba a las autoridades otomanas de aquella época era que la gente se reuniese y hablase de la política en los lugares públicos – como los estabelecimientos de café – donde se consumía el café. Aquellos que dieron decretos –fetwa – con el fin de prohibir el consumo de café, seguramente estuviesen acostumbrados a tomar cafés amargos en grandes tazas. Sin embargo las prohibiciones no tuvieron efecto y el café llegó a introducirse también en el Palacio ocupando un lugar primordial en el protocolo (Ayvazoğlu, 2015, p. 7).

Com a propagação do Café no mundo islâmico, no século XVI, segundo o opúsculo de Abdülkadir al-Cezireî intitulado *Umdetü'l-safve fi hilli'il-kave*, as primeiras notícias sobre a grande popularidade do Café chegaram ao Cairo desde o Iêmen, em princípios do século XVI (Ayvazoğlu, 2015). Comuns, informações oriundas das fontes primárias e apropriadas, tidas como fundamentais para gerar fontes secundárias, são também os registros documentais recuperados por autores que indicam os destinos migratórios dos peregrinos rumo a Meca, quando se utilizavam da bebida como estimulante para caminhar na mesquita Al-Masjid al-Ḥarām. Ayvazoğlu (2015) constrói a história a partir da narrativa sobre os barcos que chegam ao porto de Tophane, em Istambul, que no ano de 1543 não compreenderia apenas uma embarcação, mas muitas procedentes do Iêmen, como descreve Katip Çelebi, na obra indicada por Ayvazoğlu, intitulada *Mîzânü-'l-Hak*:

> El preconocimiento de Ebussuud Efendi del café, y lo más importante, su importación desde Yemen por vía marítima, demuestra que esta bebida había sido bien introducida en la vida cotidiana de Estambul. Sin duda alguna los peregrinos en su larga peregrinación hacia la Meca se encontraban con el café y, muy probablemente, a su vuelta traían alguna cantidad del mismo. Una vez que Egipto y

> *Yemen formaron parte del dominio otomano en 1517, el llegó a ser automaticamente un produto consumido dentro de las fronteras del Imperio otomano, por lo que su llegada a Estambul era inevitable* (Ayvazoğlu, 2015, p. 10).

Nas narrativas das lendas a respeito do Café apareceram pastores, cabras excitadas, apoiadas em pernas traseiras e comendo folhas do arbusto quando ainda não havia sido classificado pelo botânico Carl Linnaeus, ou simplesmente Lineu (1707-1778). São imagens de um mundo do passado imaginado, virtual, da iconografia de finos desenhos, ou pinturas e aquarelas de tendas, poeira do deserto e cajados de pastores. Contrariamente às imagens lendárias, há relatos de resistência às proibições por parte de governos por duvidosas avaliações sobre a bebida, em razão de "passar de mão-a-mão", até alcançar localidades do plantio efetivo para o sucesso do processo econômico: produção, beneficiamento do grão, secagem, armazenamento, comercialização e consumo. No âmbito da articulação teórica, no inter-relacionamento das fontes documentais disponíveis e das oralidades, fazem parte os mitos e as lendas (Magalhães, 1939, p. 121) da enormidade do material das fontes de investigação. Desde já podem servir para a leitura semiótica crítica dos elementos constituintes e narrativas simbólicas.

5.4 Documento do Arquivo Otomano

Arquivo Otomano. Istambul. Turquia.
Documento A. DVN. MKL, 88/11/İKTS, 124.

> Kahve tarımi yapmak için Brezilya'nin São Paulo şehrine gidecek olanlara özel şartlar ve işler, Göç Brezilya kanunu tarafından himaye edilecektir. Her çiftçinin sağlığı yerinde olmalıdır. Çiftçinin tekrar geri dönmek tehlikesiyle karşı kalmaması için buraya gelen doktorlar tarafindan muayene olacaklardır. Göçmenler Patras Limanı'na gidecekler ve oradan Santos Limanı'na çıkarılacak orandan trenle ikiminin hoşluğu ve havasının güzrlliği herkes tarafından bilinen Sao Paulo şehrine benzer getirilecekleri adı geçen iklimin Yunanistan'ın iklimine benzer olduğu ilgili olanların araştırmaları sonunda meydana çıkacaktır. Göçmenler Brezilya'nın Sao Paulo şehrine varır varmaz göçmenlere ayrılmıs büyük oteline yeleştirilecekler. Burada kendilerine sekiz (8) gün ücretsiz olarak yemek ve yatak verilecektir. Göçmenler sekiz (8)

gün geçikten sonro geniş araziye sahip alanlar tarafından alınıp bunların çiftçilere ayrılmış hanelerine ücretsiz olarak yerleşeceklerdir. Bunlara tarım memurların tarafıdan işin ceşitleri gösterilek ve buna mülk (ler)in sahibi mecbur olacaktır. Karı, koca ve on iki (12) yaşından büyük olmak üzere üç (3) çocuktan oluşan bir ailenin on bin (10.000) fidan elinde bulundurmaya hakki olacaktır. Bundam senelik on iki bin (12.000) Frank alacaktır. İş erkek ya da kadin on iki (12) yaşından on sekiz (18) yaşına kadar olan işçiler tarafıdan yapılabilir. Beş (5) sene geçince aileler kendi kendilerini edilecek miktarda gelir ve semaye sahibi olacaklardır. Göçmenler her eşyasnını bereberinde götürmek hakkına sahip olacaklardır. Göçmenler aşağida aranan şartlara uygun olmaralı gerekmektedir.

İlk olarak: Çiftçi olduklarına dair belediyeden diploma,

İkinci olarak: Namuslu olup anarşist veya sosyalist komitelerine bağlı olmadıkları, Üçüncü olarak: Güney Amerika'ya hiçbir zaman göç etmedikleri, Göçmen'e ve ailesine başriyla aşı işlemi yapuldiğına dair doktorların raporuna ilişkin üstteki şartlar Sao Paulo Hükümeti' nin Tarım Bakanlığı' nın resmi ilanıdır.

Patras' ta Genel Acente

N. Ğ. Yokiyadis

Adi geçenden veya Malta' daki Z. Çouru' dan daha ayrintili bilgi alinabilir.

O documento A. DVN. MKL, 88/11/İKTS, 124. selecionado no Arquivo Otomano, traduzido a seguir, uma vez compreendido na tradução para o português[34], descreve as condições especiais e postos de trabalho para aqueles que irão para trabalhar na cafeicultura no Brasil, na cidade de São Paulo.

A migração será patrocinada pela legislação brasileira. Cada agricultor deve estar em boas condições de saúde para que o agricultor não corra o perigo de ter que retornar. O emigrante será novamente examinado pelos doutores no Brasil. Os emigrantes irão embarcar no Porto de Petras e de lá serão desembarcados no Porto de Santos. Após o desembarque no Porto de Santos os emigrantes farão uma viagem de trem para a cidade de São Paulo, que é conhecida pelo clima agradável e pelo seu bom tempo. Pesquisadores que investigarem a região perceberão no

---

[34] A tradução livre para a língua portuguesa foi realizada por José Rafael Medeiros Coelho.

final de suas pesquisas que o clima de São Paulo é similar ao clima da Grécia. Assim que os emigrantes chegarem à cidade de São Paulo, eles serão imediatamente acomodados em um grande hotel destinado à acomodação gratuita. No Brasil, eles receberão durante oito (8) dias alimentação e acomodação gratuitas. Depois de decorridos oito (8) dias, os emigrantes serão recebidos e acomodados em habitações que foram separadas para eles pelos grandes proprietários de latifúndio. Serão ensinadas aos emigrantes as variedades do trabalho pelos funcionários agrícolas. É obrigatório que os proprietários de latifúndio forneçam esta instrução aos migrantes. Uma família de migrantes constituída por esposa, marido e três (3) crianças maiores de doze (12) anos terá o direito de receber dez mil (10.000) mudas para cultivar. Do cultivo anualmente receberá doze mil (12.000) Francos. O trabalho poderá ser feito por trabalhadores homens ou mulheres que estejam na faixa etária de doze (12) a dezoito (18) anos de idade. Depois de cinco (5) anos as famílias terão renda e capital em quantia suficiente para sua própria subsistência. Os emigrantes terão por direito levar consigo todos seus pertences. É necessário que os migrantes estejam em conformidade com as condições abaixo.

Em primeiro lugar: Um certificado da municipalidade comprovando que são agricultores,

Em segundo lugar: Que sejam honestos e que não estejam afiliados a comitês anarquistas ou socialistas,

Em terceiro lugar: Nunca haverem antes emigrado à América do Sul.

Um atestado médico comprovando que o emigrante e sua família foram vacinados. As condições acima em relação ao atestado médico de vacinação foram estabelecidas e oficialmente anunciadas pela Secretaria da Agricultura do Governo de São Paulo.

Agência Geral em Patras.

Mais informações podem ser obtidas com N. Yorkiyadis ou com Z. Çoru em Malta.

No quadro a seguir, tratamos da leitura dos termos extraídos dos documentos da língua turca, baseados na ação dos sujeitos na história, nos séculos XV e XVI, sobre a proibição do Café, para identificar o agente na história.

TERMO 1	Português	Türk
	Muhammed Ebussuud Efendi	Muhammed Ebusu'ûd Efendi
Agentes na História	Muhammed Ebussuud Efendi (1491-1574): Foi o Sheikh ul-Islam que, no século IV, durante o período do reinado do Padixá Sultão Solimão, o Legislador, proclamou uma *fatwa*, segundo a lei islâmica proibindo o Café.	Muhammed Ebusu'ûd Efendi (1491- 1574): 16. Yüzyıl'da pâdişâh Kanunî Sultan Süleyman döneminde kahvenin İslam hukukuna göre caiz olmadığına dair fetva veren şeyhü'l-islam'dır.
Referências bibliográficas (Kaynak)	Şeyhülislam Ebusuud Efendi, Mecmu'a-yı Fetâvâ, Biblioteca Pública de Bayezid, nº. 2757, p. 211b, 278b.	Şeyhülislam Ebusuud Efendi, Mecmu'a-yı Fetâvâ, Bayezid Umumi Kütüphanesi, nº. 2757, s. 211b, 278b.

Quadro 15. Termo Khave em língua portuguesa e em língua turca
Fonte: a autora (2016)

O âmbito da alfabetização no Brasil deve-se à compreensão do funcionamento do sistema colonial e à participação ativa dos jesuítas como missionários, educadores e interventores. Peremptoriamente, o período colonial longo, de 1500 a 1822, pode ser observado por três pontos de prolongamento de suas características de atraso social: 1. no mundo da ruralidade extrema até o século XX e sistema de produção extrativista; 2. a sociedade fundada nas estruturas da escravatura e favorecimento da classe dominante; e 3. a manutenção do analfabetismo no meio rural e urbano.

5.5 Infográfico e as dimensões virtuais do Café[35]

5.5.1 Espaço

O primeiro ponto da linha que desenha o espaço foi o que deu singularidade à história do Café, que partiu da Etiópia, África, Mar Vermelho, Golfo de Aden, em direção ao Iêmen, na península da Arábia. O segundo ponto da linha que disseminou o Café, por via marítima, indica o Egito em direção à Turquia, intensificada através da franca expansão para a Europa, no século XV. O terceiro ponto parte de Portugal; o quarto ponto será fixado como o lugar de chegada na trajetória da volta do Brasil a Portugal.

---

[35] As dimensões virtuais são definidas segundo as operações mentais, organizando os conteúdos dos contextos ambientais, humanos e temporais que são regidos por quatro pontos condutores espaciais: espaço, territórios e regiões, agentes.

As linhas marítimas são recuperadas a partir do entendimento sobre a trajetória da mercadoria Café ao longo das navegações. Nos dias atuais, devido ao uso documental nas instituições curadoras da documentação do século XVI, pesquisadores dedicam-se para a restituição do cotidiano das populações em terra, das tripulações das embarcações, dos mecanismos de controle de mercadorias, de fiscalização da saúde dos tripulantes e da descrição das mercadorias (especiarias e riquezas) durante o intenso tráfego comercial e marítimo. A história da "introdução do Café" no país, pelas mãos de Palheta (Magalhães, 1939), atesta que foi a maneira possível de redimensionar os fatos através dos documentos do Arquivo Nacional da Torre do Tombo e Ultramarino, ambos em Lisboa, em da coleta de informações. Essa é a única forma possível da chegada do produto ao Brasil, segundo historiadores, até então relatada. Durante quatrocentos anos, período do declínio do Império Colonial Português, quando o mundo consumia bebidas ainda consideradas exóticas, além do mitológico vinho, bebidas essas provenientes do aquecimento proveniente do rum e da aguardente no século XVII:

> *Chocolate, chá, café.* Ao mesmo tempo, ou quase, que o álcool, a Europa, no centro das inovações mundiais, descobria três novas bebidas, excitantes e tônicas: o café, o chá, o chocolate. Todas três trazidas de além-mar: o café é árabe (depois de ter sido etíope), o chá chinês, o chocolate mexicano (Braudel, 1996, p. 221). (grifo do autor)

Assim, os métodos da criação literária abusam das formas linguísticas imperativas na polissemia, mas não devem ser os mesmos dos métodos aplicados às das técnicas das descrições que, mesmo fugidias, não admitem os relatos emocionados da realidade vivida, na maioria das vezes totalmente desprezados pelo cientificismo. A leitura documentária, ou leitura técnica, reserva uma margem de erros acrescida do desconhecimento da língua, do tempo pretérito, dos preconceitos culturais de origem e da recriação no mundo contemporâneo.

Realizada a seleção documental dos acervos das instituições selecionadas, a leitura contempla os documentos históricos, a identificação das partes dos textos e a capacidade de quem os lê para sensibilizar-se com as atribuições dos pesquisadores ou de quem analisa os documentos para inúmeros fins.

Os arredores dos territórios, concebidos nos corredores contextuais do Café, são compostos de frases significativas dentro das categorias criadas, e ajustam-se como ladrilhos dos corredores das significações históricas, culturais e religiosas. Ponte, túnel, aeroportos, ruas, fronteiras, entrepostos.

Pergunta-se como associar os termos substantivos aos contextos culturais num oceano de informações no qual ainda se apresenta o problema da interpretação? Pela via semiótica, tais elementos são relacionados na complexidade da semiose na leitura do documento selecionado.

O termo extraído do texto, e ajustado à comunicação, é confiável para aplicação científica e literária, é preciso e serve para compor as classes dos corredores do Café? Todas as perguntas feitas durante a seleção, leitura e extração dos termos dos documentos seguem a lógica espacial do que compõem os arredores dos territórios, que objetivam constituir corredores nominais da estrutura simbólica e cultural de cada um deles?

Apresentamos o processo de leitura documentária, tomando o exemplo do documento do arquivo turco, dependente da superestrutura textual da tipologia documental específica. A atenção do leitor, do pesquisador, deve considerar as informações mais relevantes do documento, que podem servir para introdução ou conclusão do texto-referente.

As condicionantes de ordem metodológica, isto é, se a organização da informação está pautada em critérios científicos e associada às variantes da capacidade interpretativa do leitor e poderão ocorrer ou derivar numa recuperação da informação eletrônica, repleta de possibilidades criativas, e comprometida com a qualidade científica e poética.

Assim, a leitura totalizada — desde o conteúdo (corpus) do documento até extração de termos — favorece a composição de uma listagem simples de termos, baseada em experiências já realizadas com anotações dos termos em ordem alfabética, substantivos simples, compostos e próprios (nominais). Para um processo de indexação de documentos, são exigidas etapas fundamentais na metodologia, procedimentos técnicos e capacidade de investigação e síntese de quem executa a ação na leitura e da indexação documental.

O processo técnico sistematizado surge de normas linguísticas, da coerência e coesão, impulsiona o ato de criação e determinação de categorias sociológicas e geográficas. Milliet (1941) caracterizou a história do Café no Estado de São Paulo definindo zonas principais (Norte, Central, Mogiana, Paulista, Araraquarense, Noroeste, Alto Sorocabana) de acordo com a linha da instalação das redes ferroviárias, mas sobretudo, nomeou geograficamente as regiões produtoras. A paisagem geográfica é sustentada pela expansão econômica cafeeira e dela surgem as Categorias formadas que organizam os termos conforme apresentadas no item 3.2.1.

5.5.2 Territórios e regiões

Os territórios projetados são imaginados, desenhados, medidos e relacionados à terra e à política, logo, a noção de região refere-se às características culturais das regionalidades, contando com a ação humana (agente). Se a região administrativa é definida no tempo por razões socioeconômicas e políticas, a região geográfica é definida no tempo por razões naturais, acidentais da natureza, antrópicas, culturais, por determinações ou consequências socioeconômicas e políticas. A região cultural, por sua vez, define-se no tempo por etnias mistas, híbridas, por razões de dominação socioeconômica, bélica, política e natural, além de movimentos migratórios. No exemplo do Quadro 15, o termo Agente refere-se à ação do legislador.

5.5.3 Agentes

Nas categorias, é o Agente o elemento recorrente, o indivíduo e sujeito da ação, aquele que produz e transforma o espaço do campo, o mar, o espaço rural, urbano ou marítimo. O Agente faz circular, é aquele que vende, idealiza, registra, representa, reproduz, representa com suas ferramentas, com sua arte, que encerra os processos das sortes das sobrevivências.

Compreende-se um signo a partir do outro signo, no jogo dos territórios, regiões e arredores, onde se apresentam contraditórios e complementares. Na relação da consciência do mundo, da sociedade, os signos e significados não são universais e muito menos há uma língua universal. As caligrafias de seus agentes, nos diferentes continentes, são diversas e carregam significados simbólicos particulares.

Nessa paisagem humanizada, os Agentes são seres humanos distribuídos em funções diversas da hierarquia social e dotados de técnicas de comunicação. São eles: escravos, empregados mulheres no trabalho doméstico e na lavoura, homens nos serviços domésticos, na lavoura, no comércio, crianças e adultos no trabalho. Os patrões, comissários, negociantes, juízes, censores, advogados e médicos são apresentados na comunicação de forma privilegiada.

Na visão acentuada da economia do mundo capitalista, corre-se o risco de se limitar a compreensão da leitura documental, no que se propõe fazer com a aproximação da informação e contextos das sociedades, do acesso e de se restringir os conteúdos informacionais a partir da perspectiva da elite e de seus interesses políticos e econômicos. O mundo do capital e do mercado, ou até mesmo dos fatores do controle da religião, são forças incidentes no consumo dos produtos industrializados do século XX. A exemplo do Café, as imagens das ilustrações "folclóricas", que circularam amplamente em jornais, periódicos e cartões postais, são carregadas de preconceitos e racismo.

Figura 9. Wexelsen, J. Mashilla. Means of Travelling in East Africa. Cartão Postal, 14 x 9 cm. O fotógrafo J. Wexelsen produziu imagens de localidades africanas no início do século XX. Fotografou moradores, trabalho, costumes e paisagens, na maioria de Beira, Moçambique, África

Fonte: arquivo pessoal (2015)

Figura 10. Wexelsen, J. Mashilla. Means of Travelling in East Africa. Cartão Postal (verso), 14 x 9 cm

Fonte: arquivo pessoal (2015)

Assim, podemos levantar a hipótese de que as proibições da bebida a consagraram com o atributo da raridade e, ao mesmo tempo, fomentaram o consumo da mesma. A partir do lugar que ocupam os Agentes do Café na história social, é possível ler mais do que o fomento do desenvolvimento industrial, urbano e institucional que, em decorrência da produção de exportação do Café, foi definitivo o hábito do seu consumo no cotidiano das pessoas.

Além disso, Francisco de Melo Palheta, Sargento-Mor (século XVIII), o agente protagonista tido como responsável pela introdução do Café no Brasil, teria sido apenas um agente social do imaginário romântico ou um componente de retração e expansão econômica social? Para o Agente Palheta, para a cultura luso-brasileira, a figura reproduzida em desenhos, e interpretada no cinema e livros didáticos, tornou-se um vetor da imaginação e vontade (Bachelard, 2013, p. 51-83) da simbologia do Café. A figura masculina do Sargento-Mor denota masculinidade, poder como sinônimo da virilidade, elegância e dominação. Nos desenhos que circulam nas publicações sobre o Café no Brasil, Palheta é retratado com perfil de autoridade governamental, dono do semblante em expressões severas e denota a "racionalidade" de um militar em que deixou o legado de documentos imperiais.

Personagem envolta em histórias de conspiração e sedução, *madame* d'Orvilliers, esposa do governador da Guiana Francesa, entregou as cobiçadas sementes de café a Palheta. Tela de Henrique Cavalleiro

Figura 11. Imagem reproduzida de "Francisco Palheta e o cafezinho do Brasil"
Fonte: Multi Rio (2014)[36]

Exótico na indumentária, o sargento Palheta tornou-se imagem criadora da imaginação reprodutora da "força" do Café no Brasil, em meio ao universo destroçado das colônias produtoras.

Pelas vertentes econômica, política e religiosa, entrelaçadas e substanciadas pelas ideologias e religiosidades (como Sufi na Turquia), explicamos fatores de expansão da *Coffea* até chegar ao Brasil, por vias ainda duvidosas do ponto de vista da comprovação.

A temática considera a transição institucional dos documentos arquivísticos (materiais e imateriais) em políticas para acesso informacional e função social. Embora o principal aspecto da pesquisa seja a publicação do conteúdo em livro, vinculado à produção do projeto com os argumentos dos principais "corredores do Café" recorrentes da produção do Café, voltamos o olhar para os efeitos profundos ocorridos nas culturas nos países

---

[36] Recuperado de https://www.multirio.rj.gov.br/index.php/reportagens/931-francisco-palheta-e-o-cafezinho-do-brasil em 30 de outubro de 2023.

referidos (Turquia, Itália, Portugal, Brasil) objetivando desenhar infografias necessárias para espaços, territórios, regiões e locais, priorizando as regionalidades das singulares culturas, em suas localidades.

A dimensão virtual sintetiza na visualidade a enormidade da informação temática e pede a inserção da arquitetura da informação, de modo que devemos concordar com o professor Armando Malheiro da Silva que, em discurso de abertura do Enancib (Brasil, 2016), abordou a respeito da complexidade da Ciência da Informação e seus enfrentamentos:

> [...] Ciência da Informação é uma ciência social que investiga os problemas, temas e casos relacionados com o fenômeno infocomunicacional perceptível e cognoscível através da confirmação ou não das propriedades inerentes à gênese do fluxo, organização e comportamento informacionais (origem, coleta, organização, armazenamento, recuperação, interpretação, transmissão, transformação e utilização da informação) (Silva, 2006, p. 141 apud Silva, 2016, p. 27).

A ideia promissora da análise e crítica social, contextual, favorece a organização da disposição informacional a partir do que se entende do polo morfológico, infográfico, originada na leitura documental, em proposição de organizar conteúdos na dimensão virtual do Café, e apresenta-se aqui de forma experimental e aos moldes do que se denomina "metaleitura", "que consiste no exercício polifuncional ou simultâneo de ler texto, ouvir e ver imagens legendadas ou 'faladas', produzir e enviar/receber mensagens [...]" (Silva, 2016, p. 27).

6

INTERPRETAÇÃO SOCIAL NAS DIMENSÕES VIRTUAIS DO CAFÉ

Para finalizar o texto, tomamos a produção dos primeiros rascunhos, as anotações de palestras de especialistas da área da Ciência da Informação, Arquivologia e Biblioteconomia que seivaram, com ideias e propositoras, os projetos em anexos[37]. Os esboços deram continuidade à coleta informacional, em textos e imagens, sob perspectiva do Método Quadripolar ao sistematizar a noção sistêmica da organização da pesquisa entre os polos epistemológico, o técnico, o morfológico e o prático.

Em relação a esse primeiro momento, da produção do Café no Vale do Paraíba Fluminense e Paulista, percebemos a importância da leitura documental (Quadro 1), considerando os limites de tempo e institucionais, e de como equacionar o apoio da pesquisa, as permanências nos locais, planejamento, redação de relatórios e com o desenvolvimento do texto, conjugados com a docência e extensão, na Universidade de São Paulo. Contudo, na recorrência dos fatos também percebemos que uma pesquisa dessa natureza deve ser continuada devido às novas proposições, aos debates, afastando-nos da heresia do mal das cópias teóricas, que se reproduzem como capim-amargoso, picão-preto, capim-pé-de-galinha, buva, caruru, tiririca, corda-de-viola, capim braquiária, poaia-branca ou como a ferrugem que marcou a memória dos cafeicultores. Assim, se o leitor a essa altura resistiu a leitura com humor, o momento pode indicar que, em conjunto, vencemos obstáculos da compreensão de uma ideia, dúvidas na composição de dados e contextos, e nos encorajamos para seguir as etapas posteriores do desenvolvimento do texto.

No segundo momento de reorganização dos pressupostos teóricos e práticos, no pós-doutoramento, procuramos cercar a temática na visão do

---

[37] Retomamos a memória do trabalho de pesquisa, caracterizada na fase de coleta de informações arquivísticas em instituições consideradas dotadas de competência histórica administrativa, guarda e preservação de seus respectivos acervos. Entre as formas de organização e as diferenças encontradas em instituições arquivísticas percorridas, as dificuldades no acesso à documentação são pouco relevantes frente às metodologias compartilhadas em linguagem documentária ocidental nos bancos de dados, guias, catálogos e inventários.

ponto de vista das marcas brasileiras na mundialização do Café, como exposto anteriormente, a partir do século XVI. Nessa altura dos anos de atuação profissional e na academia, realizando pesquisa, ensino e extensão, lembramos de Balzac (2027), em *Ilusões Perdidas*, para desobstruir os caminhos das dúvidas e nos afastar das pretensões intelectuais de esgotar o objeto em análise:

> Quando se copia a natureza, há erros cometidos de boa-fé: quando com frequência se avista um lugar, não se lhe adivinha inicialmente as verdadeiras dimensões; tal estrada parecia inicialmente uma vereda, o valezinho torna-se um vale, a montanha que olho julgava fácil de ser transposta pediu todo um dia de caminhada. Balzac. Paris. 15 de janeiro de 1837 (Balzac, 2007, p. 727).

As imagens da imensidão das fazendas, na perspectiva da infinitude, até onde pode o olhar alcançar, trazem a percepção melancólica, na tensão das relações sociais entre o poder econômico e condições sub-humanas dos trabalhadores da terra. Na tristeza dos olhares refletindo a solidão dos escravos, das famílias imigrantes assentadas nas colheitas do Café, mas deslocadas de suas origens, da distribuição desses indivíduos no grande tabuleiro de peças manipuladas pelo lucro, é evidente a responsabilidade do patronato em decadência no Vale do Paraíba Fluminense e Paulista. Por isso, a noção de sobrevivência dos pioneiros do plantio do Café e de enriquecimento dos chamados "pioneiros", em que se fundamentaram esses agentes sociais, no regionalismo e nas localidades, foram analisadas do ponto de vista do exemplo da região exportadora mais antiga do Café no Brasil, no Vale do Paraíba (Fluminense e Paulista), e na segunda maior grande produtora de Café no Brasil, a Região de Campinas e, a seguir, Ribeirão Preto (1890-1940) (Marcondes, 2007, pp. 171-192). A trajetória do plantio do Café, não necessariamente, ocupou terras excepcionalmente férteis e de grandes glebas. Todavia, as grandes plantações, tiveram sucesso direcionando-se para o norte do estado de São Paulo, chegando ao Paraná e, mais recentemente, ao estado de Rondônia, no ambiente amazônico. Todavia, desde o século XIX, já se encontrava no Espírito Santo e Minas Gerais. No chamado antigo Oeste Paulista, a região associa-se à ideia da abundância, do desejo da ascensão social de muitos, às apologias desmedidas do desenvolvimento tecnológico, do reforço da sociedade dos privilégios e pouco crítica das razões dos fracassos geracionais na sociedade da reprodução do racismo.

Nessa região, onde está baseado no sistema de exploração da mão de obra (escrava e assalariada), na exportação de riqueza, no endividamento e no atraso social, fizeram-se as marcas do sofrimento, das memórias maquiadas de superlativos, da folclorização das dores dos trabalhadores africanos, e o silêncio dos nascidos no país de imigrantes, e na proibição das expressões de suas rebeliões perdidas no tempo e no apagamento da memória social.

O Método Quadripolar, auxiliar de teorias das Ciências Sociais, foi visualizado em movimentos cíclicos (ou de vórtex) dos quatro ângulos da reflexão (Quadro 2). A partir da observação do contexto social do Café, fez-se do polo epistemológico o ponto de observação inicial, "ao longo de um ou de vários troncos hipotético-dedutivos" (Serres, 1968 apud De Bruyne, Herman, & Schoutheete, 1977, p. 89). Assim, pode-se continuar a citar os autores:

> Ora, o progresso científico, como bem observou Bachelard, efetua-se também por salto, por rupturas sucessivas que inauguram uma reestruturação geral da própria teoria, e isto não pode ser explicado pelo método hipotético-dedutivo sozinho (De Bruyne, Herman, & Schoutheete, 1977, p. 89).

Todavia, não poderíamos conceber a leitura documental como um "método experimental" ou como suficiente e acabado uma vez que se constata, na enormidade dos acontecimentos históricos balizados na busca de uma teoria educacional de apoio, contatando a insuficiência do paradigma da contextualização social, da educação plena e fluente na formação dos ensinos fundamental, médio e superior. E, também, vindo da racionalidade da estocagem dos dados estatísticos sem propósitos mediadores na área da Ciência da Informação, resta-nos a sugestão de associar profundamente, ao polo epistemológico, o paradigma epistemológico, baseado em Capurro, com articulações dos processos das coletas permitidas pelo polo técnico. No início do estudo, foi constituindo-se por um material registrado durante a coleta de informações, associado à análise epistemológica das Ciências Sociais e da História, das bases teóricas produzidas no escopo científico. As etapas de investigação seguiram a origem do Café, no encontro da história colonial brasileira e do Império português, a partir do entendimento da existência do fenômeno social, anunciado no paradoxo dos registros documentais dos fatos e a transformação social da produção do trabalho baseado na escravidão e na mão de obra livre, assalariada, amplificada pelas trajetórias comercial e lucrativa do produto Café, no sistema capitalista. E, no entanto, verificamos as significativas origens expansionistas dos capitais originados na produção industrial, das características culturais e dos significados que dele emanam.

A partir da hipótese das inserções das informações imbricadas a um contexto classificatório e argumentativo, atribuímos significados, substantivados, adjetivados em metáforas formadoras dos corredores consolidados no vocabulário em uso. Nas bases teóricas a respeito da tecnologia disponibilizada na construção da dimensão virtual, a análise do fenômeno da informação-Café, igualmente consolidado no vocabulário popular, esteve em torno da afirmação de que a cultura material, quando foi reconhecida através da convivência com os documentos históricos, torna-se matriz orientadora das pesquisas, e não apenas do documento-ilustração, uma modalidade do documento-fetiche. O encanto dos objetos nos traz o apelo contemplativo do passado e, muitas vezes, turva a visão crítica e dificulta identificar o objeto em seu contexto para outras descobertas além de seu uso imediato.

As anotações realizadas na coleta empírica, conteúdo armazenado em pen drives e DVDs, envolvem a fase identificada como polo técnico. Em boa medida, elas tornam-se o objeto da prática possível de recuperação informacional na construção de arcabouço destinado à dimensão virtual, sem dissociá-lo da complexidade contextual que o cerca, isto é, da manutenção das notações originárias das séries documentais, referências das fontes e datações precisas disponibilizadas nos instrumentos de pesquisas (guias, catálogos e inventários).

Durante dois anos da investigação e da vivência cultural, realizadas nas ambiências do Café, em acervos museológicos bem constituídos, visitando plantações atuais e fazendas antigas, no processo apurado da identificação das representações documentais quando armazenadas em acervos, foi definindo o propósito deste trabalho. Nesse tempo, a complexidade da Ciência da Informação se revelou no pensamento crítico da produção científica da área, admitindo as raízes nas Ciências Sociais e a profunda relação com a semiótica dos dados informacionais e documentais que vem se revelando a cada etapa de crescimento da investigação científica da área. Além dos protocolos legais da organização, do tratamento e das apropriações pelo pesquisador, são nas instituições pesquisadas em diferentes países e continentes que se verificam os movimentos entre coleta e modelagem para dimensões virtuais adequadas em expressões tecnológicas viáveis e não impossíveis de serem direcionadas para as populações. Por certo, as direções do pensamento na Ciência da Informação apontam para laços éticos e democratizantes, assim como apontam para as novas temáticas em torno dos processos decoloniais, formas de reparação social, recondução dos acervos aos países de origem e, principalmente, de fortalecer a luta pelo conhecimento socializado.

Os diversos modelos adotados nas Ciências Sociais Aplicadas provocaram um outro olhar para destacar, no primeiro momento, as correspondências dos significados dos termos "corredores" e "dimensões virtuais", dos quais emanam o físico, o material, o concreto, o imaginário e a transcendência do imaterial. Por isso, as dimensões virtuais formulam-se no polo técnico virtual, em que se manifestam, desde então, em coletas das informações documentais sobre o espaço marítimo das navegações ultramarinas, produção em outros territórios de grande circulação comercial. O segundo momento, quando se deu a conformação ao que se denomina polo teórico e polo técnico, no encontro particular com o dado empírico, verificamos as estruturas sociais e econômicas nas densidades previsíveis do passado e da memória, originadas das logísticas de produção do Café dos corredores regionais. "A interação dialética desses diferentes polos constitui o conjunto da prática metodológica; esta concepção introduz um modelo *topológico* e *não cronológico* de pesquisa" (De Bruyne, Herman, & Schoutheete, 1977, p. 36, grifos dos autores). Reconhecidamente, nas Ciências Sociais, as categorias de análise estabelecem correlações entre estruturas sociais e de poderes nas relações do trabalho, do domínio da terra, do servilismo e do patronado, nos caminhos e passos de aberturas de estradas de terra e linhas férreas para exportação no espaço marítimo entre os continentes.

Os documentos convergem as informações em proximidades multidisciplinares de análises espaciais da lógica temporal. São eles registros dos fatos históricos diferentes e criadores de sistemas informativos a partir da História Colonial e do Império brasileiro. Com o desenvolvimento das tecnologias na Revolução Industrial (Grã-Bretanha, 1780), as engenharias inglesas e portuguesas, as roldanas e o motor a carvão foram exemplares na tecnologia mecânica evoluída na República brasileira. As máquinas que fizeram o homem potencializar o transporte ferroviário e voar foram criadas com o financiamento da produção agrícola e exportação do Café.

No quadro seguinte, indicamos alguns conjuntos de conceitos e termos permitidos na exploração de metáforas, na coleta inicial e carregada de significados, conduzindo à infografia, em quatro principais corredores estruturados em quatro dimensões, para a organização da informação do período do Café:

CORREDORES DO CAFÉ
corredores ambientais
corredores do consumo
corredor cerâmico
corredor científico
corredor da cultura material
corredores culturais
corredor cultural
corredor cultural para a organização da informação da cultura material
corredor da classificação da informação museológica do Café
corredores documentais analógicos
corredor da fonte da informação do Café
corredores dos instrumentos
corredor ecológico
corredores escuros dos arquivos
corredor financeiro
corredor histórico – Brasil e Portugal
corredor histórico do Café
corredor humanitário
corredor imaginário do Café e possibilidades de reproduções do objeto
corredor metropolitano
corredor do museu ilustrado
corredor de ônibus
corredor da organização - informação da história oficial
corredor produtivo
corredores regionais, locais e das localidades
corredores significados – históricos, político, econômico e religioso
corredores simbólicos
corredores temáticos
corredor terminológico
corredores dos trabalhadores
corredor verde
corredores vicinais da economia

Elementos para organização da informação da história oficial em corredores temáticos
• **Local do contexto histórico/cultural** A partir do levantamento dos acervos das instituições e particularidades do *Café*. • **As instituições: museus, arquivos e bibliotecas** Desenvolvem-se os locais de armazenamento, processamento e expansão da documentação.
1. Classificação da informação econômica
Edificação e sistema produtivo local – localidades Das particularidades do patrimônio cultural edificado: 1) fazenda de café; 2) o interior do país; 3) reconduzir os conceitos de preservação cultural baseados na legislação da Constituição Brasileira; incluem-se as leis federais, estaduais e municipais e órgãos responsáveis pelos mecanismos de proteção, preservação e divulgação. No corredor produtivo, caracterizado pelo mercado financeiro, são fatos históricos o surgimento e falência dos Bancos e Bolsa de Valores. Os aspectos econômicos a partir da histórica sedimentação da produção do Café são representados nos acervos documentais e museológicos, protegidos com a implantação dessas instituições culturais. Destacam-se as fazendas produtoras de Café que tiveram finalidades transformadas, como o exemplo do Complexo Cafeeiro, sede da fazenda da produção econômica, para abrigar coleções museológicas.
2. Da representação nas Regionalidades
As particularidades do patrimônio cultural na recuperação das linhas das estradas de ferro e escoamento de produção para portos brasileiros, como o corredor paulista São Paulo-Santos, ou as expansões descritas por Ferrão (1999).
3. Da representação nos Territórios
Do ponto de vista geográfico e na expansão econômica e cultural do Café surgem os elementos da análise da história e expansão cafeeira e do desenvolvimento científico, educativo e cultural.
4. Das fontes da informação do Café
Estabelecer a interdisciplinaridade entre Museologia, Ciências Sociais e História nas funções sociais e distinções metodológicas na abordagem do objeto.

Quadro 16. Indicação de corredores visando à infografia em dimensões virtuais
Fonte: a autora (2017)

A primeira dimensão, da Organização da informação da história oficial, é aquela que advém das plantações nas largas fazendas brasileiras, da prática do agenciamento baseado em princípios científicos e nacionalistas e preocupa-se com a apropriação de objetos representativos das esferas familiares da oligarquia, da atividade doméstica, da atividade econômica expansiva, da religião, do domínio da natureza, dos benfeitores e dos experimentos da planta. Os personagens dessa história objetivaram a formação das coleções das bibliotecas, dos museus e dos conjuntos documentais da administração pública, como os mecenas e agentes culturais da sociedade em desenvolvimento baseado na economia de exportação. Nessa dimensão criada para dar visibilidade ao corredor das edificações, do transporte do Café, descreve-se o objeto das embarcações e trens a vapor. Nela, ordena-se o mundo das instituições, organizações e poderes. O avanço do capitalismo gerará diferenças sociais abismais das quais jamais nos livramos, assim como a eletricidade, no século XX, o sistema produtivo do capital de bens acumulados, fez render o lucro das indústrias durante as noites, e o trabalhador foi explorado com a mais-valia e constituiu-se o mercado financeiro dominante à luz do dia. O Café possui um aspecto dinâmico social para além das forças capitalistas transmutadas no lucro de poucos, bem como proporcionou crescimento moderno industrial e cultural em todo o mundo, mas também participou de um processo derivado em miséria social.

Os produtos educativos baseados no pensamento crítico são primordiais para inovar experiências baseadas na insigne da igualdade social e promoverem a criatividade, o pensamento lógico e interatividades possíveis.

A segunda dimensão, da Classificação da informação do Café, é aquela em que os objetos são (re)interpretados através da linguagem natural de uma sociedade. Ao se submeter tais objetos, dissociados de seus contextos, eles são submetidos ao processo de musealização e aos acervos, que lhes destinam novas denominações e classificações. Folhas e sementes da rubiácea são classificadas de acordo com o critério botânico que, antes de tornarem-se informação, também são submetidas ao processo museal, como o ocorrido no Museu Histórico e de Ordem Geral Plínio Travassos dos Santos, em Ribeirão Preto, entre outras exposições e espaços museológicos.

A terceira dimensão, da Representação nas Regionalidades, está relacionada à cultura do armazenamento informacional, como as Bibliotecas, Museus e Arquivos, instituições essas que são identitárias da organização a que pertencem e são valorizadas no processo de contextualizar os modos de fazer no espaço

(Certeau, 1994) e o sentimento de pertencimento dos usuários. E, por último, em uma quarta dimensão, das Fontes da Informação do Café, intensificada pela função social da memória, está presente a tentativa de se estabelecer a interdisciplinaridade entre Museologia, Ciências Sociais e História, ainda que limitada para atribuição de valores aos objetos, mais provenientes do contexto local do que da simbologia universal. Nos ambientes informacionais, a fabricação da informação automatizada, de natureza passiva, continua a insistir enquanto solução tecnológica objetivada no acesso e na apropriação informacional. Documentos, *per se*, visam se beneficiar dos atributos dos valores históricos, científicos e culturais que sejam baseados no domínio da linguagem natural, sistêmica, codificada, e controlam ambiguidades, sinonímias, funções conceituais etc. Na Ciência da Informação, persistimos na busca por conter a abundância dos significados dos termos. No entanto, paradoxalmente, as imagens e palavras povoam a universalidade das relações humanas na sociedade. Será necessária uma reeducação para reduzir o desperdício das significações que são frágeis demais para conduzir o leitor ao conhecimento sem as mediações das linguagens artificiais ou das porosidades decorrentes das manipulações da memória social e que produz falsas informações. Essa "demanda", como muitos pesquisadores a tratam, é também objeto de pesquisa. Todavia, ela não se impõe na abundância das significações culturais.

Controlar ambiguidades terminológicas é uma atividade das insistências da prática do profissional da informação. As metodologias voltadas para a recuperação informacional pressupõem o domínio da linguagem, a padronização de termos e o enfrentamento das dificuldades organizacionais frente às ambiguidades terminológicas. Os procedimentos são destinados a beneficiar a informação isenta de incertezas e disponibilizada de acordo com políticas de acesso. Conclui-se que os profissionais da informação almejam a informação exata, sem ruído, precisa, mesmo inserida em seu fluxo de contextos diferentes tecnológicos, históricos ou culturais.

Atualmente, a Inteligência Artificial mobiliza discussões entre os profissionais nas áreas da Biblioteconomia, Museologia e da Arquivística, olhando para o horizonte profissional modernizado obtido nas soluções tecnológicas no enfrentamento dos desafios crivados pela precisão informacional. Podemos dizer que são científicos os procedimentos humanos do controle de vocabulários, representação e recuperação informacional realizados no âmbito dos processos educacionais e profissional, garantidos pela inserção social, tão oscilante nos países originários em processos de colonização. Nesse âmbito, não estaria presente um paradoxo ético entre a busca do acesso informacional ideal e o respeito às diferentes etnias e culturas? Busca-se o desenvolvimento temático, representação e recuperação sem se cometer restrições de uso e acesso como aqueles ocorridos em governos autoritários quando orientados pelo racismo e preconceitos. Os profissionais da informação almejam, assim, a democratização do conhecimento, e parece ser inquestionável que, entre outras perspectivas da exploração da informação social, será a partir do que se considera informação, concebida como produto do conhecimento, presente no escopo teórico das áreas científicas no contexto histórico, que se dá sentido da busca por "uma verdade" científica para, assim, poder inferir sobre a realidade e mundo em que se vive.

6.1 Linguagens, cultura e a demanda infográfica

A comunicação entre povos possui uma antiga palavra: "Café". Essa palavra, que expressa um significado autônomo, mas repleto de significantes, já se constituiu em expressão ou metáfora dos significados da espécie, da plantação, da bebida, do local.

O novo conceito "Café", destinado a explicar as relações da produção social, do produto, desde o século XVIII, está na gênese da cultura e de sua rede complexa, em que há a sugestão da sociabilidade e raiz. As ditas contradições entre cultura popular e erudita, aparentemente findas, ainda não foram resolvidas em países como o Brasil devido à estrutura social e política de origem colonial, do racismo estrutural, onde a distribuição igualitária de direitos do trabalho e educação ainda está por vir.

O apelo democrático do direito à informação e à sua verdade continua resistente como categoria na compreensão dos Direitos Humanos. No entanto, para explicar diferenças sociais e direito à informação no combate às falsas informação e desinformação[38], faz sentido dar visibilidade aos artefatos e aos objetos do mundo, facilitadores da apropriação e compreensão da criatividade do espírito humano das classes sociais nos processos históricos e na hierarquização do conhecimento.

---

[38] O IV Seminário Internacional CIIbercid, 30-31 de outubro, 2023, discute os desafios disciplinares e profissionais na Ciência da Informação. As palestras, na tarde de 30 de outubro, As *Dinâmicas da desinformação*, apresentada pelo Prof. Dr. Carlos Alberto Ávila Araújo, Universidade Federal de Minas Gerais, Brasil; e *La Posverdad y la Ciencia de la Información Documental*, proferida pelo Prof. Dr. Miguel Ángel Rendón Rojas, Universidad Nacional Autónoma de México, México, analisaram do ponto de vista dos profissionais da área, a relação entre a fabricação da (des)informação e a percepção humana. A crise moral mundial inscreve-se na disseminação da (des)informação, de cunho político, religioso e criam-se urgências no posicionamento da Ciência da Informação. Esta que, naturalmente é exposta aos critérios éticos como ciência produtora de informações, vê-se compelida a assumir o paradigma social crítico, na produção do conhecimento.

O conceito de Cultura é, portanto, operatório para as Ciências Sociais, para a História e para Ciência da Informação, em que se fundamentam os paradigmas éticos e humanizados no mundo das ideias. Quando ligado ao conceito *informação*, a cultura tem fronteiras e vazantes, como: 1. está estruturada, mas não aparece ressignificada em termos dos sentidos amplos para a Ciência da Informação; 2. as noções de cultura e conhecimento atrelam-se à ideia de arte e ciência, que "fez-se o debate com as noções de documento e de informação social (formulada assim para significar que se baseia em signos e símbolos codificados e descodificados por humanos em grupo ou sociedade)" segundo Silva (2014, p. 30); e 3. a cognição, estudada nas áreas da Psicologia e Neurociência, auxilia a entender o conjunto de informações estruturadas, que podem ser socialmente comunicadas em linguagens determinadas.

Para falar de língua e linguagem foi necessário falar sobre documentos, do suporte no qual a informação se inscreveu. O documento nasce documento, e para tê-lo disponibilizado em organizações sistêmicas houve a intencionalidade do agente de organizar fontes, tipos, caligrafias, desenhos e toda forma de marcas e meios mecânicos ou eletrônicos. E é a partir dos leitores, usuários e apropriantes que se pode distinguir e difundir *Informação* e *Cultura*, qualificando o suporte da informação apesar dos diversos significados do mesmo signo (Nöth, 2013, pp. 74-97).

O sentido técnico da informação teve origem com a Cibernética. A informação estava além dos sentidos humanos de ver, ouvir e emitir sons e a serviço da eficiência da maquinação até ser considerada transformadora da linguagem. A Teoria da Informação consolidou-se no sistema da informação, e o que se construiu como canal foi construído com a disposição de sinais em composição de sua comunicação e listados pela passagem em transformação dos significados. O "Meio é a Mensagem": McLuhan, quando se baseou na teoria da emissão e recepção de sinais, preocupou-se em modelar a mensagem pela informação e na fusão do meio transmissor responsável pela transformação da mensagem. A frase clássica de McLuhan, que faz sentido aos derivados eletrônicos desenvolvidos no ambiente digital, envolve os suportes informacionais, além da mecânica. A ciência baseada na informação está à frente das mudanças tecnológicas velozes. Pait (2017) apresenta a Teoria da Informação pela via de Norbert Wiener (1894-1964), que era, além de matemático e criador da palavra "Cibernética", um pensador da informação:

> A teoria das comunicações abstrai o significado dos sinais transmitidos para se concentrar nos modelos matemáticos da transmissão — uma versão cibernética da máxima de Marshall McLuhan, "o meio é a mensagem". A engenharia do controle automático, em comparação, muitas vezes é descrita como uma "tecnologia escondida": indispensável para o funcionamento regular e eficiente de máquinas, fábricas, dispositivos eletrônicos, veículos, navios, aviões, e foguetes espaciais, o usuário raramente toma conhecimento da operação dos mecanismos de controle, exceto nos raros eventos nos quais ocorre uma falha (Pait, 2013, p. 1).

No século XX, são construídas as linguagens adotadas em sistemas tecnológicos eletrônicos, e tais aplicações recentes da evolução científica viabilizam a comunicação de acervos documentais de materiais impressos ou da imagem para, com esse procedimento, multiplicar os conteúdos informacionais científicos, históricos e artísticos.

Nos antagonismos do sistema capitalista, os vetores econômico e industrial marcaram divergências sociais no alinhamento ou na disputa entre os poderes. Na base social da produção, os corredores dos trabalhadores onde transitam pobres, operários e trabalhadores rurais, e frente aos homens obstinados a negociar as dinâmicas do capital, definiram-se as figuras do mercador, dos comerciantes, dos agentes ou corretores financeiros no mundo do capital. Tais personagens, agenciados por empresas agrárias, industriais, bancárias ou do mercado produziram a modernidade e, junto com ela, as diferenças sociais seculares. As riquezas aumentaram o jogo desequilibrado do sistema capitalista, cuja dinâmica faz-se pelas contradições sociais. Assim, comunicação entre os homens diferenciados em classes sociais faz-se por codificações da realidade nem sempre com informações humanizadas no convívio social.

Na teoria voltada para as linguagens documentárias de natureza transdisciplinar, tudo isso implica em realizar profundos estudos dos contextos sociais, em particular das transformações no século XXI. A coordenada da virtualidade, indicada ao longo deste trabalho, em dimensão virtual, estabelece-se para definir temáticas da pesquisa sobre uma determinada época em que haja transversalidade das visões socializadas do conhecimento, isto é, em que se concebe a exigência da leitura, da metaleitura e da transferência digital do suporte analógico, ações essas dirigidas à educação, disseminadas em diversos corredores temáticos e virtuais.

Figura 13. Silvia Maria do Espírito Santo (2021). Xicara de Café. Aquarela. Papel Canson. 21 cm x 29,7 cm
Fonte: arquivo pessoal (2022)

REFERÊNCIAS

Abbagnano, Nicola (2007). *Dicionário de Filosofia*. São Paulo: Martins Fontes.

Adorno, Theodor W. (1970). *Teoria Estética*. Lisboa: Edições 70. Recuperado de https://files.cercomp.ufg.br/weby/up/4/o/ADORNO__Theodor._Teoria_Est__tica.pdf em 28 de outubro de 2023

Agroportal (2020). *O Glossário*. Recuperado de https://agroportal.ao/ em 10 de novembro de 2021.

Agrovoc (2023). *Agrovoc Multilingual Thesaurus*. Recuperado de https://agrovoc.fao.org/browse/agrovoc/en/ em 3 de agosto de 2023.

Anadolu Agency (2015). History of Turkish coffee on display. *Daily News*. Recuperado de http://www.hurriyetdailynews.com/history-of-turkish-coffee-on-display-78519 em 15 de março de 2018.

Andognini, Jadiel (2021). *Guia de controle das principais plantas daninhas do café*. Recuperado de https://blog.aegro.com.br/plantas-daninhas-do-cafe/ em 28 de outubro de 2023.

Arara (2010). *Fazendas históricas de café*. Recuperado de http://www.arara.fr/BBCAFEFAZENDAS.html em 15 de março de 2016.

Argollo, Andre Munhoz de (2004). *Arquitetura do café*. São Paulo: Imprensa Oficial do Estado.

Araújo, Carlos Alberto Ávila (2003). A ciência da informação como ciência social. Brasília: *Ciência da Informação, 32*(3), 21-27. Recuperado de https://www.scielo.br/j/ci/a/DZcZXSqTbWHpF6fhRm8b9fP/?format=pdf&lang=pt

Araújo, Carlos Alberto Ávila (2014). O que é Ciência da Informação? *Informação & Informação, 19*(1), 1-30. Recuperado de https://brapci.inf.br/index.php/res/v/33968 em 19 de julho de 2023.

Araújo, Carlos Alberto Ávila (2018). O que é Ciência da Informação? *Informação & Informação*. Belo Horizonte: KMA.

Ayvazoğlu, Beşir (2015). *La cultura del café turco: con una taza de café turco se inicia una amistad de cuarenta años*. Replúblics de Turquía: Publicaciones del Ministerio de Cultura y Turismo.

Bacellar, Carlos de Almeida Prado (2013). Acesso à informação, direito à memória: os arquivos públicos em questão. *Cadernos de Pesquisa do CDHIS, 25*(2).

Bachelard, Gaston (2013). *A terra e os devaneios da vontade: ensaio sobre a imaginação das forças* (4ª ed.). São Paulo: WMF Martins Fontes.

Balzac, Honoré (2007). *Ilusões perdidas*. São Paulo: Estação Liberdade.

Barité, Mario (2014). *El control de vocabulario en la era digital: revisión conceptual*. Recuperado de https://www.ibersid.eu/ojs/index.php/scire/article/view/4196/376699-108 em 23 de novembro de 2021.

Barra, Carmo (1904). *O café brasileiro na Itália sua propaganda: memória histórica apresentada à Sociedade Paulista de Agricultura*. São Paulo: Typografhia Andrade & Mello.

Barreira, Marcelo (2020). O mito de Sísifo de Albert Camus, e sua relevância no processo de ensino e aprendizagem de Filosofia. *Conjectura: Filosofia e Educação, 24*, e019015. Recuperado de http://educa.fcc.org.br/scielo.php?script=sci_arttext&pid=S2178-46122019000100013&lng=pt&nrm=iso&tlng=pt em 3 de agosto de 2023.

Bellotto, Heloisa (2008). *Arquivos permanentes: tratamento documental*. São Paulo: Editora FGV.

Borba, Maria Antonieta Jordão de O. (1995) *Caracterização do discurso ficcional: uma proposta pelo paradigma da estética da recepção* [Resumo da apresentação da conferência]. Anais do III Congresso ABRALIC: limites. São Paulo: EdUSP.

Borges, Leonor Calvão, Silva, Ana Margarida Dias da, & Espírito Santo, Sílvia Maria do. *Arquivos como fontes de poder, marginalização e silêncios em Portugal e no Brasil* [Resumo da apresentação da conferência]. Anais do XIV Congresso Nacional de Bibliotecários, Arquivistas e Documentalistas. Universidade de Algarve, Faro. Recuperado de https://estudogeral.uc.pt/handle/10316/106980 em 16 de maio de 2023.

Bosi, Ecléa (1944). *Memória e sociedade: lembranças de velhos*. São Paulo: Companhia das Letras.

Bourdieu, Pierre (2004). *Os usos sociais da ciência: por uma sociologia clínica do campo científico*. São Paulo: UNESP.

Braudel, Fernand (1996). *Civilização material, economia e capitalismo: séculos XV-XVIII. v. 1 – As estruturas do cotidiano: possível e o impossível*. São Paulo: Martins Fontes.

Buarque de Holanda, Sérgio (1989). *Raízes do Brasil*. Rio de Janeiro: Rocco.

Burke, Peter (2010). *A escola dos Annales (1929-1989): a revolução francesa da historiografia* (2ª ed.). São Paulo: UNESP.

Camargo, Ana Maria (2015). Arquivos pessoais são arquivos. *Revista do Arquivo Público Mineiro*, 27-39. Recuperado de http://www.siaapm.cultura.mg.gov.br/acervo/rapm_pdf/2009-2-A02.pdf em 27 de novembro de 2021.

Camargo, Ana Maria et al. (2010). *Dicionário de terminologia arquivística*. São Paulo: Centro de Memória da Educação FEUSP/FAPESP.

Camargo, Ana Maria (2023). Sobre o conceito de Série. *OFFICINA: Revista da Associação de Arquivistas de São Paulo*, São Paulo, 2(1), 11-14.

Camargo, Telles (1953). *O café no Brasil: sua aclimação e industrialização* (Série Estudos Brasileiros). Rio de Janeiro: Serviço de Informação Agrícola do Rio de Janeiro.

Campos, T. de S. (n.d.). *Ciclo do Café*. Recuperado de https://mundoeducacao.uol.com.br/historiadobrasil/economia-cafeeira.htm em 3 de agosto de 2023.

Camus, Albert (2010). *O mito de Sísifo*. Rio de Janeiro: BestBolso.

Candau, Joël (2013). *Antropologia da memória*. Lisboa: Instituto Piaget.

Carvalho, Vânia Carneiro de (2008). *Gênero e artefato: o sistema doméstico na perspectiva da cultura material*. São Paulo: EDUSP; FAPESP.

Capurro, Rafael (2003). *Epistemologia e ciência da informação* [Resumo da apresentação da conferência]. Anais do V Encontro Nacional de Pesquisa em Ciência da Informação. Associação Nacional de Pesquisa e Pós-Graduação em Ciência da Informação, Belo Horizonte.

Carvalho, Vania, & Lima, Solange Ferraz de (1997). *Fotografia e cidade: da razão urbana à lógica de consumo: álbuns de São Paulo (1887-1954)*. São Paulo: FAPESP [Fundação de Amparo à Pesquisa do Estado de São Paulo], Mercado de Letras.

Cassirer, Ernest (1977). *Ensaio sobre o homem: introdução a uma filosofia da cultura humana*. São Paulo: Editora Martins Fontes.

Chauí, Marilena (2002). *Introdução à História da Filosofia – Vol. 1: dos Pré-Socráticos a Aristóteles*. (2ª ed. rev. e ampl.). São Paulo: Companhia das Letras.

Çelik, Zeynep, Eldem, Edhem, & Oztuncay, Bahattin (2015). *Camara Ottomona: Osmanli Imparatorlugu´nfa Fotograf ve Modernite [Photography and Modernity in the Ottoman Empire] 1840-1914*. Istambul: Koç University.

Cellard, André (2008). A análise documental. In J. Poupart et al. *A pesquisa qualitativa: enfoques epistemológicos e metodológicos* (pp. 295-313). Petrópolis: Vozes.

Certeau, Michel de (1994). *A invenção do cotidiano: artes de fazer*. Petrópolis: Vozes.

Costa, Alessandra de Sá Mello, & Vergara, Sylvia Constant (2012). Estruturalista, pós-estruturalista ou pós-moderno? apropriações do pensamento de Michel Foucault por pesquisadores da área da Administração no Brasil. *Revista Gestão e Sociedade, 6*(13), 69-89. Recuperado de http://www.spell.org.br/documentos/ver/10529/estruturalista--pos-estruturalista-ou-pos-moderno--apropriacoes-do-pensamento-de-michel-foucault-por-pesquisadores-da-area-de-administracao-no-brasil em 11 de novembro de 2014.

Costa, Emilia Viotti da (1999). *Da monarquia à República: momentos decisivos*. São Paulo: UNESP.

De Bruyne, Paul; Herman, Jacques; de Schoutheete, Marc (1977). *Dinâmica da Pesquisa em Ciências Sociais: os pólos da prática metodológica*. Prefácio de Jean Ladrière. Tradução de Ruth Joffily. Rio de Janeiro: Livraria Francisco Alves Editora.

Delfin Netto, Antonio (1973). O problema do café. In Carlos Manuel Peláz (Coord.). *Ensaios sobre o Café e Desenvolvimento Econômico*. Rio de Janeiro: Fundação Getúlio Vargas. Recuperado de https://edisciplinas.usp.br/pluginfile.php/5227301/mod_resource/content/1/Delfim%20Netto%20-%20O%20Problema%20do%20Caf%C3%A9%20no%20Brasil.pdf em 12 de junho de 2023.

Domingues, Francisco Contente (2002). Nau, navios, construção e arquitectura naval. In Francisco Contente Domingues (Org.). *Base de dados "Navegações portuguesas"*. Recuperado de http://cvc.instituto-camoes.pt/navegaport/c15.html em 12 de abril de 2016.

Espírito Santo, Silvia Maria do (2009a). *O colecionismo do Museu Histórico e de ordem geral Plínio Travassos dos Santos frente à organização da informação* (Tese de Doutorado em Ciência da Informação, Universidade Estadual Paulista Júlio de Mesquita Filho - UNESP, Marília).

Espírito Santo, Silvia Maria do (2009b). Os "corredores do café" como mediação do objeto cognitivo para a Ciência da Informação. *DataGramaZero, 10*(4). Recuperado de http://www.datagramazero.org.br/ago09/ Art_02.htm em 25 de novembro de 2009.

Espírito Santo, Silvia Maria do (2015a). A destacada função social do arquivo otomano: Hazîne-i Evrak ou OsmanlýArþivi, Arþiv. *Páginas A&B, 3*(3). Recuperado de http://ojs.letras.up.pt/index.php/paginasaeb/article/ download/666/632 em 15 de abril de 2016.

Espírito Santo, Silvia Maria do (2015b). Leitura e vocabulário controlado do documento do Café. *Revista Prisma, 27*, 3-17. Recuperado de http://revistas.ua.pt/index.php/prismacom/article/view/3466/3209 em 15 de março de 2016.

Espírito Santo, Silvia Maria do (2015c). *O colecionador público documentalista: Museu Histórico e de Ordem Geral Plínio Travassos dos Santos de Ribeirão Preto (SP)*. Ribeirão Preto: Holos.

Espírito Santo, Silvia Maria do (2019). Entrevista com Armando Malheiro da Silva. *InCid. Revista de Ciência da Informação e Documentação, 10*(1), 326-334. Recuperado de https://www.revistas.usp.br/incid/article/view/155627 em 11 de novembro de 2021.

Espírito Santo, Silvia Maria do, & Marañon, Eduardo Murguia (2006). *Relações pendulares na mediação da informação: arquivo-biblioteca-museu*. Recuperado de http://repositorios.questoesemrede.uff.br em 5 de novembro de 2021.

Faoro, Raymundo (2000). *Os donos do poder: formação do patronato político* (Vol. 1). São Paulo: Publifolha.

Fernandes, Florestan (1972). *Comunidade e sociedade no Brasil: leituras básicas de introdução ao estudo macrossociológico do Brasil: a metropolização da cidade de São Paulo*. São Paulo: EDUSP.

Ferrão, José Eduardo Mendes (1999). *A aventura das plantas e os descobrimentos portugueses*. Lisboa: Instituto de investigação científica tropical; Comissão Nacional para comemorações dos descobrimentos portugueses.

Ferrão, José Eduardo Mendes (2009). *O café: a bebida negra dos sonhos claros*. Lisboa: Chaves Ferreira.

Flusser, Vilém (2007). *O mundo codificado*. Org. Rafael Cardoso. São Paulo: Cosac Naif.

Freyre, Gilberto (2006). *Casa grande & senzala: formação das famílias brasileira sob o regime da economia patriarcal* (51ª ed.). São Paulo: Global.

Frohmann, Bernd (2015). A documentação rediviva: prolegômenos a uma (outra) filosofia da informação. *Revista Morpheus - Estudos Interdisciplinares em Memória Social, 8*(14). Recuperado de http://seer.unirio.br/morpheus/article/view/4828 em 26 de julho de 2023.

Fujita, Mariângela Spotti Lopes, & Rubi, Milena Polsinelli (2020). Processo de leitura para análise documental: proposição metodológica. In Mariângela Spotti Lopes Fujita, Roberta Caroline Vesu Alves, & Carlos Cândido de Almeida (Eds.). *Modelos de leitura documentária para indexação: abordagens teóricas interdisciplinares e aplicações em diferentes tipos de documentos,* 243-269. Marília: Oficina Universitária; São Paulo: Cultura Acadêmica. Recuperado de https://ebooks.marilia.unesp.br/index.php/lab_editorial/catalog/book/163 em 29 de agosto de 2023.

Furtado, Celso (2000). *Formação econômica do Brasil* (27ª ed.). São Paulo: Publifolha.

Galeano, Eduardo (2020). *As veias abertas da América Latina* (Sergio Faraco Trad). Porto Alegre: L&PM.

Garzanti (1984). *Il Nuovo Dizionario Italiano Garzanti.* Italia: Editore Garzanti.

Gestão Integrada de Sistemas de Arquivo - GISA-WEB. *Arquivo Municipal do Porto, Portugal.* Recuperado de http://gisaweb.cm-porto.pt/ em 29 de abril de 2017.

Giddens, Antony (2003). *A constituição da sociedade.* São Paulo: Martins Fontes.

Giddens, Antony, & Sutton, Philip W. (2016). *Conceitos essenciais da Sociologia.* São Paulo: Editora UNESP.

Gombrich, Ernest Hans (2011). *A história da arte* (16ª ed.). Rio de Janeiro: LTC.

Gomes, Maria Nélida González de (1995). A informação: dos estoques às redes. *Ciência da Informação, 24*(1). Recuperado de http://revista.ibict.br/ciinf/article/viewFile/611/613 em 27 de março de 2017.

Gomes, Maria Nélida González de (2021). *A Documedialidade: o Novo Realismo de Maurízio Ferraris.* Recuperado de https://www.researchgate.net/publication/356441829_A_DOCUMEDIALIDADE_O_NOVO_REALISMO_DE_MAURIZIO_FERRARIS em 23 de novembro de 2021.

Governo Federal. Casa Civil. Subchefia para Assuntos Jurídico. Recuperado de https://www.planalto.gov.br/ccivil_03/leis/l8159.htm

Governo Federal. Conselho Nacional de Arquivo Sistema Nacional de Arquivo – SINAR (2020). Recuperado de https://www.gov.br/conarq/pt-br/conexoes/sinar

Halbwachs, Maurice (1990). *A Memória Coletiva.* São Paulo: Vértice; Editora Revista dos Tribunais LTDA.

Harris, William Vernon (2005). *Repensando o Mediterrâneo.* Oxford: Claredon Press.

Hecht, Susanna Bettina (2013). The scramble for the Amazon and the lost paradise of Euclides da Cunha. *@cetera, 17*. Recuperado de https://eces.revues.org/1166 em 22 de agosto de 2016.

Hoornaert, Eduardo (1983). A evangelização no Brasil durante a primeira época colonial. In Eduardo Hoornaert (Org.). *História geral da Igreja na América Latina: história da Igreja no Brasil* (Cap I-VII). São Paulo: Hucitec.

Ianni, Octávio (1995). *Teorias da globalização*. Rio de Janeiro: Civilização Brasileira.

Ianni, Octávio (1999). *A era do globalismo* (4ª ed.). Rio de Janeiro: Civilização Brasileira.

Josgrilberg, Rui de Souza (2019, agosto 29). *"Tempo e Narrativa" Vol 1 — Dr. Rui Josgrilberg. Vitor Chaves de Souza* [Vídeo]. YouTube. Recuperado de https://www.youtube.com/watch?v=YQKmZ0nXOUM em 23 de maio de 2023.

Kobashi, Nair Yumiko (1997). Resumos documentários: uma proposta metodológica. *Revista de Biblioteconomia de Brasília, 21*(2), 201-210. Recuperado de http://www.brapci.ufpr.br/brapci/_repositorio/2010/03/pdf_e247 71249c_0008819.pdf em 9 de fevereiro de 2017.

Konder, Leandro (1996). *A poesia de Brecht e a história*. Rio de Janeiro: Jorge Zahar. Recuperado de http://www.iea.usp.br/publicacoes/textos/konderbrecht.pdf em 5 de abril de 2015.

Koz, M. Sabri, & Kuzucu, Kemalettin (2014). *Turkish Coffee*. Istambul: Yapi Kredi Yayinlari.

Labouriau, Luiz Fernando Gouvêa (1990). O interesse do estudo das sementes. *Estudos Avançados, 4*(9), 228-242. Recuperado de https://www.revistas.usp.br/eav/article/view/8569 em 23 de maio de 2023.

Le Goff, Jacques (1992). *History and memory*. New York: Columbia University.

León, Ítalo Oscar Riccardi (n.d.). *Considerações a respeito da metáfora*. Recuperado de http://www2.fe.usp.br/~giordan/posgraduacao/trabalho/99/italo/metafora.html em 28 de outubro de 2023.

Leroi-Gourhan, André (1964). *Le geste et la parole: la mémoire et le rythmes* (Vol. II). Paris: Albin Michel.

Lévi-Strauss, Claude (2004). *O cru e o cozido*. São Paulo: Cosac & Naify.

Lévy, Pierre (1993). *As tecnologias da inteligência*. Rio de Janeiro: 34.

Lévy, Pierre (1996). *O que é virtual?* Rio de Janeiro: 34.

Lima, Gercina Angela de, & Campos, Maria Luiza Almeida (2022). Sistema de Armazenamento e Recuperação da Informação: uma análise do impacto das variáveis e medidas visando à organização e recuperação de informação centrado no usuário. *RDBCI: Revista Digital de Biblioteconomia e Ciência da Informação, 20*. Recuperado de https://www.scielo.br/j/rdbci/a/p4CtsgSVQ5W9h7yYQVxmp6x/# em 26 de julho de 2023.

Lourenço, Eduardo (2015). *Do Brasil: fascínio e miragem*. Lisboa: Gradiva.

Magalhães, Basílio (1939). *O Café*. Na História, no Folclore e nas Belas Artes. São Paulo: Companhia Editora Nacional. Recuperado de https://bdor.sibi.ufrj.br/bitstream/doc/257/1/174%20PDF%20-%20OCR%20-%20RED.pdf em 28 de outubro de 2023.

Manini, Miriam Paula, & Matos, Katia Gomez de (2016). *Análise documentária de infografias* [Apresentação de trabalho]. Anais do XVII Encontro Nacional de Pesquisa em Ciência da Informação. Universidade Federal da Bahia, Salvador. Recuperado de https://brapci.inf.br/index.php/res/v/190609 em 8 de abril de 2017.

Manovich, Lev (2001). *The language of the new media*. Cambridge, London: The MIT Press.

Marcondes, Renato (2007). O café em Ribeirão Preto (1890-1940). *História Econômica & História de Empresas, 10*(1), 171-192. Recuperado de https://www.hehe.org.br/index.php/rabphe/article/view/571/452 em 26 de outubro de 2023.

Márquez, Gabriel Garcia (1975). *O Mar do Tempo Perdido*. São Paulo: Círculo do Livro.

Marx, Karl (1971). *O capital: o processo de produção capitalista* (2ª ed.). São Paulo: Civilização Brasileira.

Mayer, Ruy (1924). *Machinas agricolas: vantagens e modo de as usar*. Porto: Oficinas do Commercio do Porto.

Mazoyer, Marcel, & Roudart, Laurence (2010). *História das agriculturas no mundo: do neolítico à crise contemporânea*. São Paulo: Editora UNESP.

McLuhan, Marshall (1977). *A galáxia de Gutenberg*. São Paulo: Editora Nacional.

McLuhan, Marshall (2009). *Compreender-me: conferências e entrevistas*. Lisboa: Relógio D´Água.

Melo, Alfredo César (2009). Saudosismo e crítica social em "Casa grande & senzala": a articulação de uma política da memória e de uma utopia. *Estud. av.*, 23(67). Recuperado de http://www.scielo.br/scielo.php?script=sci_ arttext em 8 de abril de 2017; http://www.scielo.br/scielo.php?script=sci_%20arttext&pid=S0103-40142009000300031; http://www.scielo.br/scielo.php?script=sci_%20arttext&pid=S0103-40142009000300031"pid=S0103-40142009000300031.

Meneses, Ulpiano Bezerra de (2009). *O campo do Patrimônio Cultural: uma revisão de premissas* [Resumo da apresentação da conferência]. Anais do I Fórum Nacional do Patrimônio Cultural. Ouro Preto. Recuperado de http://portal.iphan.gov.br/uploads/publicacao/Anais2_vol1_ForumPatrimonio_m.pdf em 31 de julho de 2023.

Método Quadripolar (n.d.). In *DeltCi - Dicionário Eletrónico de Terminologia em Ciência da Informação*. Lisboa: Universidade do Porto. Recuperado de https://paginas.fe.up.pt/~lci/index.php/1738 em 26 de março de 2017.

Milliet, Sérgio (1941). *Roteiro do café e outros ensaios: contribuição para o estudo da história e social do Brasil*. São Paulo: Coleção do Departamento de Cultura. Recuperado de https://archive.org/details/roteirodocafe1941mill em 29 de abril de 2017.

Ministério do Planejamento, Orçamento e Gestão (2012). *Guia de interoperabilidade: Manual do Gestor*. Brasília: Secretaria de Logística e Tecnologia da Informação; Departamento de Governo Eletrônico. Recuperado de http://www.governoeletronico.gov.br/biblioteca/arquivos/manual-do-gestor-de-interoperabilidade/download em 3 de abril de 2015.

Morin, Edgar (2008a). *A cabeça bem-feita: repensar a reforma, reformar o pensamento* (15ª ed.). Rio de Janeiro: Bertrand.

Morin, Edgar (2008b). *A via: para o futuro da humanidade*. Rio de Janeiro: Bertrand.

Muzzio, Henrique & Costa, Francisco José da (2012). Para além da homogeneidade cultural: a cultura organizacional na perspectiva subnacional. *Cad. EBAPE. BR*, 10(1), 146-161. Recuperado de http://www.scielo.br/pdf/cebape/v10n1/10.pdf em 15 de março de 2016.

Nascimento, Luana de Almeida (2012). *A preservação da organicidade da informação arquivística* (Dissertação de mestrado em Ciência da Informação, Instituto de Arte e Comunicação Social, Universidade Federal Fluminense, Niterói). Recuperado de http://www.ci.uff.br/ppgci/arquivos/Dissert/Dissertacao_Luana _Nascimento. pdf em 12 de março de 2016.

Nöth, Winfried (2013). Os signos como educadores: insights piercianos. *Teccogs, 7*, 74-97. Recuperado de http://www4.pucsp.br/pos/tidd/teccogs/artigos/2013/edicao_7/5-signos_como-educadores-winfried_noth.pdf em 27 de março de 2017.

Novaes, André Reyes (2012-2013). A Terra Brasilis como Terra Incógnita. *Revista Carbono, 1*, Dossiê Início do Mundo. Recuperado de http://revistacarbono.com/artigos/01a-terra-brasilis-como-terra-incognita/ em 29 de abril de 2017.

Observatório da Ciência da Informação da Universidade do Porto (2015). *DeltCi - Dicionário Eletrónico de Terminologia em Ciência da Informação*. Recuperado de https://paginas.fe.up.pt/~lci/novo/index.php/ capacitar/dtinfcompg/ano20102011/itemlist/user/74-observat%C3%B3rioci% C3%AAnciadainforma%C3%A7%-C3%A3o?start=40 em 8 de abril de 2017.

Osmanli, Uluumay, Kiyafetleri, Halk, & Müzesi, VeTakilari (2010). *Bursa Çeyiz El Sanatlari*. Istambul: Milenyum Yayincilik.

Pacheco, Antônio de Pádua (2009). *A honra, a glória e a morte em Ilíada e Odisséia* (Dissertação de mestrado em História Social, Faculdade de Filosofia, Letras e Ciências Humanas, Universidade de São Paulo, São Paulo).

Pait, Felipe (2013, fevereiro 9). A cibernética de Wiener. *O Estado de São Paulo*. Recuperado de https://estadodaarte.estadao.com.br/a-cibernetica-de-wiener/ em 2 de agosto de 2023.

Palmer, Alan (2013). *Declínio e queda do império Otomano*. São Paulo: Globo.

Pamuk, Orhan (2010). *Outras cores: ensaio e um conto*. São Paulo: Companhia das Letras.

Pamuk, Orhan (2012). *The innocence of objects: the Museum of Innocence in Istambul*. New York: Abrams.

Pekin, Ersu (Org.) (2015). *BirtasimKeyif: turk kahvesinin 500 yillikoykusu*. Istambul: KulturveTurizmBakanlığı / Turk Kahsvesi Kulturu ve Arastirmalari Dernegi.

Pera Museum (2017). *Coffee break: the adventure of coffee in Kütahya tiles and ceramics*. Istambul. Catálogo de exposição. Recuperado de https://www.artsy.net/show/pera-museum-coffee-break-the-adventure-of-coffee-in-kutahya-tiles-and-ceramics?sort=partner_show_position&attribution_class%5B0%-5D=unique em 19 de novembro de 2021.

Pereira, Maria Elizabeth (2005). *Factores de Competitividade e Desempenho Empresarial: um estudo aplicado ao sector da cerâmica em Portugal.* Aveiro, Portugal: Universidade de Aveiro. Departamento de Economia, Gestão e Engenharia Industria. Recuperado de https://core.ac.uk/download/pdf/15562065.pdf em 23 de junho de 2023.

Pimentel, Márcia (2014). Francisco Palheta e o cafezinho do Brasil. Série Patrono das Escolas Municipais. *MultiRio 30 anos.* Recuperado de https://www.multirio.rj.gov.br/index.php/reportagens/931-francisco-palheta-e-o-cafezinho-do-brasil em 30 de outubro de 2023.

Pires, Cibele Renata da Silva (2009). O uso da língua geral e sua restrição na América portuguesa. *Espaço Acadêmico, 93.* Recuperado de https://www.espacoacademico.com.br/093/93pires.pdf em 11 de março de 2016.

Poupart, Jean et al. (2008). *A pesquisa qualitativa: enfoques epistemológicos e metodológicos.* Petrópolis: Vozes.

Programa de Pós-Graduação em Artes visuais da Universidade Federal do Rio de Janeiro - PPGAV-EBA-UFRJ (2013). *História de Fantasmas para Gente Grande: exposição, simpósio, conferências.* Rio de Janeiro: Museu de Arte do Rio - MAR. Recuperado de http://www.ppgav.eba.ufrj.br/wp-content/uploads/2013/04/EVENTO.PPGAV_.MAR_.pdf em 15 de março de 2016.

Ribeiro, Fernanda (2005). Novos caminhos da avaliação de informação. *Arquivística.net, 1*(2), 53-74. Recuperado de https://brapci.inf.br/index.php/res/v/49815 em 7 de abril de 2017.

Ricœur, Paul (2010). *Tempo e Narrativa.* São Paulo: WMF Martins Fontes.

Russell, Bertrand (1974). Da denotação. In Hugh Mattew Lacey (Org.). *Lógica e conhecimento.* (Coleção Os Pensadores). São Paulo: Abril Cultural.

Sajdi, Dana (2014). *Ottoman tulips, ottoman coffee: leisure and lifestyle in the eighteenth century.* New York: Tauris.

Salgueiro, Heliana Angotti (Coord.) (2000). *Paisagem e arte: a invenção da natureza, a evolução do olhar.* São Paulo: CBHA/CNPq/FAPESP.

Salinas, Samuel Sérgio (2009). *Islã - esse desconhecido: séculos VII-XIII.* São Paulo: Editora Anita Garibaldi.

Santaella, Lúcia (2003). *Culturas e artes do pós-humano: da cultura das mídias à cibercultura*. São Paulo: Paulus. Recuperado de https://identidadesculturas.files.wordpress.com/2011/05/santaella-culturas-e-artes-do-pc3b3s-humano.pdf em 27 de março de 2017.

Santo, Silvia Maria do Espírito (2009). Os "corredores do café" como mediação do objeto cognitivo para a ciência da informação. *DataGramaZero*, 10 (4) Recuperado de http://hdl.handle.net/20.500.11959/brapci/6938. Acesso em: 25 nov. 2021

Sarraf, Viviane Panelli (2020). O legado teórico de Waldisa Rússio para a museologia internacional. In Paula Menino Homem, Diana Silva & Gabriel Graça (Eds.). *Ensaios e Práticas em Museologia*, 66-89. Porto: Universidade do Porto, Faculdade de Letras, DCTPbalzac.

Schwarcz, Lilia Moritz, & Starling, Heloisa Murgel (2018). *Brasil: uma biografia*. São Paulo: Editora Companhia das Letras.

Seixo, Maria Alzira (1995). *A procura da História Perdida: processos narrativos da ficção pós-moderna* [Resumo da apresentação da conferência]. Anais do III Congresso ABRALIC: limites. São Paulo: EDUSP.

Silva, Ana Margarida Dias da, Borges, Leonor Calvão, Espírito Santo, Silvia Maria. Arquivos como fontes de poder, marginalização e silêncios em Portugal e no Brasil. *Atas do 14º Congresso Nacional de Bibliotecários, Arquivistas e Documentalistas*. Recuperado de https://estudogeral.uc.pt/bitstream/10316/106980/1/Borges_Silva-Santos_2984.pdf

Silva, Armando Malheiro, & Ribeiro, Fernanda (2000). A avaliação em arquivística: reformulação teórico-prática de uma operação metodológica. *Páginas A&B, Arquivos e Bibliotecas (Portugal)*, 5, 57-113.

Silva, Armando Malheiro et al. (2002). *Arquivística: teoria e prática de uma ciência da informação* (2ª ed.). Porto: Afrontamento.

Silva, Armando Malheiro da, Soares, Ana Paula Alves, & Pinto, Adilson Luiz (2015). O paradigma pós-custodial na arquivística. *Páginas A&B*, 3(4), 22-39. Recuperado de http://ojs.letras.up.pt/index.php/paginasaeb/article/view/996 em 29 de abril de 2017.

Silva, Armando Malheiro da (2010). A pesquisa e suas aplicações em ciência da informação: implicações éticas. *Simpósio Brasileiro de Ética da Informação: ética da informação: conceitos, abordagens, aplicações*. João Pessoa: Ideia, 1. Recuperado de https://repositorio-aberto.up.pt/bitstream/10216/26301/2/armandomalheiro-pesquisa000107223.pdf em 15 de abril de 2016.

Silva, Armando Malheiro da (2014). O método quadripolar e a pesquisa em ciência da informação. *Revista Prisma, 26*, 27-44. Recuperado de http://revistas.ua.pt/index.php/prismacom/article/viewFile/3097/pdf_37 em 26 de março de 2017.

Silva, Armando Malheiro da (2015). Apresentação. In S. M. Espírito Santo. *O colecionador público documentalista: Museu Histórico e de Ordem Geral "Plínio Travassos dos Santos" de Ribeirão Preto*. Ribeirão Preto: Holos.

Silva, Armando Malheiro da (2016). *Que ciência da informação precisamos para enfrentar a complexidade?* [Apresentação de Trabalho]. Anais do XVII Encontro Nacional de Pesquisa em Ciência da Informação. Universidade Federal da Bahia, Salvador. Recuperado de https://drive.google.com/file/d/0B7rxeg_cwHajNXFtZXZ5Y2FYdVk/view em 26 de março de 2017.

Silva, Armando Malheiro, & Pinto, Manuela Azevedo (2005). *Um modelo sistémico e integral de gestão da informação nas organizações*. [Apresentação de Trabalho]. Anais do II Congresso Internacional de Gestão da Tecnologia e Sistemas de Informação. São Paulo. Recuperado de http://paginas.fe.up.pt/~lci/images/investigar/teoria_pratica002.pdf em 20 de novembro de 2014.

Smith, Herbert Huntington (1941). *Uma fazenda de café no tempo do império*. Rio de Janeiro: Departamento Nacional do Café.

Soares, Maria de Lourdes (2015). O lugar e o espaço-tempo do Brasil. In Eduardo Lourenço. *Do Brasil: fascínio e miragem*. Lisboa: Gradiva.

Souza, Flávio de França, Ferrão, Luís Felipe Ventorim, Caixeta, Eveline Teixeira, Sakiyama, Ney Susumu, Pereira, Antônio Alves, & Oliveira, Antonio Carlos Baião de (2015). Aspectos gerais da biologia e da diversidade genética de *Coffea canephora*. In Flávio de França Souza, *Café na Amazônia* (pp. 83-98). Brasília, DF: Embrapa. Recuperado de https://www.embrapa.br/rondonia/busca-de-publicacoes/-/publicacao/1040700/aspectos-gerais-da-biologia-e-da-diversidade-genetica-de-coffea-canephora em 22 de janeiro de 2017.

Susanna B. Hecht (2013). The Scramble for the Amazon and the Lost Paradise of Euclides da Cunha. e-cadernos CES, 17. Recuperado de http://journals.openedition.org/eces/1166 em 31 de julho de 2023.

Tan, Aylin Öney. (2015) Kahve Kronolojisi. In Pekin, Ersu (org.). *BirtasimKeyif: turk kahvesinin 500 yillikoykusu*. Istambul: KulturveTurizmBakanlığı/Turk Kahsvesi Kulturu ve Arastirmalari Dernegi.

Transdisciplinaridade (2008). In *Observatório da Ciência da Informação da Universidade do Porto*. Recuperado de https://paginas.fe.up.pt/~lci/index.php/1766 em 2 de dezembro de 2018.

Tucci, Maria Luiza Carneiro (2010). *História do Trabalho e Histórias da Imigração*. São Paulo: EDUSP; FAPESP.

Yerasimos, Marianna (2015). *500 years of Ottoman Cuisine*. Istambul: Boyut Yayınları.